김지은
입니다

KB065218

안희정 성폭력 고발
554일간의 기록

봄알람

공감과 지지로 함께해주시는 분들께
따뜻한 감사를 드립니다.
지금도 각자의 방법으로 삶을 극복하고 계시는
수많은 성폭력 피해자 분들과
위로와 연대의 마음을 나눕니다.

그 길에 같이 서겠습니다.

차례

안희정을 고발한다:
세상을 향한 두 번째 말하기

진실을 밝히기 위해 펜을 들었다. 세상을 향한 두 번째 말하기다.

첫 번째 말하기는 JTBC「뉴스룸」에서 피해 사실을 이야기한 2018년 3월 5일이었다. 살고 싶었고, 또 다른 피해자를 막고 싶었다. 그때는 지옥을 벗어나기 위해 세상에 외치는 수밖에 없었다. 이후에는 오로지 재판에서 진실을 밝히는 데 최선을 다했다. 554일의 고통스러운 나날이었다. 살기 위해 선택한 고통이었지만 세상은 내게 죽음을 요구했다. 안희정의 일부 측근들은 진실을 가리기 위해 거짓 주장들을 했다. 안희정의 엇나간 팬덤은 조직적으로 허위 사실들을 유포했다. 대선 경선 때 상대 후보를 여론전에서 이기기 위해 동원됐던 조직과 현란한 선동 방식들이 그대로 이용되는 것만 같았다. 숨통이 첩첩이 막혀왔다.

2차 가해는 야멸차고 가혹했다. 다른 이들과 나눈 대화가 안희정과 나눈 대화라며 떠돌았다. 맥락과 전후 내용이 삭제된 일부 문자 캡처본들이 거짓 주장에 동원되었으며, 나의 의료 기록과 병원 진단서가 지속적으로 온라인에 올라오기도 했다. 자극적인 단어와 그럴듯한 거짓 이야기들이 난무했다. 한때 동료였던 사람들의 위증과 모략에 깊은 모멸감이 들었다. 모르는 사람들의 작은 말에도 심장이 산산조각 깨어지는 기분이었다. 대법원의 최종 판결까지 매일을 고통스럽게 보냈다. 시간은 더뎠고, 심신은 지쳤다.

그럼에도 진실을 밝힐 수 있다고 생각했다. 거짓과 권력은 진실과 진심을 이길 수 없다고 믿었다. 오로지 재판에만 집중했다. 내 진술을 뒷받침할 증거들을 찾아 제출하고, 검찰 조사와 법원 신문을 여러 차례 마쳤다. 심신이 지쳐 입원과 퇴원을 반복했다. 결국 2심과 3심에서 피고인은 유죄 판결을 받았다. 정의는 진실의 편에 있다는 믿음은 나를 저버리지 않았다.

그러나 나에 대한 공격과 비난은 계속되었다. 조직적인 2차 가해는 더 심해졌고, 나는 세상에 둘도 없는 이상한 사람이 되어 있었다. 거짓의 파급 속도는 진실보다 훨씬 빨랐다. 한 문장의 무분별한 선동을 주워 담는 데는 수백 개의 정리된 문장이 필요했다. 재판에 집중하는 동시에 그 모든 말을 홀로 받아내 해명하기란 불가능하다. 그러나 내가 아무 말도 하지 않자 사람들이 나에 대한 의문을 드러내기 시작했다. 첫 번째 미투 이후 공개적 말하기를 하지 않는 동안 세간에서 나를 이상한 여자로 낙인찍는 시선과 의심은 눈덩이처럼 불어났고 피고인을 향한 동정은 많아졌다. 피고인 안희정의 정치 복귀를 논하는 기사가 나오기도 했다. 나는 대법원 확정 판결 후에야 겨우 안희정과 분리될 수 있었지만, 한시도 분리되었다는 안정감을 느낄 수가 없었다. 만들어진 악녀 프레임 속에 나는 꽁꽁 갇혀 살고 있었다.

오랜 시간 고민 끝에 세상을 향한 두 번째 말하기를 결심했다. 살기 위해 선택했던 첫 번째 말하기가 극심한 고통을 주었기에 한참을 주저했다. 그러나 거짓이 횡행하는 상황을 이대로 받아들일 수는 없었다. 글을 쓰기 시작했다. 병원에 입원해서도 펜을 놓지 않았다. 마음을 다잡고 쓰고 또

쓰기를 반복했다. 이 책은 그렇게 쓴 글들이 모인 것이다.

책을 내는 일은 쉽지 않았다. 조심스레 몇 곳의 출판사와 이야기를 나누었지만, 출간을 부담스러워했다. 여러 우여곡절 이후 지금의 출판사를 만났다.

지난 2년간 많은 분이 함께해주셨지만, 지독히도 고독했다. 죽음을 고민하고 시도하던 그 여러 번의 좌절 속에서 나는 늘 혼자라고 느꼈다. 하지만 글을 쓰는 동안, 적어도 그 시간만큼은 외롭지 않았다. 종잇장 뒤에서 나를 묵묵히 지지해주는 누군가와 나긋이 대화를 나누는 기분이었다. 살아내겠다고 아등바등 지내온 시간들이 흰 종이 위의 활자로 변해가는 과정을 보며 위로받았다. 진실과 진심을 담아 있는 그대로의 경험과 사실들을 적었다. 용기를 내어 전해드린다. 편견 없이 읽어주시기를 간곡히 부탁드린다.

치열하게 적어낸 이 기록으로 나의 고통스러운 상황이 끝날 수 있기를 간절히 소망한다. 그리고 어딘가에 있을 또 다른 피해자를 향해 연대의 손길을 건넨다.

2020년 2월 김지은

1장 미투:
권력을 향한 고발

미투(Me Too)운동은 자신이 당한 성범죄 피해 사실을
알리는 캠페인으로, 2017년 10월 미국에서 시작되었다.
소셜 미디어에 해시태그(#MeToo)를 달아 수많은 개인이
피해 사실을 고발하면서 대중화되었으며 한국에서는
2018년 1월 29일 서지현 검사의 폭로를 기점으로
활성화되었다.

"너도 미투할 거냐?"

2018년 2월 25일, 악몽이 되살아났다. 다시는 내게 안희정에 의한 성폭행은 없으리라 생각했다. 나는 2017년에 수행비서로 임용되고 업무 초창기에 세 번의 성폭행을 당했다. 하지만 "절대 앞으로는 그러지 않겠다" "정말 미안하다"며 범행 직후, 그리고 이후에도 여러 차례 불러 사과하는 안희정의 말을 매번 진심으로 믿었다. 믿지 않으면 살 수 없었기 때문이다. 피해를 당한 이후 죽고 싶었지만, 한편으로는 살고도 싶었다. 열심히 살아온 인생을 부정당하고 싶지 않았다. 살기 위해 잊어야만 했다. 생생한 기억을 머리에서 도려내어서라도 살아야 했다. 도저히 안 될 것 같아 어렵게, 어렵게 주변에 도움을 요청했지만 철저히 외면당했다. 침묵 외에 달리 방법이 없다는 것을 알게 되었고 죽는 날까지 다시는 말하지 못할 것이라 생각했다.

시간이 지나고 수행 업무를 하는 시간이 늘어날수록 나는 안희정이 가진 권력의 크기를 점점 더 잘 알게 되었다. 그럴수록 두려움도 커졌다. 범죄 피해 사실을 말하는 순간 내가 세상에서 사라질 수도 있겠다는 공포가 그대로 굳어져 갔다. 나중에 알게 된 단어지만, 그것은 '학습된 무기력'이었다. 그저 내가 떠안고 살아야 하는 폭탄, 입을 떼는 동시에 나도 함께 폭발해 죽는 뇌관이 내 온몸에 감싸여 있었다. 그렇지만 고통의 기억은 쉽사리 지워지지 않았다. 사건을 머릿속에서 지우기 위해 시간을 도려내고 또 도려냈다. 사건과 일을 철저히 분리했고, 가해자 안희정과 직장 상사 지사님을 철저히 분리했다. 그렇게 가해자에게서 도망치지도 소리치지도 못하고 꼼짝없이 붙들려 살았다. 이것이 '해리 증상'이라는 것도 이후에야 알게 되었다.

안희정의 참모진들은 나를 '순장조'라고 불렀다. 왕이 죽으면 왕과 함께 그대로 무덤에 묻히는 왕의 물건처럼, 수행비서는 왕과 운명을 함께하는 것이라고 했다. 수행비서는 누구도 모르는 왕의 비밀을 알고, 죽을 때까지 함구하다, 죽음으로 그 입을 끝까지 막아야 한다는 뜻이었다. 조직 내에서 안희정의 지위는 절대적이었다. 차기 대선의 가장 유력한 후보였고 대부분의 사람이 그렇게 생각했다. 안희정의 말은 거스를 수 없는 명령이었다. 조직의 최고 권력자가 사과를 했으니 나는 그저 받아들이고 다시 또 복종의 삶을 살아야 했다. 이전의 8개월간 굴복적으로 반복되어온 삶의 압축이 바로 2월 25일, 마지막 피해일이었다.

2018년 2월 24일 저녁 나는 가족들과 있었다. 당시 업무를 마치고 서울에서 내려와 가족들과 함께 저녁 식사를 하던 중이었다. 안희정이 내게 연락했다. 당황스럽고 두려웠다. 마포 오피스텔로 오라고 했다. 이곳은 안희정이 서울 일정이 있을 때 사용하는 공간으로, 이전에도 업무 차 오갔던 장소다. 급하게 일 때문에 찾는다고 했지만 너무 늦은 시간이었고, 혹시라도 다시 내게 나쁜 일이 생길까 봐 덜컥 겁도 났다. 하지만 어떤 업무인지를 사전에 알려주지 않고 일단 오라고 지시하는 일은 평소에도 많았고 그 장소에 간 뒤에야 업무 지시를 받곤 했기에 우선은 가야만 했다. 감기몸살로 병가를 냈다가도 지사가 호출하면 바로 출근하는 것은 일상이었다. 다른 직원들도 대부분 비슷하게 일했다.

가족들에게 "지사님이 부르신다. 어쩌지?"라고 상의했다. 휴일이나 명절에도 집에 있다 사무실로 불려 간 적이 이미 여러 번이었다. 어느 날은 밤 11시에도 호출이 왔고, 또 어느 날은 집에 온 지 30분 만에 다시 되돌아가기도 했다. 특별하거나 예외적인 상황은 아니었다. 가족들은 오랜만에 함께한 시간이 일찍 끝나서인지 서운해했지만, 급히 일하러 가야 한다는 나를 붙잡지는 못했다. 하지만 한편으로는 안희정에게 완곡히 내가 할 수 있는 최대한의 표현으로, 다시 서울로 가는 게 어렵다고 말했다. 늦은 시간, 한정된 공간 안에서 혹여라도 무슨 일이 생길까 봐 겁도 났다. 그러나 안희정은 늦더라도 상의할 게 있으니 꼭 오라고 다그쳤다. 어디냐, 빨리 오라는 끊이지 않는 독촉에 심장이 터질 것만 같았다. 너무 다급했다. 안희정의 연락을 오지 않게 할 수 있을까? 아니, 그건 불가능하다. 그럼 안희정을 계속 기다리게 할 수 있을까? 아니, 그것도 불가능하다. 거역할 수 없었다. 높은 굽의 구두를 신고 부리나케 뛰었다. 오피스텔에 도착했다. 그리고 나는 그날 또 한 번 죽임을 당했다.

안희정이 그 밤에 급히 불러 처리해야만 했던 아주 중요한 일은 내게서 '미투하지 않겠다'는 대답을 듣는 일이었고, 그 입막음의 방법으로 성폭행은 다시 일어났다. 내게 범죄한 그다음 주 안희정은 미투를 지지한다고 공식 발표했다. 미투가 한국에서 시작되고도 꽤 많은 시간이 지난 후였고, 왜 정치인으로서 입장 표명하지 않느냐는 질문들을 사람들에게 받은 지도 비교적 오래된 때였다.

그 밤 오피스텔에 온 나를 보며 안희정이 말했다. "요즘 내가 미투를 보며 네게 상처가 되는 것을 알았다. 그때 괜찮았느냐." 그리고 내 반응을 살폈다. 무슨 말을 해야 할지 몰라서 대답을 못 하고 있었다. "미안했다. 그때 너 괜찮았느냐." 내게 다시 물었다. "지금은 괜찮으냐?" 아무 대답도 할 수 없었다. 고개만 푹 숙이고 있었다. 그러고는 "너는 미투에 대해 어떻게 생각하느냐"며 미투에 대한 내 의견을 물었다. 이어 "내가 쉴 수도 있는데 너도 따라서 쉬어라"라며 내 미래를 운운했다. 안희정은 내가 자신과 '공동운명체'라는 것을 대답 전에 다시금 인식시켰다. 강한 압박이 느껴졌다.

"제가 감히 어떻게 미투를 하겠어요"라고 말했다. 그렇게 그는 내게서 미투를 하지 않겠다는 대답을 받아냈다. 결국 내 대답으로 나를 무기력하게 만든 후 안희정은 내게 다시 성폭행을 가했다. 도망칠 수 없었다. 덫을 놓고 먹이를 기다리는 사냥꾼[1]에게서 나는 옴짝달싹 못 하고 그대로 비틀려졌다.

범죄가 끝나고, 새벽 2시가 넘은 늦은 시간 안희정은 내게 말했다. "아침에 아내가 오기로 했으니 청소를 하고 나가라." 청소 도구가 어니 있는시 알려수었다. 먼지 제거 테이프로 침구를 정리했다. 내가 청소하고 있을 때 골프 채널을 보던 안희정이 빨리 안 나가고 뭐 하냐며 재촉했다. 청소가 늦어져 언짢았던 것 같다. 그 격앙된 목소리에 놀란 나는 청소하며 손에 주운 한 줌의 쓰레기들을 어디에 버려야 할지 몰라 가방에 꾸역꾸역 집어넣고 밖으로 나왔다. 처참했다. 그날 비참했던 내 심정이 마치 그 꾸겨진 쓰레기와 같았다. 잠시 멈췄던 안희정의 악행이, 지난 6개월간 사라졌던 성폭행이 재현되었고, 나는 깊은 나락으로 빠져들었다. 이 굴레에서 평생 벗어날 수 없겠다고 생각했다.

이상한 여자

2월 25일이 되기 며칠 전 "언제 올 거야?"라고 엄마가 전화로 물었다. 주말에 가겠다고 엄마와 약속했고 가족들은 기다리고 있었다. 주말에 가족들을 보러 집에 갈 준비를 하던 중 동료의 연락을 받았다. 현장에는 수행비서가 없었고 정무팀도 평소와 다르게 적었다. 내가 수행비서였을 때부터 기획회의에 참여하면서 6개월을 준비했던 KBS「명견만리」촬영 일정이었다. 보통 이 정도 규모의 일이라면 현장에 있어야 할 수행 인원이 턱없이 모자랐다. 평소 같으면 너도나도 왔을 텐데 주말 일정이어서 그런지 정무팀도 거의 상주해 있지 않았다. 그런 상황을 파악한 내가 현장에 가자 내게 연락한 동료는 너무나도 고마워하며 안도했다. 이런 상황에 혼자서 일을 처리하고 있던 동료가 안쓰러웠다.

방송국에 도착해 부족한 일손을 도왔다. 4시간가량 내내 서서 현장 방송 모니터링을 했다. 정무팀이라면 누구든 했을 일들이다. 대선 경선 토론 때도 항상 스텝 한 명만 출입이 허용되는 토론장 안에 수행팀장이 들어가 모니터링을 했다고 인수인계받았다. 인계받은 대로 나는 업무를 이행했다. 목소리 톤이 어떤지, 현장 분위기가 어떤지 체크해 손 모양으로 지사에게 사인을 전하기도 했고, 현장 상황과 녹화 시간을 확인하면서 담당자와 소통했다. 내게 연락했던 동료 K는 이런 일이 생소했기 때문에 정무팀의 업무를 제대로 모르고 있었다. "지은 씨가 있어서 정말 다행이다." 그렇게 말하며 본인이 챙기고 있던 지사의 소지품과 옷가지도 내게 건네주었다. K는 그전부터 안희정을 매우 어려워했다. 늘 일을 하러 들어갈 때 나나 다른 여자 동료인 Y에게 도움을 요청하며 영상 촬영 때 함께 있어달라고 했다. 여성이 있어야 촬영 분위기가 나아진다는 이유에서였다.

미투 이후 안희정 측과 일부 언론에서는 이때 내가 안희정을 보고 싶어서 담당 업무도 아닌데 와 있었다고 이야기했다. 도청과 캠프에서 일하던 직원이라면 누구나 알 수 있는 이 거짓말이 마치 사실인 것처럼 회자되었다. 공식 출장 기록이 있고, 실제로 업무를 했으며, 이를 본 사람 역시 많았다. 하지만 내가 안희정의 '사생팬'이었고 안희정이 보고 싶어서 방송국에 갔다고 안희정 측은 주장했다. 동료 K도 그런 맥락으로 이야기했다. K는 자신이 내게 업무 도움 요청을 했고 내가 도와줘서 고마웠다는 이야기를 주변 동료에게 했었다. 하지만 법정에서는 그 말이 달라졌다.

당시 나는 안희정의 개인 이메일과 SNS 메시지를 관리하는 정무비서였고, 필요하다면 언제든지 만나고 직접 연락할 수 있는 일을 하고 있었다. 내 업무를 모르는 사람들이라면 그런 허구에 동조할 수도 있겠다고 생각했지만, 업무 구조를 잘 아는 동료들조차 이 허구를 바로잡아주지 않았다. 재판 내내, 안희정의 성폭행을 증명하는 것보다 그런 허무맹랑한 주장들을 탄핵하고 공방하는 게 더 힘들었다.

삼인성호(三人成虎)라 했던가. 그런 식으로 몇몇이 모

여 거짓을 말하니 순식간에 나는 세간에서 '그런 여자'가 되었다. 사심으로 일을 한, 지사의 사생팬인, 신뢰할 수 없는 이상한 여자. 그리고 나를 향한 그런 프레임화는 이후 이어진 지난한 재판 과정 내내 그들의 집요한, 거의 유일한 전략이었다.

살아 있는 권력 앞에서
진실을 말하기로 결심하다

"저는 안희정의 비서 김지은입니다. 그동안 안희정에게 수차례 성폭력을 당해왔습니다."

2018년 3월 5일, 살아 있는 권력 앞에서 '진실'을 말하기까지 나는 오랜 시간 두려움에 떨었다. 안희정은 유력한 차기 대선 주자였고 미래 권력이었다. 미래 권력은 현재 진행형의 영향력을 가지고 있기 때문에 그 힘의 크기를 가늠할 수 없었다. 청와대부터 정재계에 이르기까지 안희정과 관계를 맺고 있는 대부분의 사람은 그를 차기 대통령이라 여겼다. 차기 1위라는 여론 조사 결과가 뒷받침해주고 있었고 실제로 사람들은 안희정을 그렇게 대했다. 학생운동과 386이라는 끈끈한 연대도 있었다. 안희정은 그에 상응하는 의전과 예우를 받았다. 안희정의 곁에 있는 사람들은 이미 그 유명세를 함께 누렸고, 외부의 많은 사람이 그와 알고 지내고 싶어했다. 사회 곳곳과 관계 맺어 생물처럼 다각도로 뻗어 나가는 살아 움직이는 거대 조직, 그 자체가 안희정이었다.

그런 대상을 향해 미투를 한다는 것, "지금 당신이 잘못된 행동을 하고 있다"라고 말하는 것은 안희정 개인만을 향한 한정된 외침이 아니었다. 그가 가진 정치적 지위와 그가 관계 맺은 수많은 이에게 맞서는 일이었다. 나에게 미투는 가늠할 수 없는 크기의 힘과 싸움을 시작하는 일이었다. 말하고 나서 바로 쥐도 새도 모르게 사라질지 모를, 설령 산다 해도 남은 날이 죽은 것과도 같을 자살 행위였다.

하지만 죽게 되더라도 다시 그 소굴로 돌아가고 싶지 않았다. 첫 번째 성폭행 이후 안희정의 사과를 들었을 때 그 한 번으로 끝나리라 믿었던 피해는 반복되었다. 2018년 2월에 또다시 범죄를 겪고 나서야 여기서 영원히 도망칠 수 없으리라는 것을 깨닫게 되었다. 반복되는 굴레에서 벗어나고 싶었다. 신에게 제물로 바쳐지듯 성폭력을 당하며 생계를 유지하고 주변의 사람들은 리더의 폭력을 묵인하는 그런 조직 안에서 더 이상 살고 싶지 않았다.

서지현 검사의 미투를 보면서도 한동안 현실을 마주하지 못했다. 그저 뉴스에 나오는 다른 사람의 이야기, 나와 다른 세상의 이야기일 뿐이고 나의 현실은 아니라고 생각했다. 선을 긋고 눈을 감았다. '너는 아무것도 없는 사람이야. 일개 비서일 뿐이야. 네 상대는 대통령 후보인 안희정이야. 결코 싸울 수 있는 상대가 아니야. 지난번에 봤잖아. 용기 내어 말해도 아무도 도와주지 않아. 너만 조용히 있으면 돼.'

그러나 한국에서 미투가 시작된 이후 그동안 침묵했던 여성들이 서서히 말하기 시작했다. 그들을 보면서 고민하고, 용기 내고, 주저하고를 반복했다. 그러던 2018년 2월 안희정은 내게 미투를 언급하며 또다시 범행을 가했다. 이제 더 이상 내게 그런 일은 없겠지, 그렇게 사소 섞어 되뇌며 견디던 시간이 무너져 내렸다. 정신적으로 참혹함과 동시에 어지럼증과 두통, 출혈 등 신체적인 고통이 따랐다. 범행을 당하고 목욕탕에 가서 씻고 또 씻어도 사라지는 건 아무것도 없었다.

그때 대선 경선 당시 안희정의 수행팀장을 했던 선배에게서 연락이 왔다. 업무 이야기를 몇 가지 묻는데 도저히 통화를 계속할 수 없었다. 수화기 너머 속 작은 목소리조차 내 심장을 때리는 것 같았다. 피부 세포는 공기 중으로 날아가 따로 움직이고 있었다. 대화를 제대로 할 수 없었다. 선배는 이내 이상함을 알아차리고 내게 물었다. "무슨 일 있니? 도와줄 테니 이야기해봐." 주저했다. 고민하다 결국 피해 사실을 이야기했다. 수화기에서 적막이 흘렀다. '그래. 역시 다 똑같구나. 도와줄 사람은 세상 어디에도 없어.' 그런 생각이 스쳐갈 때쯤, 적막을 깨고 목소리가 들렸다.

"도와줄게."

그 한마디에 막연히 가지고 있던 두려움이 깨졌다. 세상에 알리기로 결심했다. 하지만 할 수 있을까. 과연.

현실과 이상 사이에서
고민하던 일주일

결심을 하고 나서도 신고할까 말까 고민하고 망설이던 시간이 있었다. 내가 대적할 수 없다고 생각했고, 강한 권력에 의해 모든 게 흐지부지 묻혀버리는 건 아닌지 걱정도 됐다. 지금까지 그래온 것처럼 나만 참고 견디면 모두에게 아무렇지 않은 날들이지 않을까 고민했다. 변호사와 상담하기 전까지 내게는 큰 결단과 용기가 필요했다.

후배와 나눈 이야기가 문득 떠올랐다. 이전에 나는 후배에게 안희정의 눈빛에 대해 말한 적이 있는데, 그가 내게 그 이야기를 다시 꺼낸 것이다. "언니가 전에 말한 지사님이 쳐다보는 그 눈빛, 온몸을 훑는 그 느낌이 뭔지 알겠다"며, 안희정이 그를 계속 부르고 찾는다고 했다. 심장이 덜컹 내려앉았다. 나만 도망쳐서 되는 문제가 아니었다. 나로 끝나는 일이 아닐 수도 있다. 내가 이 악몽 같은 소굴에서 벗어나도 다른 피해자는 계속 생길 것이다.

후배가 한 말이 불현듯 떠오르자 더 겁이 났다. 검은 그림자는 나의 후배에게 다가가고 있었다. 내게 옭아매여 있던 족쇄가 다른 누군가에게 채워져도 모른 척하는 방관자가 될 수는 없었다. 범죄는 내게도, 내 주변의 사람들에게도 여전히 진행형이었다. 막아야 했다. 그게 내가 힐 수 있는 마지막 역할이라고 생각했다. 나의 동료에게, 나의 후배에게 그런 일이 똑같이 일어난다면 평생 견딜 수 없을 것 같았다. 나의 상처는 어떻게든 숨기고 가릴 수 있겠지만, 멈추지 않는 범죄를 방조하며 살 수는 없었다. 아마 그 전에 내가 미쳐버릴지도 모른다고 생각했다.

2월 25일 네 번째 범행 이후, 안희정은 내 상태를 살폈다. 미안하다, 괜찮으냐, 내가 어른답지 못했다, 용서해라. 출근 안 했다던데 어디가 아프냐, 얼른 나아라…… . 계속해서 메시지를 보내고 전화를 해왔다. 내색하지 않으려 했지만, 비처럼 쏟아지는 그 연락이 무서웠다. 그리고 도청 복도에서 우연히 안희정을 마주쳤다. 순간 나는 앞에 있던 사람의 뒤로 숨었다. 정신이 제어하지 않는 반사적인 행동이었다. 그때 깨달았다. '이제는 일로도 내 마음을 붙잡을 수 없구나. 몸이 저절로 반응하는구나.'

법적 고발에 대한 마음을 다시 다졌다. 변호사를 만났고, 상대가 유명 정치인이라 고소장이 접수되는 순간 언론에 공개되는 것은 불가피하다는 이야기를 듣게 되었다. 가능하다면 내 신분을 보호받으며 고발하고 싶었지만 쉽지 않은 상황임을 알게 되었다. 그 과정에서 변호사의 제안으로 탐사보도팀을 만났다. 이 사건이 은폐되거나 묻히지 않으려면 언론의 지속적인 관심이 필요하다는 이유였다. 보도 여부는 향후에 결정하더라도 우선 이 과정을 기록하고 추적조사해주겠다는 의미였다. 고소장을 제출하기 전까지는 어떤 보도도 원하지 않는다고 이야기했다. 누군가의 잘못을 단순히 폭로하는 것보다 진실을 밝혀 법적인 판결을 받게 하는 것이 내게는 더 중요했다. 기자를 만나면서도 안희정이 사전에 손을 쓰기 전에 무사히 고발할 수 있도록 보안을 지켜줄 것을 요청했다. 안희정이 알아버리는 순간 내가 어떻게 될지 모른다고, 제발 정보가 노출되지 않도록 도와달라고 거듭 부탁했다.

바로 다음 날 안희정에게 전화가 오기 시작했다. '애초에 너무 많은 것을 기대했다. 나는 이제 죽겠구나' 하는 생각이 들었다. 전혀 예상하지 못했던 것은 아니었다. 안희정의 네트워크를 잘 알기 때문에 그가 어떻게든 알게 될 것이라고 생각은 했다. 하지만 빨라도 너무 빨랐다. 고소장 접수전에 더 알려지는 것을 막아달라고 요청했다. "내게 중요한 것은 실질적인 처벌이고 진실을 밝히는 것이다. 만약 수사와 진실을 밝히는 데 그리고 또 다른 피해자를 막는 데 도움이 되지 않는다면 일체의 보도도 원하지 않는다. 소송에만 매진하겠다." 그렇게 재차 의사를 밝혔다.

그러면서도 안희정의 전화에 정신은 혼미해져 있었다. 언론사를 만난 것이 최선이었을까 후회됐다. 기자를 원망하고 나 자신조차도 원망했다. 수사가 시작되기도 전에, 권력이 진실을 모두 묻어버릴까 두려웠다. 거기에 나도 함께 묻혀 사라져버릴까 무서웠다.

2018.03.05. 문자
고소장 접수해서 수사할 때까지만이라도 기사화 막아주십시오.
(…)

진실을 밝힐 수 없다면 소송만 매진하겠습니다.

수사가 중요합니다. 도와주세요.

기자님 저는 절실하고 무섭습니다.

진실을 밝혀주세요.

(…)

기자님 이건 이슈 거리가 아닙니다.

형사 사건입니다.

곧 안희정의 아들부터 도청, 경선 캠프, ○○연구소의 직원들 등 곳곳에서 연락이 오기 시작했다. 불안했다. 더 이상 도망칠 곳도 숨을 곳도 없었다. '벌써 시작된 것일까? 가족들에게는 아직 이야기조차 하지 못했는데 어떻게 해야 하지.' 빠르게 휘몰리는 상황에서 다시 용기를 낼 수밖에 없었다. 알려질 수밖에 없다면 왜곡되거나 은폐되는 것보다 직접 이야기하는 것이 가장 낫다는 판단을 했다.

생방송 두 시간 전에야 엄마에게 연락을 했다. 그때도 내가 할 수 있는 말이라곤 별로 없었다. "엄마 나 미투할 거야. 내가 이야기를 안 하면 죽을 것 같아. 아빠 뉴스 보게 하지 마." 그렇게만 말했다. 그 외에는 어떤 말도 더 할 수가 없었다. 내 입으로 엄마에게 직접 '안희정'의 이름을 내뱉는 것이, 어떤 피해를 당했다고 말하는 것이 너무 괴로웠다. 자기 잘못인 양 고통스러워할 엄마도 걱정되었지만, 몸이 편찮으신 아빠가 뉴스를 보다 쓰러지실까 봐 연신 불안했다. 예전에도 아빠는 뇌출혈로 쓰러지신 적이 있다. 중환자실에서

의식이 오락가락하는 상태에서 아빠가 내내 내 이름만 불렀다는 간호사의 이야기를 듣고 나는 아빠의 병이 다 내 탓이라는 죄책감에 오랫동안 시달렸었다.

가족에게 알리고 마음을 굳게 먹었다. 그러나 방송국에 들어서는 순간 주저했다. 피해 사실만 기억 속에서 지워버리면 평탄하게 살 수 있지 않을까 하는 생각이 다시 들었다. 방송을 앞둔 그 짧은 시간 동안에 주저하고, 용기 내고, 다시 주저하고 용기 내기를 반복했다. 이를 악물었다. 죽어서 사는 길에 들어섰다.

「뉴스룸」스튜디오로 들어갔다. 공기가 없는 곳 같았다. 한없이 조용했다. 탐사보도팀 기자를 만났다. 모습에 긴장이 느껴졌다. 손석희 사장이 뉴스를 진행하다 잠시 쉬는 시간에 내게 걸어왔다. 악수를 건네며, 말 없이 나를 바라봤다. 눈동자가 또렷했다. 이곳에 있는 모든 사람이 진심으로 응원해주는 것 같았다.

'그래. 방송에 들어가자.'

마이크를 차면서 앞으로 닥칠 상황들을 떠올렸지만, 가늠되지 않았다. 쓰러질 것 같았다. 휘몰아치는 폭풍 속에서 나는 어느새 방송국 카메라 앞에 앉아 있었다. 질문은 방송 직전에야 보았다. 스태프가 조심스럽게 마이크를 채워주고 의자를 최대한 위로 올려주었다. 그뿐이었다. 내게 준비된 것은 아무것도 없었다. 어디를 보고 말해야 하는지, 무슨 이야기부터 하면 되는지, 목소리 크기는 어느 정도가 적당한지, 인터뷰 시간은 몇 분인지 아무것도 알지 못했다. 알려주는 사람은 아무도 없었다. 경험한 일을 있는 그대로만 말하면 된다고 했다. 하지만 피해 사실을 이야기하는 것은 변호사와 단둘이 앉아 있을 때조차 쉽지 않았다. 하물며 카메라 앞에서는 더 어려웠다. 앵커 앞에는 질문 스크립트가 있었지만 내 눈앞에는 아무것도 없었다. 시선을 둘 곳도 없었다. 앵커의 첫 질문을 받는데, 머릿속이 새하얘졌다. 조명 빛이 점점 커지며 나를 집어삼킬 것만 같았다. 어지러웠다. 나를 여기에 앉게 한 모든 상황이 다 원망스러웠다.

JTBC「뉴스룸」인터뷰[2]

앵커 직속상관인 현직 도지사로부터 성폭행 피해를 당했다는 폭로는 기존 미투와는 또 다른 충격을 주는 상황이기도 합니다. 말씀드린 대로 피해자의 이야기를 직접 들어보겠습니다. 물론 저희들은 이에 대한 안희정 지사의 반론도 방금 보도는 해드렸습니다만, 추가 반론이 있다면 반영을 해드리도록 하겠습니다. 안 지사 쪽에서도 추가 입장을 내놓겠다고 했으니까 내일(6일) 그 내용을 지켜보도록 하겠습니다.

안희정 충남도지사의 정무비서 김지은 씨가 지금 제 옆에 나와 계십니다. 어서 오십시오. 이건 정말 쉽지 않은 자리여서 저희들도 모셔도 되는가 하는 걱정을 했습니다. 그런데 김지은 씨께서 직접 나오셔서 밝히겠다는 의지도 분명하게 표현을 해주셨고 그래서 이렇게 모시게 됐는데요. 먼저 작년 6월 말에 충남도지사 수행비서, 지금은 정무비서입니다만, 수행비서로 근무를 시작을 하셨습니다. 그 이후부터 지난달 말까지 그러니까 8개월 정도의 기간 동안 벌어진 상황이라고 들었습니다. 안희정 지사와 김지은 씨 사이에 벌어진 일이 위계에 의한 것. 다시 말해서 권력관계를 이용한 것이라는 것, 그렇게 주장하시는 이유는 어디에 있을까요?

김지은/충남도 정무비서(이하 김지은) 저한테 안희정 지사는 처음부터 끝까지 안희정 지사님이었습니다. 수행비서는 모두가 노(No)라고 할 때 에스(Yes)를 하는 사람이고 마지막까지 지사를 지켜야 하는 사람이라고. 지사님도 저한테 얘기해주신 것 중의 하나가 늘 얘기하시는 것 중에 네 의견을 달지 말라, 네 생각을 얘기하지 말라, 너는 나를 비춰주는 거울이다, 투명하게 비춰라, 그림자처럼 살아라, 그렇게 얘기하셨습니다. 그래서 저는 지사님이 얘기하시는 거에 반문할 수 없었고 늘 따라야 하는 그런 존재였습니다. 그가 가진 권력이 얼마나 큰지 알고 있기 때문에 저는 늘 수긍하고 그의 기분을 맞추고 항상 지사님 표정 하나하나 일 그러지는 것까지 다 맞춰야 하는 게 수행비서였기 때문에 아무것도 거절할 수 없었습니다. 그렇기 때문에 제가 원해서 했던 관계가 아닙니다.

앵커 그러면 작년 6월 이전에는 안 지사를 예를 들면 업무적인 관계나 이런 것으로 보좌를 했다든가 하지는 않았습니까?

김지은 언제라고요?

앵커 작년 6월 이전에.

김지은 안 했습니다. 그전에는 홍보팀에 있었습니다.
그리고 지사님 캠프에 있었고 그 이후에 도청에 오게
되었습니다.

앵커 그런데 앞에 저희들이 안희정 지사 쪽의 반론을
보도해드렸습니다만 부적절한 관계는 있었지만 그
것은 철저하게 합의에 의한 것이었다, 강제는 아니었
다라고 안희정 지사 쪽에서는 주장하고 있습니다. 거
기에 대해서는 혹시……

김지은 저는 지사님이랑 합의를 하는 그런 사이가 아
닙니다. 지사님은 제 상사이시고 무조건 따라야 하는
그런 사이입니다. 저랑 지사님은 동등한 그런 관계가
아닙니다.

앵커 그런데 물론 동등한 관계가 아니라는 것은 저희
들이 충분히 알 수가 있습니다. 따라서 그것이 위계
에 의한 강압 이렇게 말씀을 하고 계시는 거잖아요.

김지은 네, 맞습니다.

앵커 혹시 두 사람 사이에 벌어진 일을 눈치챈 사람이
나 아니면 김지은 씨가 이러이러한 일이 있어 고민이
다라고 털어놓은 사람이 누구누구입니까?

김지은   실제로 SOS를 치려고 여러 번 신호를 보냈었고 눈치챈 한 선배가 혹시 그런 일이 있었냐고 물어본 적이 있었습니다. 그때 얘기를 했었고 그런데 아무 도움을 받지 못했습니다. 그냥 어떠한 문제를 어떻게 해결할 수 있는지 그 다음에 어떻게 해야 하는지 저한테 얘기해주지 않았습니다. 일단은 처음에는 저한테 거절을 하라고 그래서 저도 거절을 했었어요, 스위스에서 아니라고 모르겠다고. 그랬는데 결국에는……

앵커   예, 알겠습니다. 안 지사 본인에게는 의사를, 그러니까 김지은 씨의 의사를 이미 표현도 하셨다 그런 말씀이잖아요.

김지은   제 위치상에서 할 수 있는 최대한의 표현은 했습니다.

앵커   이건 아닌 것 같다라든가.

김지은   네. 저는 일할 때 거절하거나 어렵다는 말을 하지 않기 때문에 저로서 그때 머뭇거리고 어렵다고 했던 것은 저한테는 진짜 최대한의 방어였습니다. 그리고 최대한의 거절이었고 지사님은 그걸 알아들으셨을 겁니다.

앵커 아까 이제 다른 선배가 눈치챘다라고 했는데 김지은 씨께서 아예 예를 들면 그 누구한테든 안희정 지사 말고라도 누구한테든 이런 일에 대해서 고민을 털어놓은 사실이 있습니까? 왜냐하면 이런 문제는 지금 안 지사 쪽에서는 당장 아니라고 얘기하고 있기 때문에 앞으로 빠르면 내일 고소에 들어간다고 변호인단에서 얘기하고 있기 때문에 그런 부분이 사실은 증언으로서 필요한 부분들이 될 수도 있기 때문에 그래서 드리는 질문입니다.

김지은 너무 힘들어서 정신과의 전화 심리 상담을 받으려고 전화도 한 적도 있었고요. 그런데 너무 일정이 많아서 제가 직접 갈 수 없으니까 그런데 전화 상담이 어렵다고 해서. 그리고 실제로 안 지사 말고도 비슷한 성추행 사건이 있어서 그거에 대해서 해결을 해달라고 얘기한 적이 있었는데 적극적인 의지를 보이지 않는 것을 봐서 이것보다 더 크고 그리고 안희정 지사 일을 얘기했을 때는 아무도 도와주지 않겠구나, 그냥 나 하나 자르고 말겠구나 하는 생각을 했었습니다.

앵커 안 지사 말고도 또 다른 성추행 사건이 있었다고 했는데 그것은 역시 김지은 씨를 향해서 있었던 성추행 사건입니까?

김지은 맞습니다.

앵커 그게 어떤 사건인지는 지금 말씀하시기는 좀 곤란한가요?

김지은 네.

앵커 역시 그 주변에서 있었던 일입니까?

김지은 네, 맞습니다.

앵커 그건 밝히기를 원치 않으시니까 제가 질문은 드리지 않겠습니다.

김지은 네.

앵커 고통을 아무튼 그렇게 호소했음에도 전혀 도움을 못 받는 상황에서의 심정은 어떠셨습니까?

김지은 늘 지사님이 그런 일이 있고 나서는 저한테 했던 말, 비밀 텔레그램들이 있어요. 미안하다, 괘념치 마라, 내가 부족했다, 잊어라, 다 잊어라, 그냥 아름다운 스위스와 러시아에서의 풍경만 기억해라, 다 잊어라, 항상 잊으라고 얘기를 저한테 했기 때문에 내가 잊어야 하는구나, 잊어야 되는구나, 그래서 저한테는 있는 기억이지만 없는 기억으로 살아가려고 그렇게 다 도려내고 도려내고 그렇게 지냈던 것 같아요.

앵커 없는 기억으로 하려고 했습니다만 지금 이 자리에 이렇게 나오셨습니다. 이렇게 결심하신 배경은 뭡니까?

김지은 지사가 최근에 저를 밤에 불러서 미투에 대한 얘기를 했습니다. 미투에 대해서 불안해하는 약간의 기색을 보이셨던 것 같은데. 저한테 내가 미투를 보면서 그게 너에게 상처가 되는 건 줄 알게 되었다, 미안하다, 너 그때 괜찮[았]느냐, 그렇게 얘기를 해주셨는데. 그래서 오늘은 안 그러시겠구나라고 생각을 했는데 결국에는 또 그날도 그렇게 하시더라고요.

앵커 언제 일입니까?

김지은 2월 25일입니다.

앵커 2월 25일이요?

김지은 네.

앵커 서지현 검사가 이 자리에 나왔던 것이 1월 29일이고 그로부터 대략 한 달 정도 지난 상황이었으니까 다 아시는 것처럼 미투 운동이 굉장히 활발하게 벌어지는 그런 상황인데, 그 상황 속에서도 그런 일이 있었다라는 말씀이신가요?

김지은 네. 미투 언급을 하고 미안하다고 사과한 상태에서 또다시 그랬다는 게 저한테는 여기는 벗어날 수가 없겠구나, 지사한테 벗어날 수 없겠구나, 어떻게 하면 벗어날 수 있을까라는 생각을 하게 됐습니다.

앵커 저희가 보도로 보기에는 안희정 지사는 오늘 미투에 대한 입장을 내놓은 바 있습니다. 혹시 보셨습니까, 그 내용을?

김지은 저는 못 봤습니다.

앵커 미투 운동에 찬성한다는 입장으로 물론 나왔습니다. 아직 그 기사는 못 보셨군요.

김지은 네.

앵커 그러면 혹시 김지은 씨한테 이런 얘기는 절대로 하지 말아달라라든가 하는 부탁이 있었습니까?

김지은　지사가 저한테 미투 언급을 했다는 것은 미투에 대해서 얘기하지 말라는 것으로 저는 그렇게 무언의 지시로 알아들었습니다.

앵커　그동안에 잘 아시는 것처럼 미투를 하신 분 중의 일부는 가해자가 적극적으로 부인하면서 진실공방으로 흐르는 그런 양상도 보인 바가 있습니다. 실제로 변호인들도 말씀을 해주셨겠지만 성폭력 피해의 경우에 그걸 입증해야 하는 그런 문제가 생겨서 만일에 증거가 조금이라도 불충분하다거나 하면 재판에서는 불리하게 돌아가는 경우도 종종 있어왔고요. 그 때문에 사실은 이런 것들도 바꿔나가야 한다라는 것이 미투 운동의 핵심적인 본질 중의 하나이기도 합니다. 그래서 법적 공방, 당장 내일부터 변호인들이 법적 공방 대응으로 들어가면 김지은 씨 측에서는 굉장히 피곤한 일들이 계속될 것 같습니다. 그거 다 생각을 물론 하셨겠죠. 내놔야 될, 예를 들면 증거라든가 하는 것들도 지금 있으십니까? 왜냐하면 이렇게까지 말씀하셨는데 걱정이 돼서 드리는 말씀입니다.

김지은　제가 증거이고 제가 지사와 있었던 일들을 모두다 얘기할 것입니다. 제 기억 속에 모두 다 있습니다.

앵커　알겠습니다. 변호인단으로서는 김지은 씨의 기억을 객관화시키는 데 상당 부분 노력을 할 것이고 그런 가운데에서 뭔가 또 나올 수 있는 그런 상황이 되겠죠. 작년에 한창 이런 사건이 진행되는 와중에 수행비서에서 정무비서로 직책이 바뀌셨습니다. 혹시 그 이유는 뭔지 아십니까?

> **김지은** 잘 모르겠습니다. 그저 지사가 보직을 변경하라고 해서 변경되었습니다.

앵커 그렇습니까?

> **김지은** 네.

앵커 대개 정치인의 수행비서로 가면 저희는 그걸 잘 압니다만 거의 24시간 대기해야 하는 그런 자리라고 알고 있습니다. 그래서 여성이 맡는 일이 그렇게 흔치는 않을 것 같습니다, 상식적으로 보자면. 그런데 어떻게 지사의 수행비서로 들어가시게 됐는지요.

> **김지은** 저는 지사의 뜻이라고 주변인들에게 모두 들었고 지사가 임명했습니다.

앵커 임명했고요. 혹시 본인이 그런 업무의 성격상 이건 내가 맞지 않는 것 같다, 좀 곤혹스럽다라는 그런 느낌은 안 가지셨습니까?

김지은 물론 어려운 점도 있기는 있었습니다. 그런데 여기 체계상 너 여기 가 있어, 뭐 해, 라고 하면 할 수밖에 없었기 때문에 그래서 하라는 대로 한 것뿐입니다.

앵커 혹시 오늘 인터뷰하시러 오기 전에 요 며칠 사이에 안 지사 측으로부터 혹은 본인으로부터 연락을 받으신 게 있으신지요.

김지은 오기 전에도 안희정 지사 외에 주변인들이 계속 연락이 왔습니다.

앵커 오늘도요?

김지은 네.

앵커 뭐라고 얘기들을 했습니까?

김지은 오늘 전화는 받지 않았습니다.

앵커 오늘 이전에는 혹시?

김지은 이전에는 계속 미안하다고 괜찮으냐고.

앵커 그건 안 지사의 얘기입니까?

    김지은 네. 안희정 지사가 그렇게 저한테 미안하다고 얘기했습니다.

앵커 무엇에 대해서 미안한지 혹시 구체적으로 얘기한 적이 있습니까?

    김지은 말로 얘기한 적은 있습니다. 너를 가져서 미안하다, 너한테 상처 줘서 미안하다, 내가 그러지 말았어야 했는데 내가 부끄러운 짓을 했다, 늘 그렇게 얘기하셨습니다.

앵커 그게 사실이라면 오늘 내놓은 입장, 다시 말해서 합의 하에 그런 관계가 있었다라는 얘기는 사실이 아닌 게 되네요.

    김지은 네, 맞습니다. 지사가 무엇보다도 잘 알 겁니다.

앵커 아까 잠깐 말씀드렸습니다만 오늘 인터뷰 이후가 더, 정말 죄송한 말씀입니다만 더 힘들어질 수도 있습니다. 끝으로 혹시 말씀하실 게 있다면 잠깐 듣겠습니다.

김지은　인터뷰 이후에 저에게 닥쳐올 수많은 변화들 충분히 두렵습니다. 하지만 저한테 제일 두려운 것은 안희정 지사입니다. 실제로 제가 오늘 이후에라도 없어질 수 있다는 생각도 했고 그래서 저의 안전을 보장받을 수 있는 게 방송이라고 생각했고 이 방송을 통해서 국민들이 저를 지켜줬으면 좋겠어서, 조금이라도 지켜줬으면 좋겠고 진실이 밝혀질 수 있도록 도와줬으면 좋겠습니다. 제가 지사와 너무 다른 존재이기 때문에 그 힘을 국민들한테 얻고 싶은 거고 그리고 그를 막고 싶었습니다. 그리고 제가 벗어나고 싶었고 그리고 다른 피해자가 있다는 걸 압니다. 그들에게 용기를 주고 싶었습니다.

앵커　지금 말씀하신 다른 피해자는 안희정 지사에 의한 다른 피해자를 말씀하십니까?

김지은　네. 국민들이 저를 지켜주신다면 그분들도 나올 거라고 생각합니다.

앵커　알겠습니다. 저희가 인터뷰 내용은 다시 정리해서 2부에서 마저 전해드리도록 하겠습니다. 따로 설명을 드리지 않더라도 무척 어려운 자리였고 나와주셔서 감사하고 아마 주변에서 함께하시는 분이 많이 계시리라고 믿습니다. 김지은 씨였습니다. 고맙습니다.

집도 직장도 잃다

방송을 마치고 나는 돌아갈 곳이 없었다. 정확히 말하면 범죄 피해 사실을 세상에 알리고 나는 갈 곳을 잃었다. 당시 나의 거주지는 충남도청 인근, 직원들이 밀집해 사는 곳이었다. 다시는 집으로도, 직장으로도 갈 수 없었다. 성폭행 피해자들이 머물 수 있는 보호시설이 있긴 했지만, 늦은 시간이라 입소할 수 없었다. 방송국에 동행한 성폭력 상담소 활동가가 자신의 집에 머물 수 있게 해주겠다고 했다. 감사했다.

생방송 인터뷰가 끝나자마자 해당 방송국 앞에는 여러 언론사 취재진이 몰려와 외부로 나가는 것도 어려웠다. 지하 스튜디오까지 내려온 기자도 있었다. 여러 가지로 애를 먹었다. 옴짝달싹 못 하게 묶여 있었다. 텔레비전에, 인터넷에 온통 못난 내 이름과 얼굴로 도배가 되었다고 했다. 대기실에서 밖의 상황도, 내 심장도 잠잠해지길 기다렸다. 한 발짝도 나갈 수가 없었다. 후들후들했다. 안희정과 조직의 힘을 너무나 잘 알기에 겁에 질렸다. 한기가 온몸을 감싸 파르르 떨렸다.

밖의 상황은 좀처럼 나아질 기미가 보이지 않았다. 마음만 추스르고, 이동하기로 했다. 차에 고개를 잔뜩 숙인 채 탔다. 주차장을 조심스레 빠져나가 활동가의 집 근처로 향했다. 낮부터 그 늦은 시간까지 아무것도 먹지 못했다. 하지만 작은 분식점에도 갈 수 없었다. 대신 떡볶이와 어묵을 사 와 차 안에서 까만 봉지를 열었다. 차에 탄 네 사람은 떡볶이와 어묵을 나누어 먹으며 허기를 달랬다. 어묵 국물을 한 모금 삼키자 한기가 녹아내렸다. 동행인 한 분이 말했다.

"그런데 나 지은 씨 처음에 한마디도 못하고 쓰러지는 줄 알고…… 심장이 조마조마했어요."

"저도 멍했어요. 도대체 이 상황들이 다 뭔가 싶었어요."

그때는 이 뒤에 궂은 시간들이 얼마나 길게 이어질지는 생각하지 못했다. 모두가 태풍의 눈 한복판에 있는 것처럼 소리 없이 차 안에 앉아 있었다. 그날은 그렇게 활동가의 집에서 쉼을 청했다.

하루는 목숨을 보전했지만, 지속적인 보호가 필요했다. 성폭력 상담소에서 운영하는 피해자 보호시설에 방송 다음 날 바로 입소 절차를 거쳤다. 보호시설은 공동생활을 규칙으로 하는 공간이었다. 주로 청소년들이 입소자였다. 나같이 직장 성폭력 피해자가 직장과 주거지까지 잃고 입소하는 경우는 드물었다. 실제로 미투 방송 다음 날인 3월 6일에 별정직 비서인 나는 면직되었다.[3] 임면권자가 사임을 했기 때문이라는 이유에서였다. 임면권자인 안희정이 해고를 시키거나 또는 안희정이 직위를 잃는 것만으로도 나의 계약은 그 즉시 해지되는 고용 형태였다. 미투를 함으로써 생존권을 잃는 흑백의 운명이 우려한 대로 바로 현실이 되었다.

개인 생활에 익숙해져 있는 성인 피해자의 경우에는 여러 규칙이 있는 합숙소 생활을 하기가 어려울 수도 있다고 했다. 불편함은 이겨낼 수 있었다. 내겐 안전히 숨 쉴 곳이 필요했다. 친구의 집이나 가족의 집에는 갈 수 없었다. 누구에게도 알려지지 않은 공간이 필요했다.

보호시설에 들어갔지만 옷도, 속옷도 없었다. 옷은 보호시설에 있는 옷 기부함에서 내 몸에 맞는 사이즈의 검정 바지와 남색 니트를 찾아서 꺼내 입었다. 속옷은 보호시설에서 제공해주었다. 입을 수 있는 옷이 있다는 게 정말 감사했다. 무심코 지나치던 옷 기부 박스의 소중함을 느꼈다. 옷을 받기 전까지 매일 같은 옷만을 입다가 옷이 두 벌이 되자 번갈아 빨아 가며 입을 수 있게 되었다. 1년이 훌쩍 지난 지금도 그 옷을 입고 있다.

나의 방은 4인실이었다. 취침 시간에 맞춰 휴대폰을 끄고 보호시설 당직 활동가에게 반납한다. 소등을 하면 어떤 말소리도 빛도 새어 나와선 안 된다. 바로 잠자리에 들어야 한다. 잠들지 못해도 침실에 있어야 한다. 침실을 벗어나 돌아다닐 수 없다. 거실, 부엌, 화장실, 계단 등 주 2회씩 각자 팀원들과 맡은 구역 청소를 한다. 나는 부엌을 맡았고 안의 재료를 다 꺼내서 냉장고를 닦는 것부터 오래된 반찬이나 신선하지 못한 음식은 버리고, 찬장의 접시를 꺼내 정리한다. 정수기, 전자레인지, 가스레인지, 미니 오븐기 등 주방가전을 닦고, 식기와 조리 도구, 식탁과 싱크대, 행주, 음식물 쓰레기, 부엌 내 쓰레기통, 분리수거, 바닥까지 모두 깨끗하게 청소를 마치면 환기를 한다. 월 4~5회 정도 돌아가면서 식사 당번을 정하고 음식은 되도록 겹치지 않도록 준비하며 설거지도 모두 식사 당번의 몫이다. 식사는 정해진 시간에 따뜻하게 먹을 수 있도록 계산하여 준비를 시작한다.

보호시설에서 사는 일은 쉽지만은 않았다. 세세한 규정을 지키며 공동생활하는 것이 부담스러웠다. 하지만 막상 입소하니 혼자가 아닌 누군가와 함께 있다는 것에 안심이 되었다. 일정 시간이 되면 전화기를 끄고 반납하는 것, 취침 시간이 있는 것, 정해진 요일에 소청소와 대청소를 하는 것, 식사 당번이 있는 것, 귀가 시간이 있는 것, 보호시설 내 구성원을 가족으로 생각하고 가족 회의를 하는 것, 벌점 제도가 있는 것 등이 혼란스러운 마음을 정돈하는 데 있어 큰 나무 같은 역할을 해주었다. 편함은 없었지만 덕분에 뜬눈으로 밤샐 날에 억지로라도 눈을 감아보려 노력했고, 밥맛이 통 없었지만 룸메이트가 해준 밥이기에 한 술이라도 넘겨봤고, 밖에는 나가지 못했지만 방 한 켠에 축 처져서 앉아만 있었을 시간에 구석구석 청소한다며 몸도 움직이고 땀도 내봤다. 그렇게라도 흐트러진 정신을 바로잡을 수 있었다.

하지만 시간이 지날수록 보호시설에 있는 것이 점점 부담이 되었다. 공동생활을 더 이상 이어갈 수 없는 상황이 찾아왔다. 무엇보다 사건의 압박이 높았다. 매일 나오는 사건 관련 소식, 허무맹랑한 가짜 뉴스들, 세 차례에 걸친 밤샘 검찰 조사 피해자 진술, 지라시, 2차 가해, 심리 분석, 구속영장 실질심사, 안희정 영장 기각, 안희정 아들에게서 걸려온 전화, 구속영장 재청구, 다시 기각, 불구속 기소 등 수많은 일이 짧은 시간 안에 일어났다. 계속해서 자동차가 내게 달려와 나를 치고 있는데 악 소리도 내지 못하는 상황 같았다. 몇 번을 차에 치인 채 다시 보호시설로 돌아와 이불을 덮고 누워 있어야만 했다. 검찰 조사를 받고 되돌아와서도, 가짜 뉴스를 보고 화가 치밀어 올라도, 나는 보호시설의 규칙에 따라 그곳에서는 사건에 대한 그 어떤 언급을 해서도, 힘든 이야기를 나누어서도 안 되었기 때문에 혼자 참아야만 했다. 모두가 아픈 기억을 가진 공동생활인들의 정서적인 휴식을 위해 꼭 필요한 규칙이었지만, 내게는 분출할 곳이 절실했다. 한 공간 안에 여러 명이 함께 살고 있었기 때문에 어딘가에 혼자 앉아서 통화를 하거나 울 수도 없었다. 표출할 수 없는 고통이 너무나 컸다. 계속되는 충돌로부터 탈출구가 필요했다.

그 균열된 틈으로 마그마가 비집고 올라와 폭발했다. 자해라는 게 시작됐다. 뾰족한 것으로 손등을 찌르고 허벅지를 찔렀다. 주먹으로 머리를 치고 팔이며 다리며 스스로 함부로 때렸다. 나를 두들겨 팼다. 벽에 머리를 박았다. 울분을 참지 못해 소리를 질렀다. 극성스러운 눈물이 쏟아져 내렸다. 손가락을, 손톱을 잘근잘근 씹었다. 피가 나는데도 계속해서 손을 깨물었다. 주방에 들어가니 칼이 보였다. 칼로 손목을 긋고 싶었다. 어디선가 언뜻 듣기로 손목은 약하게 그으면 죽지 않고, 안쪽까지 깊숙이 찔러야만 죽는다고 한 이야기가 생각났다. 그렇게 내가 힘 있게 눌러 그을 수 있을까 한참을 고민했다. 상태가 심각해졌음을 느꼈다. 이러다 미쳐버리겠구나. 정말 미쳐가고 있다는 생각이 들었다. 곧바로 활동가에게 내 건강이 좋지 않음을 알렸다. 정신과 병원에 가야 했다. 심리 상담도 절실했다. 약으로 일부는 진정되었지만, 결코 현명한 해결 방법은 아니었다. 내게는 마라톤같이 연속된 사건에서 벗어난 휴식, 긴장을 내려놓는 쉼의 시공간이 필요했다. 터지기 직전까지 불어댄 풍선이 언제 터질까 하는 불안이 극에 달해 있었다.

심리 전문가들에게 상태를 진단받고, 성폭력 상담소 활동가들과 의논을 거쳐 결국 퇴소하기로 결정했다. 주변의 도움과 그간 모아놓았던 월급을 합쳐 네 평 남짓한 공간으로 이사 갈 수 있었다.

내가 증거임을
스스로 증명하는 싸움

고소 준비 사실을 알게 된 안희정 측의 연락들에 쫓겨 벼랑 끝에 내몰린 심정으로 하게 된 생방송 인터뷰가 끝났다. 지체 없이 고소장을 내야 했다. 지난 8개월간의 범죄 사실들을 증명하기에 시간이 턱없이 부족했지만 한시가 급했다. 잠적한 피고인 소재지 파악, 마지막 피해 장소 확인, 피고인의 휴대폰 및 수행폰 등의 증거 확보가 필요했다. 빠르게 접수해야 했다. 성폭행 4건과 성추행 몇 건만 먼저 확인하여 접수하고 수시로 있었던 기습 성추행은 추후 검찰 조사 시 진술하기로 했다. 공익 소송을 돕기로 한 세 명의 변호인단이 꾸려졌고, 마지막 범행 장소의 관할서인 서울서부지방검찰청(이하 '서울서부지검')에 고소장을 접수했다. 이후 쏟아지는 취재진의 연락에 휴대폰 울림은 멈추지 않았고, 변호사 사무실 앞에 사람들이 와 있어 직원들도 드나들 수 없었다고 들었다.

고소장 제출은 끝이 아니었다. 증거 자료들을 현출해서 추가로 내야 했다. "내가 증거다" 한다 해서 피해자의 말만으로 피해 사실을 믿는 사법부는 없다. 진술의 일관성, 합리성, 객관성, 동기 등을 모두 종합적으로 판단하여 신빙성의 유무를 판단한다. 피해 사실을 명백히 증명할 증거들을 갖춰야 했다. 내 말의 신빙성을 보장해줄 증거들을 하나하나 정리해 제출했다.

병원에서 진단서와 진료 기록을 발급받아 제출했다. 향후 언론에서는 법정에서 나온 증거 중 하나인 병원 기록을 자극적으로 기사화했다. 나의 피해가 저잣거리의 팔기 좋은 물건이 된 것 같았다.[4] 언론이 아닌 법정에 증거로 제출한 모든 것이 여과 없이 자극적인 소비재로 가판대 위에 올라가 있었다.

범죄 피해 사실과 관련된 수행 일정, 출장 기록, 영수증, 메시지, 사진 등 관련 자료를 모두 찾아서 제출했다. 그 과정에서 내가 당한 범죄는 성폭력뿐 아니라 노동권과 인권 침해에까지 이른다는 사실을 하나둘씩 스스로 깨우쳐갔다. 그동안도 모르고 있던 것은 아니었다. 무기력 속에 침묵을 강요당하고 있었을 뿐이다. 나의 이야기를 듣고 함께해주는 이들 모두가 내가 당했던 일상적 폭력에 분노했다. 어떻게 견딜 수 있었냐고 했다. 사소한 일처럼 수시로 가해지는 기본권 침해에 대해서도, 극심한 고통이었던 성폭력에 대해서도 말하지 못했었다. 말하지 못한 나날의 피폐한 심정과 상황을, 내가 제출한 증거들이 고스란히 보여주고 있었다.

미투 이후 50여 일간의 사건들

미투 이후부터 1심 재판을 받기까지 끊임없이 일들이 있었다. 중간 중간 의문스러운 일도, 절망스러운 일도, 다소 괴이한 일들도 있었지만 이곳에는 사건 중심으로만 기록했다.

2018.03.06. 안희정 사과문 게재 및 도지사직 사퇴

안희정 페이스북 전문

모든 분들께 정말 죄송합니다.

무엇보다 저로 인해 고통을 받았을 김지은 씨에게 정말 죄송합니다.

저의 어리석은 행동에 대해 용서를 구합니다.

합의에 의한 관계였다는 비서실의 입장은 잘못입니다.

모두 다 제 잘못입니다.

오늘부로 도지사직을 내려놓겠습니다.

일체의 정치 활동도 중단하겠습니다.

다시 한 번 모든 분들께 정말 죄송합니다.

안희정 올림

안희정은 충남도지사직을 사퇴했다. 충남지방경찰청은 내사에 착수했다. 내게도 여청수사팀으로부터 내사를 시작했다는 연락이 개인 휴대폰으로 왔지만, 이후 결과는 전혀 통보 받지 못했다. 내 개인정보는 과연 어디서 제공받은 것인지도 의문스러웠다. 보여주기 식으로밖에 생각되지 않았다. 나의 변호인단은 서울서부지검에 업무상 위력에 의한 추행·위계에 의한 간음 등의 혐의로 안희정에 대한 고소장을 제출했다.

2018.03.07.   서울서부지검 수사 시작

서울서부지검에서는 여성아동범죄조사부에 검사 4명으로 수사팀을 구성하고, 이 사건을 직접 수사하기로 결정했다. 이어 성폭행 장소로 지목된 서울 마포구 오피스텔을 압수수색했다. 안희정에 의한 또 다른 성폭행 피해자도 나왔다.

2018.03.08.   기자회견 취소

잠적했던 안희정이 충남도청에서 기자회견을 하겠다고 예고했다. 기자회견은 2시간 전에 돌연 취소되었다. 이유는 알 수 없었고, 기자회견을 취소한다는 전 비서실장의 문자가 기자들에게 전달되었다.

> 문자 전문
> 검찰에 출석하기 전에 국민 여러분, 충남도민 여러분 앞에서 머리 숙여 사죄드리고자 하였습니다. 모든 분들이 신속한 검찰 수사를 촉구하는 상황에서, 최대한 빠른 시일 내에 검찰에 출석하여 수사에 성실하게 협조하는 것이 국민 앞에 속죄드리는 우선적 의무라는 판단에 따라 기자회견을 취소하기로

하였습니다. 거듭 사죄드립니다. 그리고 검찰은 한시라도 빨리 저를 소환해주십시오. 성실하게 임하겠습니다.

피해자를 향한 사과는 없었다. 이후 기자회견을 취소한 이유를 간접적으로 들었다. 그 내용도 언젠가 세상에 알려지리라 생각한다. 검찰은 안희정에게 출국 금지 조치를 내렸고 오피스텔을 추가로 압수수색했다.

2018.03.09. 김지은 1차 고소인 조사

나는 10시 검찰에 출석, 다음 날 오전 9시 반에 귀가했다. 23시간 30분 동안 검찰에서 고소인 조사를 받았다. 꼼꼼히 내 기억들을 끄집어내어, 있는 사실을 세세하게 진술하고, 날카로운 질의에도 하나하나 대답하다 보니 오랜 시간이 걸렸다. 범죄 사실을 토해내는 것은 괴로운 일이었지만 해야만 하는 일이었기에 차분히 했다.

조사 중간에 안희정이 검찰에 기습 출두하여 대피해야 하는 잠깐의 소동이 있었다. 통상 성범죄 피고인과 피해자는 다른 날 진술을 하고, 장소가 협소하여 공간이 분리되어야 했다. 갑작스런 상황에 별도의 공간 마련이 어려웠고, 검찰 측에서도 피의자에 대한 질의 준비가 미처 되지 않은 상황으로 보였다. 이후 상황이 다소 정리되었다. 서둘러 다른 층에 조사 장소를 마련해 안희정은 그곳에서 조사를 받을 예정이라고 했다. 나는 잠시 대피했다가 다시 돌아와 진술을 시작하기로 했다. 두려운 마음이 쉬이 진정되지 않았지만 다른 방법은 없었다. 잠깐의 쉬는 시간에 쪼그려 앉아 검찰에 가기 전 미리 챙겨 간 빵 한 봉지를 조금씩 떼 내어 오물오물 먹었다. 한 번에 다 먹으면 토할 것 같았고, 아예 안 먹으면 긴 조사 시간을 버텨내기 어려울 것 같았다.

오랜 시간 정신을 부여잡고 진술하는 건 숨이 막히게 힘들었다. 나는 가해자가 아니고, 피해자였지만 내가 고발한 사실을 증명해야 했다. 끊임없이 질문받고, 답을 했다. 밤을 새고 나왔을 때 나와, 번갈아가며 조사를 함께한 변호사들, 신뢰관계인으로 동석한 활동가 모두 기력이 바닥날 정도였다. 하지만 나는 검찰 조사를 받으러 갈 때보다 이상하게 더 생생해져 있었다. 켜켜이 묵혀 놨던 진실을 드러내놓으니 그제야 살아 있다는 게 느껴졌다. 변호사가 그런 나를 보며 "수행비서 아무나 하는 거 아닌 것 같다. 수행비서로 어떻게 일했는지 알 것 같다"라고 격려를 섞어 이야기해주었다. 그 말대로 수행비서로 일한 수개월간 나는 거의 매일을 새벽에 출근해 한밤에 퇴근했다. 잘 자면 4시간 안팎이었지만, 밤에도 수시로 울려대는 업무 전화 때문에 제대로 못 자던 날이 더 많았다. 밤새우는 건 아무것도 아니었다. 범죄 피해 이후 무너지는 정신을 부여잡고 일만 바라보며 악착같이 버티던 그 시간들이 검찰 조사에 체력적으로 도움이 되었다. 이상한 말이지만 참 다행이었다.

안희정은 검찰에 출석하며 "국민 여러분께 죄송하다. 제 아내와 아이들에게 미안하다" 발언한 후, 9시간 30분의 조사를 마치고 나갔다. 검찰 밖에서 기다리던 기자들이 김지은 씨에게 할 말이 없냐고 묻자 "피해자는 저를 지지하고, 저를 위해 열심히 일했던 제 참모였다. 다 미안하다"라고 말하며 자리를 떠났다. 안희정의 표현에도 고스란히 담겨 있듯이 안희정에게 나는 참모였다. 이날 전국성폭력상담소협의회는 안희정의 기습 출두에 유감을 표했다. 검찰 조사 준비가 미비한 상황에서 사전 협의되지 않은 출석이었기 때문이다.

2018.03.13.

검찰은 충남도청 도지사 집무실과 관사를 압수수색했다. 이날 "제3의 피해 제보 있다"는 기사가 나왔다.

2018.03.14.　두 번째 피해자 A씨 고소장 제출

두 번째 피해자 A씨가 서울서부지검에 고소장을 제출했다. 검찰은 충남도청 집무실을 추가 압수수색했다.

2018.03.16.　A씨 고소인 조사

검찰은 두 번째 피해자 A씨에 대해 16시간 고소인 조사를 했다. 나에 대한 2차 가해에 대해 전국성폭력상담소협의회에서 고발장을 제출하기로 했다. 서울지방경찰청 사이버수사대에 2차 피해 고발장을 접수했다.

2018.03.17.　김지은 2차 고소인 조사

2차 고소인 조사를 받았다. 오후 8시에 출석, 다음 날 새벽 6시에 귀가했다.

2018.03.18.

두 번째 피해자 A씨에 대한 추가 검찰 조사가 이루어졌다.

2018.03.19. 피의자 소환

검찰은 안희정을 피의자 신분으로 정식 소환했다. 이날 안희정은 검찰에 출두하며 "합의된 성관계라 생각했다" "(고소인들과는) 연인 관계"였다는 식의 말을 하고, 20시간 20분 동안 밤샘 조사를 받았다.

2018.03.21.

심리 분석 전문가를 만나 하루 종일 심리 분석을 받았다. 수많은 질문지에 답하고 수많은 테스트를 받았다. 힘겨운 기억들을 꺼내야 했기에 분석을 받는 동안 눈물이 그치지 않았다.

2018.03.23. 구속영장 청구

검찰이 형법상 피감독자간음·강제추행, 성폭력범죄의 처벌 등에 관한 특례법상 업무상 위력 등에 의한 추행 등 혐의로 안희정에 대한 구속영장을 청구했다.

2018.03.26. 안희정 영장실질심사 불출석

안희정이 법원에 영장실질심사 불출석 사유서를 제출했다. "참회의 뜻으로 불이익 감수"하겠다는 이유였다. 법원은 영장실질심사를 취소하고, 심문 기일을 28일로 재지정했다.

2018.03.27. 안희정 영장실질심사 출석 의사 공표

이번에는 "성실히 응하겠다"고 밝혔다.

2018.03.28. 안희정 구속영장 기각

안희정이 영장실질심사에 출석했다. 법원은 구속영장을 기각했다. 기각 사유는 "증거 인멸 우려 없고, 도주 염려 없다"이다. 영장실질심사 중 "범죄 시 사용한 휴대폰이 어디 있느냐?"는 판사의 질문에 안희정은 "파기했다"고 밝혔다. 안희정은 자신의 집이 아닌 경기도 소재의 친구 집 컨테이너로 거처를 옮긴 상태였다. 그럼에도 법원은 도주와 증거 인멸 우려가 없다며 구속영장을 기각했다.

2018.04.02. 안희정 구속영장 재청구

검찰은 안희정에 대해 구속영장을 재청구했다. 사안이 중대하고 증거 인멸 우려가 있다는 이유였다.

2018.04.04. 2차 영장실질심사

안희정이 두 번째 영장실질심사에 출석했다.

2018.04.05. 안희정 구속영장 2차 기각

법원이 안희정에 대한 구속영장을 2차 기각했다. 혐의를 다 퉈볼 여지가 있다는 이유에서였다.

2018.04.11. 안희정 불구속 기소

검찰이 안희정을 피감독자 간음·업무상 위력 등에 의한 추행·강제 추행 혐의로 불구속 기소했다.

2018.04.13.

법원이 안희정 사건을 단독심에서 성폭력 사건 전담 재판인 형사합의12부 '재정합의결정'으로 배당했다.

2018.04.20.

법원이 안희정 사건을 형사합의12부에서 형사합의11부로 2차 재배당했다. 형사합의12부 부장판사가 안희정과 간접적 '연고'를 이유로 재판을 거절했기 때문이라고 했다.

조직적 음해의 시작

미투 이후 긴박한 시간 속에 갇혀 지내는 동안 상황이나 사람에 대해 극도의 경계가 생겼다. 점점 예민해지고 피폐해졌다. 하루하루의 긴장에 숨 쉬기가 어려웠다. 「뉴스룸」 출연 후 이틀이 채 안 되어 지라시가 급속도로 유통되기 시작했다. 마치 조직적으로 움직이기라도 하는 듯 빠르게 만들어지고 퍼 날라지는 가짜 뉴스들을 도저히 막을 수가 없었다. 수천 명이 가입한 안희정 지지 카페나 유튜브에 누군가 허위 사실을 만들어 올리면 그것은 그대로 사실이 되어 순식간에 수만 명의 사람에게 전달되었다. 내 가족에 대한 악의적인 이야기까지 만들어졌다. 지라시와 악성 댓글이 끝없이 불어났고 정보지를 본 일부 기자들이 내 가족의 집 앞에서 기다리기 시작했다. 가족들은 집 밖에 나가지 못했다. 더 이상 묵인할 수 없어, 자필 편지를 통해 호소했으나 아무것도 나아지지 않았다. 다음은 당시 공개한 손편지 전문이다.

> 안녕하세요. 김지은입니다.
> 먼저 미약한 제게 관심과 응원으로 힘을 보태주시는 많은 분들께 감사드립니다. 주신 도움 잊지 않겠습니다.
> 그제는 차분히 검찰 조사를 받았습니다. 진실만을 말씀드렸습니다.

방송 출연 이후 잠들지 못하고, 여전히 힘든 상태이지만 꼭 드려야 할 말씀들이 있어 다시 한 번 용기 내 편지를 올립니다.

더 이상 악의적인 거짓 이야기가 유포되지 않게 도와주세요. 저는 평범한 사람입니다. 저를 비롯한 저의 가족들은 어느 특정 세력에 속해 있지 않습니다. 제 어려움에 자신의 일상을 뒤로하고 도와주시는 변호사님들과 몇몇 활동가님들만 함께 계실 뿐입니다.

좋은 세상을 만들고 싶은 소신으로 리더의 정치관을 선택했습니다. 세상을 바꿀 수 있다는 믿음으로 캠프에 참여했고, 열심히 일했지만, 지금은 도려내고 싶은 시간으로 기억될 뿐입니다.

잊고 싶고, 말할 수 없던 그 힘겨웠던 기억들이 지난 2월 말 다시 일어났습니다. 앞으로도 계속될 것 같았고, 또 다른 피해자들을 막고 싶었기에 사건을 세상에 알려야 했습니다. 그 큰 권력 앞에 저를 보호할 수 있는 유일한 방법이 저를 드러내는 것뿐이었습니다.

이후 저는 정상적인 생활을 하지 못하고 숨죽여 지내고 있습니다. 신변에 대한 보복도 두렵고, 온라인을 통해 가해지는 무분별한 공격에 노출되어 있습니다. 저에 대해 만들어지는 거짓 이야기들 모두 듣고 있습니다. 누구에 의해 만들어지고, 누가 그런 이야기들을 하는지 충분히 예측할 수 있습니다. 누구보다 그들이 어떤 사람들인지 잘 알고 있기 때문입니다.

하지만…… 예상했던 일들이지만, 너무 힘이 듭니다. 저에 관한 거짓 이야기들은 수사를 통해 충분히 바로잡힐 것들이기에 두렵지 않습니다. 다만 제 가족들에 관한 허위 정보는 만들지도, 유통하지도 말아주시길 부탁드립니다. 간절히 부탁드립니다. 언론에 노출되는 뉴스만으로도 벅찹니다. 가족에게 너무 미안한 마음뿐입니다.

여러 모습으로 가해지는 압박과 위협 속에서도 함께해주시는 많은 분들께 정말 감사드립니다. 흔들리지 않고 끝까지 가겠습니다. 부디 함께해주세요. 긴 글 읽어주셔서 감사드립니다.

2018.03.11.

김지은 올림

거짓 이야기들이 누구에 의해 만들어지고, 누가 일부러 유포하는지 충분히 예상할 수 있었다. 대선을 치르며 선거 조직이 여론을 어떻게 형성하고 자신들의 주장을 관철시키는지 지켜봤다. 예상했던 일들이지만 그 강한 바람 앞에 직접 서 있는 일은 생각보다 훨씬 힘들었다.

이때 고발한 2차 피해의 대표적 가해자 23명은 7개월여가 지난 2018년 10월 검찰 송치됐다. 송치된 23명 중에는 현직 국회의원의 보좌진, 안희정 지지 페이스북 운영자, 안희정 경선 캠프의 전 온라인 담당자도 포함되어 있었다. 한 언론사에서 취재한 바로는 같은 댓글을 단시간 내에 붙여 넣는 매크로 프로그램이 사용된 정황도 드러났다.

"얼굴을 꼭 드러냈어야 했어요?"

꼭 이름에, 얼굴까지 드러내놓고 이야기해야만 했느냐고 묻는 사람들이 있었다. 미투 이후 나의 일상은 산산조각 났고, 파괴되었다. 지금도 정상적인 생활을 할 수 없다. 하지만 다른 선택지가 없었다.

　　가해자에게 법적 처벌을 가할 수 있는 방식을 선택한 뒤 제일 두려웠던 것은, 문제 제기를 한 후 내가 조용히 묻히고 사건도 사라지는 것이었다. 내가 사라지고, 가해자는 아무런 처벌도 받지 않고, 또 다른 피해자가 계속 양산되는 결과가 가장 두려웠다. 안희정은 법원을 포함한 정보기관, 수사 기관 등 다양한 분야에서 높은 지위를 가진 사람들과 친밀한 관계를 유지하고 있었다. 공개적으로 지지를 표명하지 않은 유명인들도 사적인 자리에서는 안희정과 자신을 한팀이라 불렀다. 안희정은 유력한 차기 대통령 후보였다. 그런 세상이 있다는 걸 보아왔기에 나를 드러내지 않고 수사 기관에 수사를 요청한다면, 이 사건이 덮이거나 내가 죽을 수도 있다고 생각했다. 더 많은 사람에게 도움을 요청하고, 함께 지켜봐달라고 말하는 것만이 내가 죽지 않는 길이라고 판단했다. 거대 권력 앞에서는 나를 드러내는 것이 나를 보호할 수 있는 방법이었다.

　　안희정은 내가 신고를 준비하고 있음을 알아채고 여러 경로를 통해 전화와 메시지를 보내왔다. 계속 울려대는 전화가 무서워 전화기를 꺼놓았다. 방송에 나가기 전이었음에도 많은 사람에게 연락이 왔다. 그때 내가 갈 수 있는 곳은 언론사 말고는 없었다. 이미 나는 누군가에 의해 공개되어 있었다. 숨으려 한다 해도 숨을 수 없었다.

미투 직후 언론사들은 수행 업무 중인 나의 영상들을 경쟁하듯 입수해 내놓았다. 초상권 동의도 없이 나의 지난 일상이 여과 없이 여기저기 노출됐다. 안희정 측은 온라인상에서 SNS계정을 열었다 닫았다를 반복하며 나의 평소 사진들을 외부로 노출시켰다. 설령 얼굴을 가리고 미투를 했더라도 나의 모습이 온 세상에 드러나는 것은 시간 문제였다. 유명 정치인 수행비서의 얼굴은 누구나 쉽게 찾을 수 있었다. 개인정보도 금세 노출될 거라고 짐작했다. 나는 숨겨질 수 없었다. 블라인드 뒤에서 미투를 한다면 온갖 억측이 사건을 가리고 수사도 제대로 이루어지지 않을 것이라고 생각했다. 성폭력 사건 본질 그대로, 진실 그대로 알려지길 원했다. 나라는 사람을 있는 그대로 드러내놓을 테니 제발 사건에 집중해달라, 제발 제대로 수사해달라, 진행 과정을 지켜봐달라 애원하는 마음으로 나를 방송에 드러냈다.

후회하지 않는다. 안희정에게서 절대 벗어날 수 없다고 생각했던 도청에서의 지난 8개월을 마침내 스스로 끝냈다. 피해 사실을 공개적으로 드러냄으로써 또 다른 피해자를 막을 수 있었다는 사실만으로도 다행이라고 생각한다. 내 눈앞에 더 이상 안희정의 범죄는 없다. 폐쇄된 조직 안에서 느꼈던 무기력과 공포에서도 벗어났다.

다만 부여잡고 지키려던 작은 나의 일상도 무참히 사라졌다.

「뉴스룸」 출연 당일 새벽

방송을 통해 미투를 한 당일 밤 안희정 캠프에서 나의 동료였던 구자준에게 안희정의 큰아들이 연락을 해왔다. 잠시 후 안희정 부인 민주원이 전화를 넘겨받아 나에 대한 정보 '취합'을 위해 "과거 연애사와 평소 행실을 정리해서 보내달라"고 이야기했다고 들었다. 방송이 나간 그날부터 안희정의 주변 사람들이 준비하기 시작한 그 이야기 속에서 나는 이상하고 문제 있는 여자로 만들어졌다.

그리고 그 이야기 만들기에 협조하지 않은 구자준은 조직에서 분리되었고, 배신자라고 불렸다. 그러나 구자준을 비롯해 조직으로부터 분리된 청년들은 오히려 캠프로부터 열정을 착취당하고 배신당했음을 밝혔다. 그들의 글 일부를 인용한다.

2018년 3월 5일 저녁 김지은 씨가 미투를 하고, 3월 6일 새벽으로 넘어가던 시간 안희정의 큰아들이 나에게 연락을 했다. 김지은 씨에 대한 정보를 '취합'하고 있었다. 도움을 구했다. 당시 나는 '취합'이라는 말을 이해하지 못했다. 그때 통화 시각이 새벽 0시 44분경이다.

바로 안희정의 아내 민주원이 받아 통화를 시작했고, 그때부터 15분간 대화를 했다. 나중에 알고 보니 안희정 측근의 사람들이 통화 내용을 스피커폰으로 다 같이 듣고 있었다고 했다. 안희정은 그 자리에 있지 않았고, 안희정은 혼자 다른 곳에서 자신의 죄를 인정하고 페이스북에 잘못을 인정하는 글을 작성했다. 안희정의 페이스북 사과문 작성 시간이 3월 6일 0시 49분이다. 안희정은 민주원과 그의 측근들이 빠져나갈 작전을 짜는 동안 양심 고백을 했다. "합의에 의한 관계였다는 비서실의 입장은 잘못입니다. 모두 다 제 잘못입니다."

'취합'의 의미는 나중에 알게 됐다. 나와 친하게 지냈던 S와 K는 취합 작업에 동참했다. 그리고 두 사람의 국회 경험은 [각각] 입법보조원, 인턴이 전부였지만 한번에 5급 비서관이 되었다. 그 작업에 내가 동참했다면, 뭔가 기대할 수 있었을까?

당시 통화는 이상했다. 준비된 단어 같은 게 있었다.

먼저, 다짜고짜 "김지은이 원래 이상했다"고 했다. 새벽 4시에 들어왔다, 바닥에 낙서를 하면서 교태를 부렸다 등등 어떤 이야기를 유도하거나 도움을 요청하기 위해 먼저 하는 말처럼 들렸다. 통화하는 도중에 이런 이야기가 나왔다면 달리 생각했을지도 모르겠다. 만약 그 말처럼 평소에 이상하게 여겼다면 왜 그런 사람을 큰아들과 누나 동생으로 친하게 지내도록 내버려 두었던 것일까?

둘째, '과거 연애사'와 '평소 행실'을 운운했다. 보통 경황없이 이야기를 하다 보면 '평소 걔가 어떤 애였는지, 예전에 누굴 만났고' 이런 식으로 이야기할 수도 있다. 그런데 당시 통화에서 너무 막힘없이 "과거 연애사와 평소 행실을 정리해서 보내달라"고 명명했다. 그 말투가 지금도 기억이 난다. 보통 연설이나 대화를 할 때도 그렇게 명확하게 단어를 구사하는 사람이 아니기에 더욱 생경하게 들렸고, 그래서 더욱 기억이 뚜렷이 난다.

셋째, '불리하게 작용할 것이다'라고 했다. 김지은 씨의 과거 연애사와 평소 행실을 정리해서 보내주면 그것이 김지은 씨에게 불리하게 작용할 것이기 때문에 내가 말했다는 것은 절대 얘기 안 하겠다고 말을 먼저 꺼냈다. 이 사건이 정말 불륜이고 그래서 잘못이 김지은 씨에게 있는 것이라면, 내가 김지은 씨와의 친분관계와는 상관없이 민주원을 돕는 것은 진실을 밝히는 일이고 칭찬받을 일이다. 그런데 감춰준다니, 너무 이상했다.

그때 통화에서 나는 말했다. 심정을 이해한다고. 얼마나 지푸라기라도 잡고 싶은 심정이었으면 내게 그런 부탁을 하겠느냐고. 내가 안희정의 큰아들 안정균에게 거듭 "도와주지 못해 미안하다"고 한 것도 그 심정을 이해하기 때문이다.

하지만, 아무리 그래도 거짓말로 한 사람을 매장해서는 안되는 것이다. 최근 민주원의 페이스북에 올린 글들을 보면 어떻게 피해자가 자신의 피해를 입증하기 위해 제출한 증거에 대해서도 왜곡하고 거짓말을 하는지……. 정말로 놀라웠다.

"부디 거짓말을 멈춰달라."

피해자는 살고자 범죄를 알렸다. 피해자는 다른 사람에게 발생할 추가적인 범죄를 막았다. 지금도 그 조직 안에 있는 제3의 피해자는 여전히 그곳에서 빠져나오지 못하고 보호받지 못하고 있다.

김지은 씨는 지난 일 년 동안 고통 속에 살고 있다. 무엇을 얻었나? 차라리 민주원이 말하는 뭔가 얻을 수 있는 것이 있었으면 좋겠다. 세상 사람들이 떠드는 것처럼 배후에 누구라도 있으면 이렇게 고통스럽지는 않을 것 같다. 차라리 그 사람들 말처럼 이 모든 것이 조작이었으면 좋겠다 싶을 정도로 피해자는 죽어가고 있다.

오히려 안희정의 무죄를 끌어내면 얻을 것이 있는 사람들은 안희정의 이름을 앞세워 한 자리씩 차지하고 있는 사람들이다.

민주원을 비판하기 위해 이 글을 쓰는 것이 아니다. 스스로 존엄을 지키길 바라는 간절한 마음에 드리는 말이다. 정작 민주원 주변의 위선자들은 민주원을 앞세워 본인들의 잇속을 차리고 있다. 그들에게 물어보라. 무엇을 숨기고 있는지.

부디 멈춰달라.

위선자에게 속지 말라.[5]

2장 노동자
김지은

나, 김지은

내가 모르는 사람들이 말하는 나에 대한 수많은 이야기를 들었다. 평범하게 자라 평범하게 살고자 발버둥 친 평범한 비정규직 노동자였지만, 미투를 하고 난 이후 내게는 너무나 많은 수식어가 붙었다. 내가 알지 못하는 내 이야기들이 생겨났고, 상상조차 하지 못하던 수많은 서사가 따라왔다. 허구들은 시간이 지나면 자연스레 사라질 것이라 생각했지만, 내 생각보다 거짓은 생명력이 강했다.

나는 장녀로 태어났다. 태어나자마자 병원에 오래 입원해야 했고 이후에도 폐렴을 앓았다. 또래보다 체구가 작고 몸이 약했다. 어린 시절 내내 눈물이 많아 울보로 불렸고 귀신 이야기를 끔찍이도 싫어했다. 유약하고 겁 많은 어린아이였다.

유치원에 다닐 때는 선생님이 "김지은!" 하고 부르시는 목소리에 "네!" 하고 크게 대답하는 일이 두려웠다. 작은 목소리로 조곤조곤이라면 대화할 수 있을 텐데. 큰 목소리로 부르고 큰 목소리로 대답하는 것은 어렵게만 느껴졌다. 매번 울음이 터졌고, 그 울음 탓에 양호 선생님과 따로 지내는 시간이 많았다.

어릴 때부터 책을 좋아했다. 도서관 바닥에 걸터앉아 조용히 책 읽는 시간이 가장 행복했다. 도서관에 새 책이 들어오면 부리나케 달려가 제일 먼저 그 책을 읽었고, 책 뒤편에 붙은 종이 대여 카드에 내가 책을 읽었다는 흔적들이 남기를 바라면서 도서관의 책들을 한 권 한 권 읽어나갔다. 그 밖에도 연극이나 영화처럼 이야기와 관련된 것이라면 뭐든 좋아했다. 적막한 고요 속에서 세상의 이야기들을 흡수하며 자랐다.

자연스레 내 꿈은 작은 서점을 운영하는 것이 되었다. 아주 작은 공간에서 사람의 이야기가 오가고 책과 전시, 커피가 있는 공간을 운영하고 싶었다. 지금은 독립 서점들이 많이 생겨났지만 당시에는 그렇지 않았다. 내가 열고 싶었던 가게는 내게는 상상력을 키워주고 다른 사람들에게는 소원을 들어주는 마법의 공간 같은 곳이었다. 그런 곳에서 매일 매일 두런두런 사람들과 이야기 나누는 것이 꿈이었다.

어려서는 유복한 편이었지만 어느 순간 가세가 급격히 기울었다. 이후 아버지가 쓰러졌고, 어머니는 간병을 해야 했으며, 장녀인 내가 가장이 되었다. 물질과 상관없이 행복한 공간을 운영하고 싶다는 꿈은 한순간에 사라지고 현실 앞에 내동댕이쳐졌다.

대학에서 문학을 전공했지만 전공을 살릴 수는 없었다. 현실은 꿈과 다른 영역에 존재했다. 사회초년생으로 정부 부처에서 일을 시작했다. 처음은 단기간 행정 인턴이었다. 숨만 쉬고 살 수 있을 정도의 월급을 받았다. 기본적인 생존 이상으로 움직이면 그 즉시 마이너스 생활이 찾아왔다. 그렇지만 그것도 내게는 큰 행운이었다. 그전에 잠깐 일을 배웠던 곳에서는 법정 최저임금의 3분의 1도 주지 않았다.

주말근무와 야근, 선배 업무까지 떠맡아 격무에 시달렸다. 직장 선배들은 통례상 이 고난과 같은 과정을 거쳐야 정규직이 될 수 있다고 했다. 하지만 기약은 없었다. 누구는 1년 만에, 누구는 3년이 지나도 안 된다고 했다. 나의 첫 직장은 적어도 최저생활을 보장해주는 곳이 되어야만 했다. 정부 부처의 일은 임금은 적었지만, 희망을 품게 해주었다.

　　그곳에서 계약직의 세상을 배웠다. 당시 내가 일했던 곳의 계약직은 근무 기간이 끝나면 다른 팀과의 재계약을 통해 근로를 연장하는 식이었다. 원래대로라면 무기직이 되거나 정규직이 되어야 정상인데, 비정규직으로 순환시키며 일을 시켰다. 조직의 이익을 위한 변칙과도 같았다. 고용이 불안정했기 때문에 근로를 연장하는 데는 정규직 선배들의 평가가 중요하게 작용했다. 종종 계약이 연장되는 사람과 해지되는 사람들 사이에서 싸움이 일어나기도 했다. 모두가 생존을 다투는 정글과 같았다. 나보다 더 열심히 살아온 저 선배들도 저렇게 힘든데, 이제 겨우 햇병아리인 나는 어떻게 해야 계속해서 일을 할 수 있을까, 불안한 고민의 나날이었다.

　　계약직에도 여러 계급이 있다는 것도 알게 되었다. 파견직부터 기간제 근로자, 무기직(공무직), 일반 계약직, 전문 계약직, 시간제 계약직, 별정직 등 그 신분이 천차만별이었다. 계약직들 가운데서도 계급 제도는 아주 단단한 피라미드 구조를 가지고 있었다. 명절 선물로 정규직에게는 스팸 세트를 주고 계약직에게는 식용유를 주는 수준과는 전혀 다른 차원의 문제였다. 아주 세밀한 조직 체계가 존재했고 계급과 계약 형태에 따라 신분은 수없이 나뉘었다.

그런 구조 속에서 계약 연장으로 살아남은 선배와 정규직 선배들이 해준 공통의 조언은 '공부'였다. 전문 학위를 따야만 오래 살아남을 수 있다며 학업을 권유했다. 그 조언을 듣고 빚을 내어 대학원에 진학했다. 하루 업무를 마치면 곧장 학교로 가서 공부를 했다. 예술학 석사학위를 통해 생존을 조금 연장할 수 있었고, 행정학 박사과정을 통해 계급을 약간 올릴 수 있었다. 지식과 지혜를 얻기 위한 공부이기보다는 계약직으로서의 삶을 조금 더 안정적으로 만들기 위한 일종의 분투였다.

10개월짜리 단기 행정 인턴에서 시작해 기간제 근로자, 연구직을 거쳐 계약직 공무원이 되었다. 계약 연장에서 살아남기 위해 나는 일밖에 모른다고 할 정도로 열심히 일했다. 그렇게 6년을 버텼고 학교도 어렵게 졸업했다. 나는 금융채무자이자, 병환 있는 가족을 부양하는 실질적 가장이자, 성과로 평가받는 비정규직 노동자였다. 안희정 측 변호인이 나를 가리켜 말한 '고학력 엘리트 여성'은 직장에서 살아남기 위해 몸부림친 결과일 뿐이었다. 내 또래의 많은 이가 나와 비슷하게, 제각기 노력하며 살고 있다.

'정알못' 노동자

계약직 공무원 계약 기간이 끝나가던 시점이었다. 지금까지의 경력을 가지고, 다시 재계약을 준비해야 했다. 이미 비슷한 과정을 여러 번 거쳤기에 상대적으로 수월하게 느껴지는 관문이기도 했다. 그러던 중 한 선배로부터 안희정 캠프에 가보지 않겠느냐는 제안을 받았다. 제안을 두고 고민을 시작했다.

평소 세상을 변화시키고 싶었다. 수많은 신분이 나뉘고, 수없는 차별이 존재하는 세상을 조금은 더 평등하게 만들고 싶었다. 다만 막상 그 일을 어떻게 할 수 있는지는 몰랐다. 정치가 무엇인지, 잘 모르고 관심도 별로 없던 나였다. 선거에서 누가 뽑히든 바뀌는 건 없다고 생각했다.

선배의 제안 이후 나는 책과 유튜브를 통해 정치인 안희정에 대해 접하게 되었다. 이 캠프에서 일한다면 나도 세상을 변화시키는 데 일조할 수 있지 않을까라는 생각을 하게 되었다. 정치를 전혀 알지 못하는, 이른바 '정알못'이었지만, 한번 참여해보고 싶었다. 마침 계약 기간이 만료되던 시점이었으니 캠프에서 잠시 봉사를 하고 다시 재계약 준비를 하면 되겠지라고 생각했다.

주변의 동료들에게 대선 경선 캠프에 가게 될 것 같다고 하자, 다들 몹시 당황해했다.

"어디로 갈 건데?"

"'안'이요."

"안철수?"

"아뇨, 안희정이요."

그랬더니 "누구지?"라는 사람도 있었고 "아, 누군지 알아" 하는 사람도 있었다. 그리고 내게 "어떤 사람인데?" 하고 물었다. 선뜻 잘 설명하기 어려웠다. 어떤 이는 "왜 안희정이야? 갈 거면 문재인 가지?"라고 묻기도 했다. 될 사람한테 가서 일하지, 왜 하필 그곳이냐는 질문이었다. 역시 잘 대답할 수 없었다. 계약이 끝나는 시점에 마침 선배의 제안이 있었고 잠시 가서 일해보기로 한 것뿐이었다. 다시 돌아올 생각이었다. 하지만 당시에 말리는 사람도 있었다.

"한번 정치판에 가면 되돌아오지 못할 텐데."

당시 나는 그 말이 무슨 말인지 몰랐다. 발을 들여놓고 나서야 그곳이 되돌아올 수 없는 곳임을 그리고 정치판 특유의 꼬리표와 평판 조회라는 것의 존재를 알게 되었다.

그렇게 정부 부처를 그만두고 안희정 경선 캠프에 들어갔다. 자원봉사자 중에는 학교를 휴학하고 온 어린 동생들도 많았고, 직장을 그만두고 온 사람, 당시 세상을 떠들썩하게 했던 유명인들의 자녀도 있었다. 모두가 다른 목적과 목표를 가지고 한곳에서 일하게 되었다.

정부 부처에서 하던 홍보 업무를 캠프에서도 맡게 되었다. 그렇지만 처음 내게 주어지는 일은 딱히 없었다. 일손이 부족하다면서도 아직 인력을 운용할 체계조차 마련되지 않은 상황이었다. 그렇다고 가만히 앉아만 있을 수도 없었다. 누구도 시키지 않았지만 매일 새벽 캠프에 나가 사무실을 청소하고, 할 일을 찾아 해나가기 시작했다. 세상을 변화시킬 뜻을 품고 캠프에 온 동년배 친구들이 많았고, 그들과 어울리며 자연스레 캠프에 적응할 수 있었다. 캠프의 말단 실무진이었기에 후보나 지휘부 선배들과 만날 기회는 많지 않았다. 그러는 동안 점점 업무량이 늘어났다. 팀 내에서도 고정적인 업무가 주어졌고, 팀장의 아침 회의를 대리 출석하거나 다른 팀의 업무들을 대신 하는 일이 많아졌다. 곧 내게 주어진 일을 하루하루 성실히 해나가기도 버거울 정도가 되었다.

그러다 전국 순회 유세의 타임테이블 작성을 비롯해 후보의 전반적인 홍보 실무를 맡게 되었다. 지난 선거 때 해당 업무를 맡았던 책임자가 자꾸 실수를 저지르자 내게 넘어온 일이었다. 말 한마디 못 하고 자꾸 받아들게 되는 짐에 팔이 부러질 지경이었다. 지내면서 알게 되었으나 캠프의 사람들은 대부분 말로만 일을 하고, 정작 움직이는 사람은 많지 않았다.

점차 내가 맡은 일의 책임이 중요해졌다. 독감에 걸려 고열에 시달리면서도 일을 끝마쳐야만 했다. 여전히 정치라는 것에 대해서는 잘 몰랐지만, 캠프에서 나는 일을 미친 듯이 하는 아주 괴이한 존재였다. 동료들은 나를 '일의 노예'라고 불렀다. 주어지는 일만큼은 성실하게 마무리 짓고 싶었다.

일을 하면서 캠프가 정부 부처와 많이 다르다는 것을 알게 되었다. 캠프는 단순히 일하는 능력이나 학위 같은 스펙으로 사람을 평가하지 않았다. 무엇보다 평판을 중요시 여겼다. "누가 그러는데 걔 어떻다더라"라는 평판조회가 비일비재했기에 선배들의 눈 밖에 나지 않기 위해 노력해야 했다. 누군가의 눈 밖에 나면 그것은 곧 커리어의 끝을 의미했다.

조직은 폐쇄적이었다. 단순히 일을 해나가는 것이 아니라 다른 후보와 경쟁을 통해 이겨야 했기에, 캠프 안의 의사 결정은 수직적으로 이루어졌고 캠프에서 겪는 일들은 작은 것조차 절대 밖에 누설하면 안 된다는 것을 배우게 되었다. 나는 자연스레 위축되고 경직되어갔다.

종종 위법과 편법을 목격했다. 선거라는 것이 원래 이런가 싶었다. 알아서는 안 되는 일투성이인 무서운 곳에 온 것 같았다. 가슴이 철렁 내려앉을 때가 많았다. 법에 저촉되어 일의 진행이 어렵다고 얘길 하면 이런 얘기들이 돌아왔다.

"뭔 소리냐! 선거 안 할 거야?"

"모르면 가만히 있어. 시키는 대로 해!"

"원래 선거는 그래. 지면 다 끝이야. 결과가 중요해."

경선이 끝난 뒤, 안희정 조직의 결정에 따라 문재인 캠프에 가서 일했다. 그곳에서도 홍보 업무를 맡았고 선거는 민주당의 승리로 끝났다. 이후 선배들로부터 충남도청에서 일할 것을 제안받아 도청에 가게 되었다. 이때부터 내게는 '안희정 사단'이라는 꼬리표가 붙었다. 문재인 캠프에 있을 때에도 나는 '안희정 캠프' 사람으로 분류돼 소외되었다. 정치권에서 출신 꼬리표를 떼는 것은 흡사 호적을 말소하는 것과 같이 여겨졌다. 다시 정부 부처에 들어가는 일도 어려워졌다. 내가 정치적 중립을 가져야 하는 공무원 직급에서 얼마나 큰 리스크를 가진 사람이 되었는지 뒤늦게 알게 됐다.

여전히 정치를 알기엔 짧은 시간이었다. 눈치를 보며 하루하루 일만 하기도 숨차게 바빴다.

대통령을 만드는 곳

캠프에서 일할 당시 캠프 안의 분위기는 기대했던 것과 달랐다. 모두가 후보 앞에서는 경직됐다. 후보의 말에 대들지 말고 심기를 잘 살펴야 한다는 이야기를 선배들로부터 수없이 들었다. 정치권에 온 이상 한번 눈 밖에 나면 다시는 어느 직장도 쉽게 잡지 못한다는 말도 늘 함께였다. 이력서보다 선배들의 추천과 입김이 채용에 절대적으로 영향을 끼치는 정치권의 평판 조회는 무서운 것이었다. 살아남기 위해 눈치를 봐야 했고 웃어야 했다.

불공정함을 바로잡고 약자를 보호하는 세상을 만들겠다는 곳이 더없이 세상의 부정과 불의를 함축하고 있었다. 세상을 변화시킨다는 대의 앞에서 다른 모든 것은 사사로움으로 치부됐다. 때로 용기 내어 조직의 문제에 대해 말하면 그저 견디라고 했다.

일부 선배들은 "너희들은 대통령 만들러 온 거야, 원래 정치권은 이래"라며 폭력을 묵인했고, 또 그들 자신이 가해자이기도 했다. 노래방에 가 여자 후배를 옆에 앉혀 술을 따르게 했고, 노래를 부르게 했다. 머리나 뺨을 주먹으로 때리기도 했고, 볼을 비비거나 껴안기도 했다. 술자리를 지키라며 새벽까지 집에 가지 못하게 하기도 했다. 당시 일어나는 일들이 너무 충격적이고 괴로워 어느 선배에게 토로했지만 "그 형님한테 내가 어떻게 뭐라고 하냐. 대신 내가 미안하

다. 그냥 우리가 조심하자"라는 대답뿐이었다. 그런 일들은
캠프 안에서 빈번하게 일어났다. 시간이 지날수록 나도 무뎌
졌다.

　　"그냥 참아."

　　"원래 그래. 남자가 잘못했어도 여자만 꽃뱀 꼬리표
붙고 안 좋은 소문만 생겨."

　　"평판 조회가 도니 그저 입조심해라."

　　"아무에게도 말하지 마."

　　조직의 문제는 세상 밖에 알려지지 않았다. 서로의
견고한 감시와 '대통령 만들기'라는 강한 대의명분 아래 다
른 모든 사실은 수면 아래 숨겨졌다.

첫 여성 수행비서가 되다

2017년 7월, 별정직 공무원으로 도청에 들어가게 되었다. 갑작스러운 채용이라 짐도 제대로 챙기지 못한 채 충남 홍성으로 내려갔다. 전임 수행비서는 운전비서로 시작해 지사를 8년 가까이 모셨지만 해고 일주일 전에 통보를 받고 나가게 되었다고 했다. 전임자에게는 부양해야 할 두 명의 자녀와 아내가 있었지만 생계를 위한 어떤 조치도 없었다. 별정직 공무원의 임면 권한은 절대적으로 기관의 장인 도지사에게 있다는 걸 실감하며 일을 시작했다. 수행비서의 업무 특성상 통상 두 달이 걸리는 인수인계도 5일 만에 끝났다. 물리적으로도 무리한 시간 안에 채용 절차가 이뤄졌다. 비서실에서는 홍성의료원에 요청해 서둘러 신체검사를 받도록 했고, 채용 서류도 준비가 되는 대로 부랴부랴 제출하도록 했다. 거처를 구할 때까지 다른 직원의 원룸에 얹혀살라는 지시도 받았다. 모든 것은 기관의 장인 도지사가 원하는 기간 안에 신속하게 이루어져야 했다.

임용 사령 교부를 받고 수행비서로 채용되자 바로 도청 고위 간부들이 긴급회의를 했다. 당시 한 고위 간부는 내가 얼마 가지 못할 거라고 했다.

"여자가 수행비서를 하기에는 어려울 거야."

첫 출근을 했을 때는 사람들 앞에서 "너는 여자이기 때문에 그 업무를 할 수 없다"며 책상 위의 내 이름표를 내 눈앞에서 떼어냈다. 처음 도청 입사 제안을 받을 때는 홍보 팀에서 일할 거라는 이야기를 들었고, 애초 수행비서 보직을 원하지도 않았다. 하지만 여자라는 이유로 업무에 제한이 생긴다는 사실에 더해 고위 간부의 괴롭힘은 충격적이었다. 내게도 갑작스러운 인사였고 수행비서가 무슨 일을 하는지도 몰랐지만 주어진 업무에 최선을 다할 생각이었다. 그러나 현실은 달랐다. 업무를 시작도 하지 않은 내게 여자 수행비서라는 이유로 사람들은 냉랭한 시선과 말들을 보냈다.

　　도청에서 여성 수행비서가 처음이었기 때문에 사람들의 우려와 반발이 컸다. 고된 업무이고 조정 능력이 필요하니 남자가 해야 한다는 의견이 다수를 이뤘다. 전통적으로 수행비서는 조직에 오래 몸담은 엘리트 공무원이나 정무팀에서 인정받은 뛰어난 측근이 하는 것이 관례였다. 물론 추천받은 후보들 중 누구로 할지, 최종 판단은 최고 결정권자인 지사가 했다. 그러나 이때 안희정은 기본적으로 후보 몇명을 추천받은 뒤 최종 선발을 하던 관례를 무시하고 곧바로 나를 수행비서로 뽑았다. 우려대로, 도청 조직을 처음 경험하고 부족한 인수인계를 받은 내가 수행비서 역할에 적응하는 과정은 너무나 어려웠다. 부서 업무를 조율하고 지사의 지시를 전달해야 했지만, 내게 협조해주는 사람은 많지 않았다. 그것이 지사의 지시 사항이라고 할지라도 여성, 그것도 조직의 신참 여성이 전달하는 지시를 제대로 따르려 하지 않았다. 그런 분위기 속에서 작은 실수라도 그들 눈에 띌까 노심초사하며, 누군가의 구설에 오르내리지 않으려 말과 행동을 조심하고 또 조심했다.

첫 여성 수행비서로서 더 잘해야 한다는 중압감을 갖기 시작했다. 그와 동시에 주변의 호기심 어린 언행들이 비수가 되어 꽂혔다. "아가씨가 비서냐?" "수행비서가 여자라고?" "남자 상사를 모시는데 여자 수행비서라니, 야, 스캔들 나겠다." 그런 말들을 하며 혀를 끌끌 찼다. 더 조심하려 노력했다. 혹여나 사람들에게 조그만 오해라도 받지 않기 위해 필사적으로 조심했다. 여성이라는 편견 때문에 쫓겨나지 않고, 내게 주어진 업무를 성실하게 해내고 싶었다.

극도로 신경이 예민해져 매일매일 유리 조각처럼 깨지는 정신을 쓸어 담으며 버텼다. 수행을 하며 안희정이 주변의 친한 여성들과 어울리는 모습을 여러 차례 보아야했다. "지은아, 수행비서는 봐도 못 본 거야." 내게 말하며 자연스럽게 다른 여성들과 스킨십을 했다. 그런 모습들을 가까이에서 보는 일은 혼란스럽고 수치스러웠다. 그러나 업무 현장에서 다들 내가 여자인 게 문제라 말했으니, 나는 그저 주어진 업무를 성실하게 하는 능숙한 직원이 되어야 했다. 가르침받은 대로 고개를 돌리고 입을 다물었다.

하지만 내가 아무리 여자로서의 나를 지워도 그들에게 나는 여자였다. 가장 가까이에 있던 동료 J도 나를 희롱했다. "눈 화장은 오늘처럼 해라." "내 옆집에 이사 와라. 매일 출퇴근 시켜주겠다." "집을 못 구했느냐, 내 집에 방이 남는다." "내 집에 와서 청소해라." "러시아 출장 가서 풍만한 러시아 여자를 데려와라" 같은 성희롱을 일삼았다. 팔이나 어깨, 등을 쓰다듬는 등 추행을 하기도 했다. 내가 용기를 내어 사과하라고 하자 "내 막내 여동생 같아서 그랬다"는 변명을 했다. 그러고는 "네가 기분 나빴다면 미안하게 됐다. 내가 열 살이나 어린 너한테 그런 소릴 들어서 뒷골이 당겨 안 먹던 술을 다 마신다"며 소리를 지르고 화를 냈다. 이 이야기를 직장 선배에게 하자 선배는 "네가 예민한 것이니 참아라, 사과하지 않았느냐, 너 말고도 수행비서 할 사람 많다, 자꾸 문제 제기하면 잘리는 건 너다"라고 했다. 그 선배는 이런 문제를 해결해줄 수 있는 위치에 있었지만 내가 말한 이후 그 어떤 것도 달라지지 않았다. 낙담했다.

안희정 조직 내의 또 다른 선배에게 말했을 때도 반응은 비슷했다. 힘든 건 알겠지만 이곳에선 어쩔 수 없다고, 견디지 못하는 사람이 떠나야 한다고. "그 사람이 죽든 네가 죽든 둘 중에 하나는 죽는다고 생각할 각오가 아니면 문제가 있어도 말하지 말고 참으라"고 했다. 여기선 내 자신을 놓아버려야 한다고, 그도 그렇게 산다고 했다. 그리고 내 자리가 가장 행복한 자리라고 했다. "넌 지사님의 수행비서인 걸 영광으로 생각해." 그렇게 말하며 그는 수행비서라면 감수하는 것이 당연하다고 했다. 우리 모두는 '안희정 대통령 만들기'라는 한 가지 목표를 갖고 고난을 감수하고 희생하는 사람들이었다. 피해를 당했다고 해서 누굴 섣불리 흉봐선 안 된다. 피해를 당한 건 내 처신 때문이다. 그러니까 참아라, 일이나 해라, 말하지 말라.

이런 상황에서 이후 알게 된 조직의 최고 결정권자 안

희정의 이중성에 대해서는 더더욱 말할 수 없었다. 오히려 내 일은 내가 모시는 상사를 철저하게 포장하는 것이었다. 나의 지적이 이들을 통해 안희정에게 들어갈 것이 두려워 좋은 이야기만 했다. 안희정을 과하게 칭송하기도 했다. 그렇게라도 하지 않으면 내가 무너져 내릴 것만 같았다. 그저 그때는 그것이 나의 일이었다.

이 시기 나는 정신이 너덜너덜해진 채 매일 밤 세탁기를 돌리면서 내 더러워진 영혼도 함께 돌렸다. 빠지지 않는 찌든 때를 빼기 위해 독한 표백제를 넣어 돌렸다. 안희정에게 첫 피해를 당할 때쯤에는 이미 무력감에 사로잡혀 있었다. 오직 대권만을 바라보는 사람들 속에 갇힌 채, 어디에도 어려움을 이야기할 수 없음을 절실히 느끼는 상태였다.

수행비서의 역할

나는 주로 홍보 일을 해왔다. 간혹 연구 등의 업무도 있었지만 대부분 홍보와 연관된 것이었다. 수행비서라는 업무는 처음이었고, 낯설었다. 단시간에 갑작스레 이루어진 임용과 허술한 인수인계도 어려움을 보탰다.

　　2017년 6월 27일로 예정된 경선 캠프 홍보팀 워크숍에 갈 준비를 하던 중이었다. 도청 비서관이 내게 "워크숍하러 내려올 때 인수인계도 할 거니까 옷도 좀 챙겨 오라"고 했다. 그리고 워크숍 다음 날부터 곧바로 수행비서 인수인계가 시작됐다. 온종일 인수인계를 집중적으로 받아도 모자랄 시간이었지만 내가 업무에 대해 배울 수 있는 건 틈날 때 잠깐씩뿐이었다. 업무 인계를 해주는 전임자가 아직 안희정의 수행비서로 근무하고 있었기 때문이다. 수행비서는 업무 대체자가 없었기 때문에 제대로 쉬지 못한다고 했다.

　　제일 처음 인계받은 내용은 지사가 구두를 편히 신을 수 있도록 어떤 위치에 어느 정도의 각도로 놓아야 하는지였다. 지사가 공관에서 나가서 들어오기까지의 모든 것이 다 수행 업무라 생각하면 된다고 했다. 그래서 시작이 지사의 구두였다. 구두를 신고 나서는 순간부터 지사의 일정이 시작된다. 수행비서는 그 전에 모닝콜로 깨워드리고, 일정 준비, 가방 들고 나오기, 문 열어드리기로 업무를 시작해 지사가 일정을 마친 뒤 공관에 짐 넣어드리기, 문 닫아드리기까지 해야 일단 지사와의 동행 수행 업무가 끝난다. 그리고 다시 내일의 업무를 위해 다음 일정 자료를 숙지하고 설명할 수 있도록 재차 확인하고 동선을 모두 파악하여 필요한 연락이나 조치를 취한다. 수행비서는 지사보다 2시간 일찍 일정을 시작해 1시간 늦게 끝마치는 패턴이었다.

그리고 아주 세세한 사항들까지 교육받았다.

"멍 때리지 마라, 절대 기다리게 해서는 안 된다, 격식 있는 자리인지 미리 확인해라, 지위에 맞지 않는 자리를 싫어하신다, 행사 시 앉는 자리에 착석하는 끝까지 봐야 한다, 보안이 필요한 식사는 수행비서 개인 카드로 결제해라, 사우나, 미용, 마사지 등 지사의 개인 일과 비용도 수행비서 개인 사비로 써라, 지사 가족들의 비용도 수행비서가 부담한다, 현금을 넉넉히 가지고 다녀라, 한도 500만 원짜리 카드를 만들어라, 지사의 식성을 파악해라, 아주 세세한 음식 기호를 외워서 맞춰드려야 한다, 얼굴이나 이름을 못 외우니 수행비서가 보조 기억 장치로 있다가 옆에서 알려드려야 한다, 각종 신고서도 수행비서가 써서 챙겨드려라, 경제 용어도 외워라, 못 알아들으면 안 된다, KTX를 탈 때 수행비서 앞에 있는 받침대는 지사의 커피와 가방을 놓을 수 있게 펼쳐놓아라, 아메리카노에 각설탕은 1개, 시럽일 때는 2번 펌핑해야 한다, 빵을 사 오라 하면 크루아상이나 따뜻한 플레인 베이글을 사라, 크림치즈와 나이프를 같이 준비해드려라, 가끔 단 것을 찾으시면 그럴 땐 옛날 꽈배기를 사라, 우유는 예전에는 커피우유만 드셨으나 요즘에는 흰 우유를 주로 드신다, 꼭 빨대 챙겨라, 자주 부르고 자주 심부름을 시키신다, 병장을 웃기는 이등병의 마음을 가져라, 공식 일정 이후 시간, 기업, 친구, 여자 이야기는 주변에 함구하라, 특히 여자 관련해서는 인수인계서 메모에서도 삭제해라, 단어 언급조차 하지 말고 어디에 쓰지도 마라, 보고 듣고 알아도 비밀을 유지하고 반드시 함구하라, 중요하니 재차 강조한다 (…) 마지막으로 지금까지의 인수인계에서 가장 중요한 것은 '지사님 기분'이다, 여기에 별표 두 개를 그려라, 인수인계 사항들은 모두 지사님 기분을 맞춰드리기 위한 것이다."

안희정은 전지적 상사였다. 특히 비서는 그의 기분을 건드리면 안 된다. 기분이 중요하다는 말은 무형화된 권력을 구성하는 중요한 내용이었다. 그가 누군가를 자를 때는 "나를 기분 나쁘게 했다"는 한마디면 됐다. 특히 별정직은 도지사에게 절대적인 채용과 면직 권한이 있었기 때문에 지사의 말 한마디면 바로 해고할 수 있었다. 상사의 기분에 따라 잘릴 수 있었다. 비서의 중요한 역할이 지사의 기분을 맞추는 것이라고 인수인계를 받을 때도 여러 번 들었다. 실수로라도 기분 나쁘게 하면 안 된다고 당부받았다. 인사권자의 '기분'이 업무의 핵심이었다.

지사가 말을 하지 않아도 기분을 알아야 했다. 눈빛이나 호흡만으로도 기분이 나쁘다는 것을 충분히 표현할 수 있다. 안희정은 침묵만으로도 권력을 행사할 수 있는 사람이었고, 침묵만으로도 불편한 의사를 표현할 수 있는 지위를 갖고 있었다. 문자 연락에 답이 늦으면 바로 "…"라는 메시지를 보내왔다. "…" 이 메시지는 내 전임자들에게도 사용하던, 무언의 질책이 담긴 불편한 심기의 표현이었다.

도지사 수행비서 업무 매뉴얼

참모팀 의견 함께 보고	입체적, 다양한 정보 제공	불필요한 정보 스크린	최근 통계 숙지	연설 자료 사전 필독 오타 확인	연설 중 수치, 단어 팩트 확인	비밀 엄수 (입, 눈, 귀)	건강 사항 수시 체크	세부 동선 수립, 확인
사소한 일 자체 처리	선택의 최소화	홀로 계신 시간 확보	직위 관련 명단 최신화	팩트	연락처 최신화	위험 요인 스크린 직원 배치	보호	내 몸의 방패화
차량 정숙 유지	주변 사물 항시 정리	일정의 단순화	역사적 사실 관련 공부	일정 변동 수시 확인	끊임없는 호기심	여유 있는 차량 이동 시간 확보	선거법 관련 수시 확인	기자 문답 항시 녹음
동향 파악	다양한 직원들과 수시 대화	신문 3개, 보고서 정독	선택의 최소화	팩트	보호	글, 사진 이용한 역사 기록	일정 관련 특이 사항 기억	지시 사항 추적 관리
속보 사항 수시 확인	안테나	온라인 여론 흐름 정기 확인	안테나	민주주의 지도자 보필	외장 하드	사람 DB 업데이트 확인	외장 하드	지적 사항 보완 메모
정무팀 및 주변 인사 동향 인지	경조사 수시 체크	여론조사 세부 수치 숙지	로열티	악역	개인 관리	상기 필요 사실 메모	메모, 사진 태그 활용 분류 보관	보유 정보 보안 철저
영광은 리더 칭찬은 동료 책임은 내가	항상 리더편	험담 시 적극 방어	관계보다 일이 되는 방향 접근	리더의 판단 완충 지대 확보	지시 사항 추진 내용 수시 확인	아프지 않기	개인 약속 지양	쉴 때 가정에 충실
시키기 쉬운 부하되기	로열티	구전용 주요 성과 숙지	불성실한 업무자 적극 무시	악역	계획에 따른 시간 엄수	겸손, 인내, 희생	개인 관리	용모 단정
좋은 것은 리더 먼저	리더 단점 보완 고민	충언은 진심을 담아	문제 발생 시 적극 시정 요구	주인의식	철저히 리더만을 위한 판단	음주는 적당히	기초 외국어	책상 정리

수행 중 휴대 목록

장소	목록
휴대품	핸드폰, 일정표, 명함, 수첩, 필기구, 담배, 라이터, 1호차 비상키, 현금, 손수건, 수행비서 명함, 녹음기
가방 비치품	일정 참고자료, 헌법, 도정 주요 통계, 담배, 라이터, 월간 일정표, 업무수첩(각 기관 전화번호), 네임펜, 필기구(색깔별), 휴대용 충전기, 최신 간부 현황, 도의회원 구성표, 출입 기자 현황, 정책 특보 현황, 각 위원회 현황, 현금, 공무원증, 정부청사 출입증, 명함 1갑, 물티슈, 로션, 선크림, 빗, 컴퓨터, 봉투(결혼·부의·격려·백봉투)
차량 비치품	직원 주소록, 국회수첩, 담배, 라이터, 빗, 생수, 비타민, 등산화, 껌, 핸드폰 충전기, 선크림, 명함(영어·중국어·일본어 포함), 물티슈, 넥타이(검은색·밝은색), 목 베개, 곽티슈(먼지 안 나는 것), 사탕, 땅콩캬라멜, 봉투(결혼·부의·격려·백봉투), 선글라스, 재떨이, 휴지통

수행비서 옷차림

상황	매뉴얼
공통	• 청결한 복장 유지
공식	• 어두운 색 계통의 정장 및 구두 • 도 CI 배지를 제외한 액세서리 착용 지양
비공식	• 상황과 장소에 맞는 복장(등산·운동·캐주얼·연회복장 등) • 주변에 위화감을 조성하지 않도록 참석자에 동화되는 복장 착용

전화 응대 매뉴얼

상황	매뉴얼
공통	• 전화기는 24시간 항상 휴대 및 망 대기(세면 시, 목욕 시에도 투명 봉지를 이용 항시 휴대) • 지사님 전화 및 문자 벨소리는 별도 지정 • 전화번호는 항상 최신화 및 온라인 별도 백업 • 친분 관계, 고위직 제외한 일반 전화의 경우 무슨 용건인지 확인 후 관계 내용을 입체적으로 파악하여 지사님께 종합 보고 • 지사님 개인 번호 원할 경우 '지사님께서는 개인 전화 없이 이 전화기를 사용하고 계십니다.' 일관되고 정중하게 답변 (알려드려야 할 경우에는 010-███-████번 말씀드릴 것)
발신	• 일반 발신: "안녕하세요. 저는 안희정 지사님 비서 ○○○입니다. 지사님께서 통화를 원하시는데 잠시 통화 괜찮으신지요?" • 참모 발신: (수신 확인 후 바로) "지사님 전화 연결해드리겠습니다." • 특별 발신: 전화 신호가 가는 것 확인 후 지사님께 전달 (상대가 지사님보다 고위직 또는 친근한 관계일 경우) • 부지사 발신: 상대 수행비서 전화 교환하는 동안 지사님께 바로 전달
수신	• 일반 수신: 안녕하세요. 안희정 지사님 수행비서입니다. 지사님께서는 지금 회의 중이셔서요. 혹시 어떤 내용 때문에 통화 원하시는지 여쭤봐도 될지요? • 특별 수신: 전화 대신 받았습니다. 수행비서입니다. 지사님께서 지금 회의 중이셔서요. 잠시 후에 바로 메모 전해드리겠습니다.(지사님과 기존 관계가 있는 친분 관계 및 고위직은 지사님 직접 받는 전화로 생각하고 수행폰으로 전화) • 기자 수신: (기자 확인 시 바로 녹음 시작) "지사님과 바로 통화는 어려우실 것 같습니다. 관련 담당자와 통화하시는 게 더 정확한 정보를 얻는 데 도움이 되실 것 같습니다. 담당자 번호를 바로 문자로 넣어드리겠습니다. 감사합니다."

일상 수행

장소	매뉴얼
공관	• 일정 출발 시각 20분 전 공관에 도착(출발 시각 지사님께 문자) • 지사님 기상 및 조찬 확인 후 서재에서 서류 챙기고, 구두 확인 • 공관 귀가 5분 전에 전화 및 문자 통보 • 관사 도착 전 다음날 일정 및 준비 사항을 간단히 보고 • 명일 출발 시각을 확인하여 공관 근무자에게 모닝콜 시간 통보 • 퇴근 후 전화주신 분은 연결 여부를 판단하여 필요 시 관사로 연결
차량	• 차량 출발 시 하루 일정을 간단히 보고 • 참고 자료를 전해드리고 숙지하셔야 하는 사항 간단히 보고(행사장에서 하실 일, 주요 참석자, 장소 실내외 등) • 이동 중 전화 수신 시 중요한 전화 외에는 지사님 모신 후 통화 • 차량에서는 문자로 연락, 최대한 생각하시는 데 방해 안 되도록 정숙 • 영접자를 사전 파악하여 특이사항 문자로 확인 • 행사장 도착 10, 5분 전 영접자에게 문자 • 도착 직전 현장 특이사항 발생 시 사전 보고(취재·변경 사항 등)
행사장	• 행사장 도착 시간은 항상 정시 유지(집 방문 시는 5분 늦게) • 행사장 도착 후 지사님 자리 확인 및 안내 • 말씀 자료를 전해드린 후, 말씀 내용을 가능한 한 청취 • 말씀 내용 중 통계, 단어 사용 등의 오류 있을 시 확인 후 보고 • 행사장 내 화장실, 출·입구를 확인하여 최단거리 동선 사전 인지 • 행사가 지연되어 다음 행사에 지장이 있을 경우 관계자와 협의 • 행사 지연으로 인해 식사가 어려울 경우 도시락 준비 등 적절히 대처
사무실	• 사무실 도착 5분 전 비서실 직원들에게 문자 • 일반 내부 행사는 일정 비서관 수행 • 청내에 계시는 동안 정무팀, 주요 실무자들과 만나 동향 파악 • 법인카드 집행 내역 작성 및 영수증 제출
지시 사항	• 지시 사항은 메모하여 즉시 담당국장, 팀장에게 구체적으로 전파 (지시하신 상황, 말씀 맥락, 구체적인 시행 지침 등을 포함하여 설명) • 비서실장, 비서관과 관련 내용 공유하여 처리 상황을 지속적으로 관리

기타 수행

	매뉴얼
언론	• 방송국: 촬영 시작 30분 전 방송국에 도착하여 메이크업 및 리허설 등을 여유 있게 하실 수 있도록 안내 • 공관 전화 인터뷰: 인터뷰 30분 전 공관에 도착하여 언론사 관계자와 통화 확인 후 대기하다가 전화 연결(메시지팀장 배석 조치) • 언론인의 인터뷰 요청 시 최대한 멘트를 적게 하고 언론 담당자를 연결해드린다고 정중히 제안 후 담당자에게 전달 • 언론인과 대화 나눌 시 항상 녹음
운동	• 탁구: 홍보협력관실 ■■■ 주사 통보 및 필요 물품을 챙겨드릴 것 • 배드민턴: ■■■ 배드민턴회 회장과 통화 후 운동 여부 확인
카드	• 관용카드 결제: 행정안전부 업무추진비 집행 규칙대로 사용. 사용 규정에 각별히 주의(업무추진비 집행 규칙 별첨)
선거법	• 연설 내용, 식사 제공 등 항상 모니터링 및 주의(자치과 담당자와 확인)
공유	• 칭찬 내용은 널리 전파, 잘못된 내용은 담당자와 정확한 사실 공유 • 녹취 내용은 즉각 풀어서 공유(때에 따라서는 녹음파일 함께 공유) • 일 처리는 개인이 아닌 시스템이 처리할 수 있도록 체계화
의전	• 의전 예우 기준 수시 참고(별첨) • 중앙정부 행사 시 지방정부의 대표자로서 지사님 의전 확실히 챙길 것
기호	• 담배, 커피(아메리카노 시럽 꼭 1회 반), 우유(서울우유 커피맛) • 음료 주문할 때는 최소 두 잔(혼자 드시지 않도록, 경우에 따라 판단)
기타	• 지사님 서류는 항상 쇄절 • 매월 1회 정도 이발하실 수 있도록 일정 관리 • 정기적 운동 일정 확보

서울 수행

상황	매뉴얼
차량 (내포)	• 열차표 확인 및 서울사무소와 도착 시각 공유 • 도청에서 천안아산역으로 출발 시 열차 출발 시각 50분 전 출발 • 천안아산역 내 1층으로 진입하여 열차 출발 5분 전 플랫폼으로 이동
기차	• 탑승 시 열차 진행 방향 뒤쪽으로 탑승(승객 시야의 반대쪽 입장) • 좌석 안내 후 출발 사실을 비서실 및 서울사무소에 연락 • 열차 내에서는 급한 전화 아니면 연결을 삼가 • 통화 시 객실 밖에서 받고 메모하여 차량으로 이동 시 보고 후 연결
차량 (서울)	• 차량에서는 문자로 연락, 최대한 생각하시는 데 방해 안 되도록 정숙 • 이동 중 전화 수신 시 중요한 전화 외에는 지사님 모신 후 통화
사무실	• 집무실 바로 앞 테이블 대기
일정	• 일정 후 내려올 열차를 예매 후 운전 수행비서와 시간 공유 • 지사님께서 약주를 하셨거나 마치는 시각이 늦을 시 서울 차량 이용 • 다른 내용은 기존 수행과 동일

해외 수행

상황	매뉴얼
준비	• 관용여권과 개인여권 중 순방 필요 여권 파악 후 담당과에 제출 • 담당과의 해외 일정 사전 보고 시 참석하여 주요 일정 숙지 • 해외 호텔 예약 시 지사님 취향 적극 반영(번잡하지 않은 지역 위치, 한국인 적은 곳, 최고급 및 스위트 지양, 유명 체인보다는 호텔의 실제 환경, 테라스 有, 공사 여부 등 현재 상태) • 순방 실무 책임자인 ▨▨▨도 규정대로 비즈니스석에 타도록 확인 • 순방 국가의 일기(날씨, 기온 등)를 파악하여 관련 물품 준비 • 순방 중 참고 자료를 담당 과로부터 전달받아 1부는 지사님께 드리고 1부는 수행비서가 백업용으로 보관 • 비상시를 대비하여 지사님 여권사본 및 여권용 사진 3장 휴대 • 지사님 개인 가방과 수행비서 가방을 출국 당일 또는 하루 전까지 해외순방 담당과에 인계

이동	• 공항 영접 계획을 숙지하고, 출국 시각 1시간 전에 공항 도착
	• 공항 직원의 안내를 받아 인천공항 귀빈실 및 VIP 출구 이용 출국
	(비행기 출발 시각이 여유 있을 시에는 일반인 수속으로 출국)
	• 비행기 탑승 및 자리 안내 후 비서 좌석으로 돌아옴
	• 비행기 내에서 꼬냑 한 병 구매(지사님 현지 숙소에 비치)
	• 입국신고서 및 세관신고서 등 각종 신고서 작성(지사님 신고서 포함)
	• 도착 후 대사관 또는 영사관 직원의 안내를 받아 입국수속
일정	• 포켓용 소책자를 항시 휴대하여 일정을 체크하고 수시로 보고
	• 국내 언론 기사 및 동향 보고 자료를 담당과 협조받아 매일 아침 보고
	• 다른 일정 수행은 기존과 동일
호텔	• 호텔 체크인 후 지사님 방 안내 및 가방 전달
	• 지사님 방 호수는 순방 총괄 간부와 수행비서만 공유
	• 다음 일정을 고려하여 양복, 셔츠, 구두 상태를 확인하고 불량 시 조치
	• 순방 활동 계획에 따라 모닝콜 시각 및 다음날 일정을 간단히 보고
	• 숙소 체크아웃 시 지사님 방 점검 및 팁 1달러 책상위에 놓을 것
기타	• 1일 1회 비서실장과 통화하여 특이사항 유무를 보고
	• 순방 기간 중 지사님 컨디션 유지에 각별한 관심 필요

수행비서 위치

보행 시 (같은 속도, 위급 상황 보호 가능 위치, 안내 중점)	일반 보행	안내 보행
	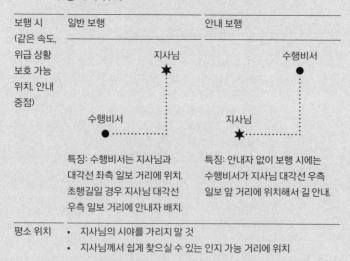	
	특징: 수행비서는 지사님과 대각선 좌측 일보 거리에 위치. 초행길일 경우 지사님 대각선 우측 일보 거리에 안내자 배치.	특징: 안내자 없이 보행 시에는 수행비서가 지사님 대각선 우측 일보 앞 거리에 위치해서 길 안내.
평소 위치	• 지사님의 시야를 가리지 말 것 • 지사님께서 쉽게 찾으실 수 있는 인지 가능 거리에 위치	

24시간 수행비서의 생활

보안, 함구, 비밀 유지를 원칙으로 지사를 보필하면서 지사의 마지막 방패가 되는 사람이 수행비서라고 전임자에게 들었다. 지사도 인수인계 당시 나를 전 일정에 배석시키며 말했다. "너는 직언하지 말고 모두가 NO 할 때 YES 해야 한다. 너는 나의 보조 기억 장치로 작동하면 된다." "너는 나를 비추는 거울이고, 내 그림자다. 내 눈을 봐라. 나는 눈으로 얘기한다. 너는 나를 지켜야 한다." 그런 말들을 세뇌하듯 반복했고 전화가 오거나 뭔가를 할 때 항상 비밀 유지를 강조했다.

지사의 전화는 수행비서에게 모두 착신되어 있다. 그는 전화를 모두 돌려놓고 개인적으로 통화하고 싶을 때만 직접 착신 전환을 풀어서 자신의 전화기를 사용했다. 한밤중에 오는 전화와 문자도 모두 수행비서가 받는다. 24시간 근무를 하는 것과 같았다. 밤이든 새벽이든 자다가도 일어나 정치인들의 전화를 받아 "현재는 통화하실 수 없는 상황"이라고 양해를 구했다. 메모를 해둔 후 지사에게 아침, 점심, 저녁으로 전화 수발신 내역을 빠짐없이 보고했다. 이런 업무를 하다 보면 잠을 제대로 자지 못함은 물론 늘 긴장 상태로 있어야 했다.

퇴근 후에도 부르면 언제든지 달려가야 했다. 공적 업무 외에 사적으로 지시받는 업무도 많다 보니 어느 순간 공과 사가 구분이 안 되는 상황이 되었다. 지시하는 일이라면 수행비서는 뭐든 해결해내야 한다. 지사의 가족과 관련된 업무도 휴일 구분 없이 수시로 있었다. 휴가 때나 명절에 아들과 요트를 타러 가거나 가족끼리 놀러 가는 일정의 숙소, 식당, 체험 활동 등을 알아보고 예약해야 했고, 지사의 친구 가족이나 지인들이 묵을 장소도 알아봐야 했다. 사모나 지사가 친구들 모임에서 술을 마셔 운전을 못 하면 한밤중에 불려 나가 대리운전을 했다. 맥주, 담배 같은 개인 기호품도 수행비서가 대신 사서 숙소나 집무실로 가져다주어야 했다. 미투 이후 나는 "왜 네 번이나 지사의 방에 갔느냐"는 말을 수없이 들어야 했지만, 그날들은 사적 심부름 때문에 불려 갔던 수백 번 중 아주 일부에 불과했다. 늦은 밤, 새벽, 퇴근 후, 휴일에도 몇 번이고 불려 가 심부름을 했다. 담배나 라이터가 떨어지면 준비해두지 않았다고 질책을 받았다. 담배는 비서실의 공적 비용으로 대량 구매했고 외부에서는 내가 따로 사서 공급했다. 맥주나 커피, 컵라면, 달걀, 우유, 빵, 잼, 버터, 시리얼, 김치, 속옷, 면도기, 치약, 칫솔, 휴대폰 케이스, 보조 배터리, 충전기 등을 밤낮 상관없이 공관으로, 외부 숙소로, 마포 오피스텔로 가져오라 사 오라 수시로 시켰다. 지인이 김장을 하는데 가뭄과 홍수로 고춧가루를 구하기 어렵다 하니 좋은 고춧가루 10근을 사서 보내라고 시켰고, 가족에게 줄 간식과 선물도 내가 사 오도록 했다. 그리고 이런 비용들은 수행비서의 사비로 내야 했다.

안희정의 부인이 빵이 먹고 싶다고 하면 나는 다른 사람들이 식사하는 시간에 그걸 사러 다녀왔다. 유명 빵집이

멀든 그래서 내 밥을 못 먹든 상관없이 말이다. 이런 구매에 들어가는 돈은 누구에게도 받을 수 없었다. 납득하기 어려웠지만 더 주장할 수도 없었다. 처음 수행비서 인수인계 때 선배가 만들어두라고 한, 한도를 최대로 높인 개인 신용카드의 쓰임을 알게 되었다.

안희정 부부의 보험 약관부터 보험 담보 대출금, 중도 해지 비용 등도 내가 처리해야 하는 일이었다. 당사자의 통화나 방문이 필요한 일들을 대신 처리하느라 보험회사 직원에게 극구 사정하기도 했다. 그 외 심부름은 셀 수가 없다. 업무시간 외나 명절에도 사적인 업무를 시켰고 내 답이나 조치가 늦으면 핀잔과 짜증이 쏟아졌다.

정치인 안희정의 대외적 이미지와 내가 업무를 통해 겪는 실상은 낱낱이 상반되었다. 그는 신분과 계급이 존재하는 세계에 살았다. 나의 자리에서는 그에게 아주 기본적인 인권이나 노동권도 존중받기를 기대할 수 없었다.

나는 많게는 주 140시간을 일했고, 통상 주 130여 시간을 일했다. 기본 근무시간(평일 9~18시) 외 초과근무가 월 80시간을 넘었고, 100시간을 훌쩍 넘을 때도 있었다. 업무 준비를 위해 2시간 먼저 일정을 시작해 보통 하루 일정이 끝나면 밤 10시 정도다. 지사는 충남 외 서울이나 타 지역 일정도 많아 서울에서 10시쯤 끝나면 12시에 공관에 도착했고, 나는 집에 가면 1시였다. 퇴근 후에는 다음날 일정 자료를 보며 다시 동선을 체크해두었다. 거의 자지 못하는 상황이 반복됐다. 그렇게 일한 지 얼마 되지 않아서부터 빡빡한 일정과 고된 업무에 치이다 결국 고열에 시달렸지만, 주말까지 꽉 들어찬 일정 때문에 병가를 내거나 제대로 된 병원 진료를 받지 못했다. 쉬지 못한 채 강행되는 업무에 맞춰 지내는 동안 건강은 점점 나빠졌다.

지금 돌이켜보면 이 시기 나는 불효한 자식이었다. 가족과 있어도 24시간 오로지 일의 연속이었다. 부모님의 큰 수술에도 가보지 못했고, 해외 출장을 다녀오고 한참이 지나 추석이 되어서야 오랜만에 집에 갈 수 있었다. 그러나 그때조차 가족들의 얼굴을 제대로 본 기억이 없다. 수시로 안희정의 업무 지시가, 그리고 안희정의 휴대폰에서 착신 전환된 연락들이 쏟아졌다. 가족들은 그때 내가 어딘가 달랐다고 말한다. 대화도 제대로 하지 않고 짜증이 많았으며, 어두운 표정에 무거운 분위기였다고 했다. 나를 걱정하면서도 원래 정치 쪽 일은 힘든가, 하며 묻지 않았다고 한다.

2017년 10월 말의 휴일에 충남 인근에 가족들을 불렀다. 가족여행이라고 하기에는 저녁만 함께한 뒤 자고 돌아오는 정도의 일정이었지만, 오랜만에 함께 모인 여행이기에 가족들은 내가 일을 마치고 오기를 설레며 기다렸다고 한다. 도착한 나는 함께 저녁을 먹은 뒤, 다음 날 바로 일정 수행을 하러 가야 했기에 입고 있던 블라우스와 스타킹을 손으로 빨아 널어두었다. 혹시라도 마르지 않을까 봐 드라이기로 얼마간 말려놓기까지 했다. 그날 밤 11시가 다 된 시간 안희정에게서 찾는 연락이 왔다.

"엄마, 지사님 연락이 왔어. 가봐야 돼. 지금 빨리 가야 해. 미안해." 그때 엄마는 이 밤에 이게 무슨 일이니, 갑자기 가니 하고 서운하다는 표정이셨다. 서운함 뒤로는 걱정스러움이었다. 그래서 안심시켜드려야 했다. "엄마, 걱정 마. 괜찮아. 일이 다 그렇지, 뭐. 별일 아닐 거야. 일 마치고 연락할게. 여기서 더 쉬다 가요. 미안해. 같이 못 있고 먼저 가서."

자려고 누웠다가 벌떡 일어난 나는 덜 마른 블라우스를 팡팡 털어서 입고 차림새를 어떻게든 단정하게 만든 후 빠르게 부르는 장소로 향했다. 이동하는 중에도 수시로 재촉이 와서 답을 했고 그때까지도 내가 가서 해야 되는 업무가 무엇인지는 물어보지 못했다.

그렇게 달려간 내게 내려진 업무는 대리운전이었다. 술을 마신 안희정 부부를 대신해서 안희정 부인의 차량을 운전하는 업무였다. 원래는 1박 2일 일정이었으나 마음이 바뀌어 빨리 집에 가고 싶다고 했다. 나는 당황했다. 나와 동시에 운전비서도 현장에 불려 왔으며, 안희정 부부는 운전비서가 모는 관용 차량을 타고 먼저 갔고 나는 남은 사모의 차 운전을 맡았다. 혼자 시골의 초행길에 남겨져, 밤 12시가 넘은 한밤중에 덜덜 떨며 차를 몰았다. 차가 익숙지 않아 시동을 세 번이나 꺼트렸고, 도로에서 사고가 날 뻔하기도 했다. 지금 생각해도 소름 끼치는 암흑의 주행 길이었다. 겨우 공관에 도착해 주차해두고, 집으로 터덜터덜 걸어 돌아왔다.

같은 해 11월 초 주말이었다. 휴일에 부모님이 계신 집에 갔다. 도착하자마자 가족들과 바로 식탁에 앉아 수저를 들었다. 전화벨이 울렸고, 충청도에 거주하고 계신 위안부

할머니께서 돌아가셨다는 소식을 해당 지역단체장 수행비서로부터 전해 들었다. 사무실에도 알렸다. 수행비서들은 각 연관 기관의 수행비서와 정보 공유를 즉각적으로 하며 서로를 도왔다. 수행비서들끼리는 서로만의 고충을 알고 있었다. 나는 급히 되돌아가야 했다. 그때 안희정은 골프를 치고 있었기에 장례식장으로 출발하기까지는 시간적 여유가 있었다. 하지만 도지사가 어떤 역할을 해야 하는지, 무엇을 준비해야 하는지를 수행비서가 미리 파악해야 했기에 서둘러 도청으로 돌아가야 했다. 밥을 뜨려다 말고 황급히 버스 시간을 알아봤다. 절대 나 때문에 일에 차질이 생기면 안 되었다. 차편이 없어 엄마가 급하게 나를 도청까지 차로 데려다 주기로 했다. 평소 엄마의 실력으로 운전하기에는 어려운 길이었다. 가는 내내 마음이 좋지 않았다. 하지만 달리 방법이 없었다. 나를 내려주고, 엄마는 다시 그 차를 몰고 혼자 집까지 되돌아가셨다.

조직의 이상과 현실

안희정은 성 평등을 지지하는 진보적 지도자인 것처럼 알려져 있었지만 내가 본 그는 누구보다 자신의 권세를 잘 알고 누리는 사람이었다. "내 위치에 이런 것까지 해야 되겠느냐"며 일정을 당일에 취소하기도 했다. 국제 행사였던 한 토론회 참가 일정을 바로 전날 취소하기도 했는데, 패널들이 자신의 격에 맞지 않는다는 이유였다. 거기서 반문할 수 있는 이는 그의 주변에 없었다. 나를 포함해 그의 주변인들은 그가 원하는 것은 뭐든지 대령하기 위해 노력했다.

민주주의자 안희정의 정치를 돕고자 하는 마음으로 일을 시작했던 내게는 이런 괴리가 고통스러웠다. 대선 경선 당시 그는 노동자들의 노동 시간을 줄이겠다는 연설을 하며 환호받았지만, 정작 그를 위해 일하는 이들의 노동 시간에는 한계가 없었다. 안희정의 수행비서는 새벽에 출근해서 밤늦게 퇴근했고 휴일도 거의 없었다. 한밤중이라도 지사의 메시지에 답이 조금이라도 늦으면 호된 질책을 들었다. 고통스러웠던 일은 노동자로서 내가 할 이유가 없으며 해서도 안 되는 일들을 해야 한다는 점이었다. 안희정이 아들과 가는 요트 강습을 예약하거나 의약품을 대리 처방받아 전달하는 등의 일이 비일비재했다. 더러 주위에 어려움을 토로하면 "비서는 업무 범위가 정해져 있지 않기 때문에 지사가 지시하는 것이라면 뭐든 해내야 한다"는 말이 돌아왔다. 오히려 심기를 거스르지 않도록 더 잘 보좌하라는 이야기를 들었다.

　　　나 자신을 돌볼 시간이 전혀 없었다. 아니, 생각할 시간조차 없었다. 그래도 아직은 괜찮다고 되뇌며 살았다. 주변 사람들에게 괜히 어려움을 드러내봤자 내 평판만 깎일 뿐이었다. 늘 괜찮은 척 웃으며 일했다. 행사 중 그에게 다가오는 팬들을 제대로 막지 못했다며 비난받으면 그다음부터는 더 열심히 막으려 노력했다. 수해 현장을 방문한 지사를 수행했을 때 공식 일정은 10여 분 만에 끝나고 지사는 평소 연락하던 여성과 술자리를 가졌지만 나는 잠자코 수행하며 술에 취해 그가 여성과 어울리고 있는 자리를 지켜야 했다.

　　　혼란스러움과 무기력에 젖어들었다. 고열이 잦아졌고 해외 출장지로 가는 비행기에서는 계속 구토를 하기도 했다. 첫 번째 성폭력을 당한 것은 그렇게 내내 토를 하며 도착한 낯선 러시아에서였다. 범죄가 있은 뒤 희롱이나 원치 않는 성적 접촉들은 점차 빈번해졌다. 노동자로서도 극한에 몰려 있던 상태에서 성범죄가 더해지면서 나는 극도로 피폐해졌다. 고민하고 주저하기를 반복하다 용기 내어 주변에 SOS를 보내기도 했다. 내 상황을 직·간접적으로 들은 사람들은 두려움에 떨었다. 그런 자리와 부름을 피하라고 내게 말했다. 그런 조언을 하는 이들은 내가 회피할 수 없는 위치에 있다는 사실을 너무나 잘 알고 있는 사람들이었다. 그럼에도 내게 "네가 조심해라"라고 말했다.

　　　모든 것을 혼자 참고 견딜 수밖에 없었다. 이미 생활과 업무의 경계를 잃고 누구의 도움도 기대하지 못하는 상황에 무력하게 젖어든 상태였다. 섬에 갇힌 듯 일에 매몰되어 갔다. 그 중간 중간 자행되는 성폭력과 곧바로 이어지는 사과에 혼란스러움은 더 가중됐다. 도망치고 싶었지만 온전히 생각할 수 있는 시간도 정신도 내게는 남아 있지 않았다. 무슨 업무든지 수행하고 비밀을 엄수해야 한다는 수행비서의 철칙이 나를 옥죄었다. 그리고 훗날 재판에서 노동자로서 비서로서 성실히 일했던 나의 이런 행동은 모두 "피해자답지 않다"는 주장의 근거가 되었다.

나중에 알게 된 사실이지만, 나 이전에 안희정의 가까이에서 근무했던 어느 선배도 나와 비슷한 피해를 당해 호소한 적이 있었다. 같은 방식, 같은 상황의 피해였다. 만약 그 선배가 나보다 앞서 용기 내주었다면 내게는 이런 일이 일어나지 않았을까 하는 생각도 잠시 했다. 그러나 그 두려움을 알기에 이내 이해할 수밖에 없었다. 이곳에서 나는 암묵적 제물이었을지도 모른다. 안희정의 일부 측근들은 모임이 있을 때면 대부분 안희정의 좌석 옆에 여성들을 앉게 했다. "지사님은 여자밖에 몰라." "지사님 가까이 여자가 있어야 분위기가 좋아져." "지사님의 기쁨조가 되고 싶어도 우린 남자라서 못 하니까 너희가 최선을 다해." 여성 참모들에게 그런 말을 아무런 거리낌 없이 했다.

이런 술 문화는 조직 내에 만연했다. 한 참모는 회식 때면 소속 직원이었던 여자 아나운서와 어린 여성 조연출을 옆에 앉히고 술을 마셨다. 여성들은 그가 있는 회식 자리를 힘들어했다. 수치스러워하고 괴로워했다고 들었다. 하지만 안희정의 오래된 참모였던 그를 다른 이들은 쉽게 제지하지 못했다.

안희정의 참모들 중 일부는 감옥에 다녀오는 것을 영광으로 여겼다. 안희정이 대선 자금 수사를 받고 감옥에 갔던 일은 조직에서 우상화되어 있었다. 안희정은 대의를 위해 감옥에 다녀왔다며 훈장처럼 이야기했고, 주변의 오랜 참모들은 수시로 '부하는 주군을 위해 목숨까지 내놓아야 한다'와 같은 언급을 했다. 안희정을 대신해 감옥에 다녀왔다는 한 참모는 '성골'로 대우받았다. 법과 원칙보다 조직을 위한 희생이 중요한 곳이었다. "모두가 No!라고 할 때 참모는 Yes!라고 해야 한다!" 이 역시 수시로 들은 말이다. 그런 조직에서, 나는 노동자로서 모욕당하고 여성으로서 성폭력을 당했다. 분명히 반복된 범죄였지만 아무도 말리지 않았고, 안희정 스스로도 제어하지 않았다.

네 번째 성폭행 장소였던 서울 마포구 도화동 소재의 오피스텔은 안희정의 친구인 S씨가 대주주로 있는 건설업체의 소유였다. 안희정은 2017년 10월에 이 장소를 제공받아 부인과 함께 자신의 물품들을 가져다 놓고 사용했다. 그 장소가 어떤 용도였는지는 안희정이 가장 잘 알 것이다. 오피스텔의 존재를 아는 사람들도 그 장소에 대해서는 언급하지 않았다. 문제 있는 곳이었지만 내부에서 문제 삼는 사람은 없었다. 안희정의 편의를 위해 존재하는 곳이었기 때문이다. 장소와 관련된 여러 가지 의혹이 있었지만, 수사는 더 진행되지 않았다.

불법과 부정이 횡행했지만 모두가 눈 감았다. 그곳에서 조직의 대의와 목적 이외 모든 것은 사사로웠다. 사람도 인권도 정의도 그저 쉽게 지나칠 수 있는 작은 것에 불과했다.

일상적 폭력과 다음 범죄를 위한 사과

> "내가 너무 힘들어서 어린 직원에게 부끄러운 짓을 했다. 미안하다."
> "이제 다시는 절대 그러지 않겠다."

안희정은 성폭행을 한 후 매번 즉각 사과했다. "대통령이 되는 길이 버겁다." "내 위치가 너무 힘들고 외로워서 그랬다." "어린 너를 가져서 미안하다." "내 직원에게 부끄러운 짓을 해서 미안하다." "너는 수행비서이니 나를 이해해달라." "너는 나의 그림자다." "나를 끝까지 지켜달라." "비밀을 지켜주고 함구해달라." 성적 수발까지도 수행비서가 감내해야 할 일인 양 세뇌시켰다. "일이 되어가는 과정 중 하나일 뿐, 결과가 중요하지 지금 네가 당한 일은 아무런 문제도 아니다"라는 내용을 반복해서 들었다. "너는 나의 훌륭한 참모다." "나는 너를 신뢰하고 의지한다." "내가 시키는 대로만 하라." "다시는 그러지 않겠다." "다 잊고 씩씩하게 일하자." "러시아와 스위스의 아름다운 풍경만 기억해라." 그렇게 내가 성폭력을 문제 삼지 않도록 되뇌게 했다.

거듭되는 사과와 이어지는 강도 높은 업무들은 다른 생각을 할 수 없도록 만들었다. 안희정은 내가 정신적으로 흐트러지는 모습이 잠깐이라도 보이면 괜찮아 보일 때까지 내내 미안하다고 했다. 그렇게 부하 직원을 성폭행하고도 맹

목적인 복종을 하게 만들고, 입을 막아버렸다.

　　성폭력과 사과는 아무렇지 않게 반복되는 연속적 일상이었다. 집무실이나 관용차 안에서는 가슴이나 허벅지 등 신체를 수시로 툭툭 치고 만졌다. 그가 차 안에서 잠을 자거나 휴식을 취할 때면 나를 옆에 앉히고 손 마사지를 시켰다. 늦은 시간 외진 장소, 화장실 앞이나 기차, 식당 안에서도 사람들의 눈을 피해 성추행은 계속됐다. "저 앞 여자 다리 예쁘지 않냐?" "모든 여자들이 나를 좋아한다." "내가 그렇게 잘생겼니?" 그의 성추행과 성희롱은 점점 더 과감해지고 심해졌다. 처음에는 참을 수 없는 수치심을 느꼈지만 어느 시점을 지나자 무감각해졌다. 이 조직에서 내가 할 수 있는 일은 참고 일하는 것 말고는 아무것도 없다고 생각했다.

　　오늘 하루만 버틸 수 있다면, 지난여름의 성폭력을 잊을 수만 있다면, 이 정도의 추행과 희롱은 아무것도 아니야. 일로 이겨내자, 그렇게 읊조리며 무기력해져갔다. 시간이 흐르고 안희정의 힘을 알면 알수록 더 이상 대항할 수 없다는 것도 알아갔다. 없던 일로 하는 게 더 낫다고 생각했다. 생각하면 나만 괴롭고 힘든 일이었다. 기억을 모두 얼려 산산조각 내 심해에 내던져버리고 싶었다. 있어도 없던 일이어야 했다. 기억해서도 말해서도 안 되는 일이어야 내가 살 수 있었다.

　　사람들은 나에게 묻는다.

　　"왜 네 번이나 당해?"

　　나는 이것을 안희정에게 묻고 싶다.

첫 번째 성폭행 이후 그는 계속 말했다. 잊어라, 잊어라, 이젠 그러지 않겠노라. 그리고 폭력까지 동반한 두 번째 성폭행 다음 날 또 말했다. 너무 부끄럽고 미안하다. 잊어라. 다시 한 번 더, 최대한의 거절 의사를 표현한 나를 결국 제압하여 세 번째 성폭행을 했다. 그는 반복해 말했다. 아름다운 스위스의 풍경만 기억하고 다 잊어라. 잊어라. 잊어라. 그럴 때마다 모든 걸 다 없는 기억으로 잊고 살고자 했던 나를 그는 다시 불러냈다. "혹시 너 미투 할 거냐?" 그리고 네 번째 성폭행이 이어졌다. 왜 그렇게 네 번이나, 왜 그랬냐고 묻고 싶다. 내게는 그 한 번 한 번이 처음 당하는 성폭행 같았다.

사람들은 또 나에게 묻는다.

"왜 그렇게 당하면서까지 일에 목을 맸느냐?"

내게 남은 것은 일밖에 없었다. 이전에 사람으로 인해 겪은 아픔은 내 인생에 깊은 상흔을 남겼다. 사람이 전부였던 내게서 많은 걸 앗아갔고 그 일은 내게 '인생 종결'의 느낌이었다. 이혼이라는 것이 내게는 그랬다. 아무것도 기대할 수 없게 된 삶 속에서 내가 의지하고 최선을 다할 수 있는 건 일이 전부였다. 그것까지 놓아버린다면 나는 정말로 죽을 것 같았다.

안희정의 변호사는 내게 물었다.

"왜 성폭행 당시 즉각 수사 기관에, 경찰청에, 감사 기관에 말하지 않았느냐?"

"왜 바로 그만두지 못했느냐?"

성폭력을 다루는 세상의 방식에 대해 잘 알고 있었

다. 피해자들이 얼마나 어려운지, 수사가 어떤 식으로 진행되는지, 처벌 여부가 어떻게 결정되고 처벌 수위가 어느 정도인지. 안타깝게도 내 삶 가까이에서 성폭력 피해 사실들을 보아왔기에 나는 이 모든 과정이 결코 쉽지 않다는 것을 알고 있었다.

안희정을 24시간 수행하며 나는 수시로 경찰 고위 간부의 전화를 지사에게 연결해주었다. 국가 정보기관의 수장을 만나고 있는 지사를 수행하고 있었고, 대통령과 만찬을 하고 있는 지사를 청와대에서 기다리고 있었다. 지사에게는 일상인 그런 대화와 만남들을 바로 곁에서 지켜보며 그가 가진 권력을 항상 다시 실감했다. 나는 그와 싸울 수 없음을, 내가 겪은 것을 어느 곳에도 상의할 수조차 없음을 알았다. 내가 신고한다면 그 신고를 받게 될 사람들은 안희정과 관계를 갖고 있는 이의 부하 직원들일 것임을 알았다. 성폭행이 있었던 당시 즉각 수사 기관에 말했더라도 제대로 수사가 이루어지기 어려울 것이라 생각했다. 두 번의 피해는 해외에서 일어난 일이었다. 아무도 내 말을 믿어주지 않을 것이라 생각했다. 내가 안희정을 수행하면서 보아온 세계는 권력의 상층부에서 나 같은 사람의 이야기가 간단히 무시되고 억압될 수 있음을 내내 일깨웠다.

인사권을 쥐고 있는 자의 범행이었기에 두려웠다. 안희정은 성폭행을 한 후에 매번 즉시 사과했다. 다시는 그러지 않겠다고 사죄했다. 미련하지만 그 말을 믿었다. 믿고 싶었다. 믿어야 했다. 매번의 범죄를 애써 독립된 것으로 여겼고, 매번 그것이 마지막일 줄 알았다. 내겐 계속되는 업무가 있었고 나는 주어진 일에 소홀할 수 없었다. 모든 커리어를 포기하고 이미 새로운 조직에 들어온 상황에서 선택할 수 있는 것은 적었다. 상사와 주변의 평판이 절대적인 이곳에서 조금이라도 어긋난다면 나는 어디로도 갈 수 없음을 잘 알았다. 월급을 받아 학자금을 갚고, 가족을 부양해야 했다. 일이 끊기면 바로 생계에 지장이 왔기에 바로 관두지 못했다. 다른 일을 구하기 위해서라도 내가 먼저 그만둬서는 안 됐다. 이 거대 권력 안에서 어떻게라도 눈 밖에 나면 나는 어떤 일도 구할 수 없을 것 같았다.

그러나 그가 미투를 언급하며 네 번째 범행을 내게 가할 때 나는 이것이 마지막이 아닌 또 다른 처음일 수 있음을 깨달았다. 그의 사과는 아무 의미가 없다는 것을 어느 때보다도 선명히 깨닫게 되었다. 진정한 사과가 아니었다. 다음 범죄를 위한 수단이었다. 그저 나를 범행에 이용하고 묶어두기 위한 목줄 같은 것이었다.

수행비서일 때는 안희정과 업무 시간 내내 같이 있어야 했기에 다른 생각조차 할 수 없었다. 그가 옆에서 나를 계속 감시하는 느낌이었다. 정무비서로 보직이 변경되고 나서야 안희정에게서 도망쳐 나올 생각을 하게 되었다. 마지막 범행을 당하고 도와주겠다는 선배의 말을 들은 후에야 무기력에서 깨어날 수 있었다. 이후 찰나를 틈타 지옥에서 탈출했다.

여러 피해자 중에 나는 가장 빨리 도망쳐 나온 사람

이 되었다. 웅크린 채 숨 못 쉬고 있는 피해자는 여전히 존재한다.

모든 과정은 위력 그 자체였다

"조배죽".

안희정 조직의 회식 자리에서 고위 참모가 종종 하던 건배사다. "조직을 배신하면 죽는다"는 뜻의 이 건배사를 모두가 웃으며 따라했지만, 의미는 뇌리에 새겨야 했다. 어떤 이유에서든 조직의 명을 따르지 않거나 먼저 발을 빼면 배신자 취급을 받는다는 것을 서로에게 주입하는 과정이었다. 예를 들어 조직에서 겉도는 사람이 생기면 그는 이후 중요한 정보로부터 배제되고, 조금씩 배척되었다. 평판은 자연스럽게 나빠지고 다른 직장으로 옮기기도 어려워진다. 이런 모습들은 조직의 강고함을 주지시켰고 사람들은 위성이 되어 조직 밖으로 겉도는 상황을 스스로 경계해 '조배죽'을 기억하며 충성을 다했다. 때문에, 조직 내 충성 경쟁이 심했다. 그것을 견디지 못하거나 충성 경쟁에서 살아남지 못한 사람들은 아예 정치권을 떠나기도 했다. 생사여탈권은 조직 상위의 소수 몇 명에게 있었다.

결국 조직을 나온 나는 공공의 적이 되었다. 안희정을 대통령 만들고 그 곁에 오래 있으려던 사람들에게 나는 '조배죽'의 대상이었다. 한 나라를 경영하겠다는 '대의'로 모인 사람들의 조직을 뛰쳐나왔기에 내게 가해지는 형벌은 더 가혹했다. 온라인의 댓글, 주변의 평판, 지인들을 동원한 조직적인 죽이기까지 다양한 보복이 시작되었다. 악성 댓글을 달고, 법정에 나와 위증을 하고, 유언비어를 퍼트리는 것은 작은 사례에 불과하다.

미투 이후 모든 과정은 위력 그 자체였다. 나는 사실을 밝히면, 물론 어렵고 시간이 걸린다 해도, 모든 것이 제자리를 찾을 줄 알았다. 그러나 현실은 달랐다. 내 생각은 순진했다. 내가 상대해야 할 가해자는 한 명이 아니었다. 여전히 살아 움직이는 권력 조직이었다. 내가 순진했음을 깨닫고 후회한 적도 많다. 안희정은 30대에 대통령을 만들었고 이후 재선 도지사, 유력 대선 후보로서 권력을 가진 수많은 사람과 친분관계를 맺어왔다. 그렇게 맺어진 관계는 촘촘했다. 관계가 곧 권력이 되는 한국 사회에서 안희정은 도지사직을 내려놓았지만, 아무것도 잃지 않았다. 수사와 재판이 진행되는 동안 안희정의 증인으로 나섰던 일부 사람들의 직급이 급상승했다는 이야기가 들려왔다. 오랜 시간 '대의'라는 명분으로 뭉쳐 주류로 살아온 권력자들 그리고 그들과 관계 맺은 광범위한 사람들이 건재한 이 사회에서 내가 의지할 곳은 정의롭게 나서주는 소수의 몇 사람뿐이었다.

캠프에 들어간 이후 짧은 기간이지만 정치권에 있으면서 많은 것을 보았다. 영화 속에서나 일어날 법한 일들은 대부분 현실에 기반하고 있었다. 나는 끝까지 버틸 수 있을까? 대통령 만들기라는 대의 아래서 주군을 위해 범죄를 저지르는 것을 당연시할 뿐 아니라 영웅처럼 칭송하던 조직의 사람들에게 나는 앞으로 어떻게 처리될까? '안희정의 ○○○'임을 캐치 프레이즈로 내세우고 그 후광으로 국회의원이 된, 이제

재선을 노려야 할 의원들에게 이 재판은 어떤 의미일까? 답이 정해져 있는 싸움을 나는 왜 하고 있을까? 다들 두려워하는 싸움을 왜 나같이 아무것도 아닌 사람이 하고 있을까.

　　나의 미투로 세상의 무엇이 바뀔지는 예측할 수 없었다. 상상조차 하지 않았다. 하지만 이전과 이후가 달라지기만을 간절히 기도할 뿐이었다. 벗어나고 싶었고, 또 다른 피해자를 막고 싶었다. 아무리 힘센 사람이라도 잘못을 하면 있는 그대로 처벌받아야 한다는 진리를 명확히 하고 싶었다. 한 인간의 힘으로 다른 이의 인권을 빼앗아서는 안 된다고 외치고 싶었다. 그것뿐이었다.

큰일과 작은 일

조직은 민주적이지 않았다. 안희정을 비롯한 일부 고위 참모에 의해 의사결정은 대부분 일방적으로 이루어졌다. 지시하고 따르는 구조였다. 안희정의 오래된 참모들은 수행비서 일을 막 시작한 내게 진심인지 떠보는 건지 모를 말들을 묻곤 했다. "가까이서 보니 실망스럽지 않니?" "우리도 영혼과 자유를 빼앗겼지." 처음엔 잘 이해하지 못했고, 알게 되었을 때는 정체성에 혼란이 왔다. 조직과 조직의 구성원들은 대통령 만들기라는 프로젝트 아래 쓰이는 도구들 같았다.

예를 들어 24시간 착신 전화기처럼 말이다. 나는 밤이든 낮이든 지사에게 오는 전화를 대신 받고 기록하는 도구였다. 원할 때만 착신 전환을 직접 풀어 전화를 사용하는 지사가 전화를 걸고자 할 때에도 도구의 역할은 같다. 지사가 통화를 원하면 수행비서를 방으로 부른다. 지사는 전화번호를 직접 누르지 않는다. 수행비서가 전화를 건다. 송신음을 듣다가 전화가 연결되면 귀에 가져다 대드린다. 상대방 목소리가 나오는 순간에 딱 맞춰 전달해야 한다.

안희정의 잦은 외부 강연과 해외 출장이 언론과 의회에 의해 여러 차례 지적을 받았다. 그러나 안희정은 하던 대로 밀고 나갔다. 처음부터 1월엔 스위스, 2월엔 호주, 3월엔 중국, 4월엔 일본 등 한 달에 한번 해외 출장 계획을 잡으라고 지시했다. 일부 사람들은 퇴임 이후 안희정의 해외 유학 계획을 짜고 있었다. 현직 도지사보다는 미래 국가 지도자에 걸맞은 계획이었다. 안희정과 조직에게는 대통령 만들기로서의 계획이 있었다.

안희정이 해외에 가 있는 동안에는 조직 구성원들도 휴식을 취했다. 업무를 지시할 사람이 없으니 모두 해외 휴가를 다녀왔다. 나는 갈 수 없었다. 안희정이 퇴임 이후 사용할 일명 '안희정 포털'을 만들어야 했다. 8년 동안 도지사로서 행한 정책과 인명 기록들을 정리하고, 향후 대선 레이스에서 사용할 데이터베이스를 축적하는 일이었다. 중요한 일이었다. 그러나 도와주는 사람이 거의 없었기에 도청에 들어간 지 채 6개월밖에 안 되는 내가 프로젝트 매니저가 되어 일을 추진해야 했다. 일부 참모는 재판 중에 '이 작업을 위해 전문가를 소개시켜줬고, 자신들도 열심히 도와줬다'고 증언했지만 실제로는 제대로 된 도움을 받지 못했다. 예정된 회의에도 대부분이 다른 이유를 대며 참석하지 않았다.

일반 공무원들도 이 작업을 탐탁지 않게 보았다. 합법적인 일 처리처럼 보이게 하면서도 실제로는 도청 예산을 이용해 개인 포털을 만드는 일이었다. 일의 이면을 들여다본 사람들은 쉽게 알 수 있었다. 대통령 만들기라는 미명하에 일을 끝내기를 재촉받았지만 제대로 일할 수 없었다. 도와주기로 했던 일반 공무원은 사무실에 와서 내게 커피를 타오라고 시키고는, 이어 커피를 마시며 '이 일은 불법이고, 자신은 일반 공무원이기 때문에 적극적으로 도와줄 수 없다'고 말한 뒤 돌아갔다.

조직 내 선배들에게 일 처리 과정의 불법성에 대해 말했지만, 대답은 여느 때와 크게 다르지 않았다. "큰일 앞에 작은 일은 희생해야 한다." 어떻게든 끝마치라는 것이다. 내가 본 도청 안 대부분의 일이 그랬다. 도청 예산을 활용해 안희정 지지자들을 위한 숙소비를 제공하기도 했고, 개인적인 지인들에게 선물을 돌리는 일은 흔했다.

2심에서 안희정이 법정 구속된 이후에도 일부 언론은 여전히 안희정의 출마를 말했다. 대권 주자로서 어려움을 겪고 있지만, 무죄를 받으면 다시 대권 주자가 될 수 있다고 말이다. 그들의 기준으로 나뉜 큰일 앞에 여전히 작은 일은 무시되고 있었다. 그 기준에서 무엇이 큰일이고 무엇이 작은 일인지 나는 여전히 알지 못한다. 적어도 내게 있어 큰일은 인간으로서 최소한의 존엄을 보장받을 권리다.

여자다움

"여자가 있으면 분위기가 좋아져. 지사님이 부드러워져."

　　　그리고 그렇게 분위기를 풀 수 있으면 그것만으로도 내 역할은 충분하다는 말을 들었다. 처음 들었을 때는 무슨 말인지도 잘 몰랐다. 불쾌했지만, 그 말이 성희롱이며 어떻게 부당한 것인지조차 인식하지 못했다.

　　　평소에도 화장은 이렇게, 복장은 이렇게, 평소 표정과 말투는 이렇게 하라 같은 지적을 많이 받았다. 다른 직장도 여러 차례 경험했지만 이곳에 오기 전까지 외모 품평을 이렇게 많이 들어본 적은 없었다. 구두 굽이 조금만 낮아도 "넌 키가 작으니 높은 굽을 신으라"고 했다. 그런 색 옷 말고 이런 옷을 입어보라거나, 어떤 디자인을 입으라는 말을 들었다. 대부분이 남성인 조직 안에서 그들은 "그래, 화장은 오늘처럼 하면 되겠다." "살이 좀 찐 것 같은데. 사이즈가 달라졌네?" 같은 말들을 툭툭 내뱉었다. 불쾌하고 수치스러웠지만 차츰 무뎌지기도 했다.

　　　안희정도 마찬가지였다. 출근을 하면 내 얼굴부터 발끝까지 몸을 위아래로 훑어보았다. 내 속눈썹을 살피기도 했고, 화장과 옷에 대해 평했다. 다른 직원들이 말하는 건 불쾌한 수준이었지만 안희정의 말과 행동은 공포였다. 눈빛이 너무나 무서웠다. 온몸에 닭살이 쭈뼛 섰고, 불안한 심경을 티내지 않으려 마음을 다잡아야 했다. 이 상황이 여러 번 반복되자 누군가 먼저 이런 일을 알아주고 막아주기를 바라기도 했다. "혹시 지사님 눈빛 알아?" "지사님 눈빛 무섭지 않아?"라며 주변의 여성 동료들에게 은근히 물은 적도 있다.

남성 중심의 조직 문화가 강한 정치권에서 여성을 대상화하여 품평하는 일은 너무도 흔했다. 내가 속해 있던 조직뿐 아니라 정치권의 다른 조직원들을 만날 때도 외모 품평은 수시로 이루어졌다. 짧은 인사와 반가움의 표현조차 외모와 옷차림에 대한 것들이었다. 내가 아닌 남성 수행비서들에게도 이런 질문들이 일상이었을까. 아마 그렇지 않았을 것이다.

안희정의 성폭력이 일어나기 전 동료가 나를 성희롱하고 성추행한 일이 있었다. 이를 어렵게 조직에 말했을 때 제대로 된 조치를 받지 못했다. 가해자와의 분리도, 가해자에 대한 징계도 없었다. 어물쩍 덮이고 무마되었다. 내가 들었던 말은 "너 말고 그 자리 앉힐 사람 많아"였다. 그러니 감수하라고 했다. "앞으로 이런 비슷한 일로 또다시 시끄럽게 한다면 오히려 잘리는 건 너야"라는 메시지를 강하게 받았다. 하물며 이후 일어난 최고 인사권자의 범행에 대해 내가 상담하고 호소할 곳이 있었을까? 여자 수행비서는 처음부터 하나의 물건이었다. 대상화된 객체였다.

상대적으로 어린 내게 선배들은 반말과 비속어, 욕설을 쉬이 내뱉었다. 나보다 나이가 적은 남자들도 자신이 정치권 선배라며 선배로 대우받기를 원했다. 이곳의 위계질서에서 나는 가장 하층민으로, 모두의 비위를 맞춰야 하는 조직의 막내였다. 이토록 위계를 중시하면서도 호칭은 '오빠'

라고 부르라는 사람들이 많았다. 나이 차이는 중요하지 않았다. 일터에서나 술자리에서나 늘 대화의 첫마디는 "오빠가⋯⋯"로 시작했다. 징글징글했다. "나는 당신 같은 오빠 없습니다. '여동생 같아서'라는 말 제발 그만하세요." 수도 없이 그렇게 외치고 싶었다.

나는 미투를 하고 나서야 높은 굽에서 내려왔다. 미투 이후에야 주변에서 처음으로 내게 물었다. "신발이 너무 높은 거 아니에요? 힘들어 보이는데." 그러고 나서 활동가가 내게 운동화를 선물했다. 끝없이 외모 품평을 받던 환경에서 시작된 높은 굽 생활이 끝나던 날이었다. 불편한 줄도 몰랐던 그 굽 높은 신발이 정말로 불편하다는 것을 알게 되었고, 운동화를 신게 되었다. 물론 가끔은 내 의지로 높은 굽도 신고, 멋진 옷도 입고 싶다. 어디까지나 내가 원할 때 말이다.

권력자, 수행비서를 자르다

어느 날 갑자기 수행비서를 그만하라는 이야기를 들었다. 시작한 지 4개월 만이었다. 1년은 고생하라는 말을 듣고 채용된 이후 갑작스러운 통보였다. 늘 벗어나고 싶었지만, 업무에서 경질된다는 느낌을 강하게 받았다.

전임자나 주변 사람들에게 당혹스럽다고, 내가 뭘 잘못했는지 모르겠다고 물어보았다. 긴장시키려고 말만 그러는 것이다, 수행비서는 웬만해서는 안 바꾼다, 그렇게 짧게 한 적 없으니 걱정 마라, 너 잘못한 것 없다, 지금 잘하고 있다. 그런 격려를 들었다. 진짜로 그만두게 되지는 않을 거라고 나를 위로해주었다.

하지만 다시 얘기가 나왔다.

"수행비서 이제 그만해라. 바로 인수인계해라."

일을 시작할 때 모든 것이 급작스러웠듯, 그만두는 때에도 동일했다. 수행비서는 원래 순환보직이라는 말뿐 변경 이유도 듣지 못했고, 관두고 무슨 일을 하게 되는지도 명확치 않았다. 내 전임자가 해고 며칠 전 통보받고 잘려나가던 모습이 떠올랐다.

'내가 도대체 뭘 잘못한 거지?'

'일을 하면서 어떤 실수를 했을까?'

'왜 이렇게 서두르는 거지?'

'앞으로 나는 어디로 가서 무슨 일을 하게 되는 거지?'

그 외에 다른 이유는 듣지 못했다. 정식으로 고지받은 것이 없는 채로 무성한 수군거림만 들렸다. "김지은 도청에서 잘렸대." "수행비서 못해서 잘렸대." "수행비서 관두고 서울로 가요?" "수행비서에서 잘린 거는 뭔가 이상한 거 아니냐?" "너 가지고 장난치는 거냐? 어떻게 수행비서를 몇 개월짜리로 두고 잘라?" "원래 그 자리 내 자리였는데, 내가 안 한다고 한 거였어." "원래 여자가 하긴 어려운 자리야. 이제 수행비서 다시는 할 생각 하지 마."

그만둘 때는 시작할 때와 마찬가지로 까닭 없는 냉대와 차가운 시선을 받았다. 짐을 빼서 다른 비서실로 옮길 때는 무거운 상자를 혼자서 옮기는데 빨리 나가지 않는다며 큰소리를 들었다. 황급히 쫓겨 나왔다. 불안한 상황 속에서 동료에게 당한 대우가 너무 비참해서 소리 없이 눈물이 흘렀다. 이때 보였던 눈물은 이후 안희정과 멀어져서 울었던 것이라는 거짓말이 되어 세간에 돌았다. 정무비서가 된 것은 승진한 것인데도 내가 슬퍼했다는 거짓 주장도 나왔다. 역시 잘못된 사실이다. 급수는 그대로였고, 보직만 변경되었다.

당시 내가 상의했던 선배들은 내가 어떤 이유로 보직 변경을 힘들어했는지 누구보다 잘 알고 있었지만 법정에서는 다르게 증언했다. 하지만 항소심 재판이 비공개로 열리자 "1심 때는 공개재판이라 말하지 못했다"며 진술을 달리했다. "피해자가 정무비서로 옮길 때 호소한 취지는 '수행비서에서 정무비서로 가면 공무원들이 깔본다' '한직인 거 아니냐'였다." 다른 두 사람도 같은 결의 증언을 했다. 수행비서를 하면서도 여자라는 이유로 비협조적이었는데, 정무비서가 되면 더 심할 것이 뻔했다. 무엇보다 가장 불안하고 괴로웠던 것은 내게 왜 정무비서로 가는지 아무도 이유를 말해주지 않는다는 사실이었다. 현실이 납득되지 않았다. 주변에서 내가 '잘렸다'고 여기는 것이 오히려 자연스러운 상황이었다. 잘리고 잘려가는, 밀리고 밀려가는, 버려지고 버려져가는 과정에 있다고 생각했다. 당시 나는 다시는 어떤 일도 구할 수 없게 될까 두려웠다. 내게 일은 언제나 가장 절실한 것이었다. 직장을 잃는 것만큼 숨통이 막히는 상황은 없었다.

실제로 보직 변경 후 다들 나를 일 못해서 잘린 사람으로 대했다. 도움이 절실했다. 외부에 있는 선배에게 도움을 구하기도 했다. 이런 상황에서도 내게 업무는 주어졌고, 일을 해야만 했기 때문이다. 모든 무리한 상황에서도 결국 일에 매달렸다.

성희롱 사건 보도를 막아라,
지사님 심기가 언짢으시다

정무비서로 근무할 때, 충남도청에서 상급 공무원이 기간제 근로자였던 계약직 여성을 대상으로 한 성희롱 사건이 일어났다. 피해자가 1차 신고를 한 다음 날 상급 공무원은 피해자의 연봉을 깎는 기안을 작성했고, 피해자는 '감독 공무원의 말을 따라야 하며 그러지 않을 경우 계약 해지 등 불이익을 감수한다'는 내용의 서약서에 서명할 것을 강요당하기도 했다. 동시에 상급공무원의 사무분장표에는 '기간제 근로자 인력 운영'이라는 새로운 업무 내용을 추가했다. 자신이 피해자의 '감독공무원'임을 명시한 것이었다. 충남도청은 2차 피해 우려가 있는데도 가해자와 피해자를 분리하지 않은 채 같은 사무실 공간에서 일하도록 했다. 피해자는 심한 심리적 압박을 받았고, 결국 분리를 요청했다. 도청은 가해자를 다른 팀으로 발령 내렸지만 결국 사무실은 동일했다. 당시 사건은 언론을 통해 처음 알려졌다.

　　이 사건에 대한 참모진들의 반응은 안희정의 심기를 살피는 말로 시작됐다. "기사로 지사님이 많이 언짢으신 듯." 단체 회의의 첫마디였다. 실제로 안희정의 심기는 매우 좋지 않았다. 조직은 아침부터 안희정의 눈치를 살폈다. 그 사건이 외부로 알려진 것에 당황한 기색이 역력했다. 그간 공들여온 이미지에 타격을 입을까 봐 모두 전전긍긍했고 공보 담당자들은 언론에서 더 이상 이 사건을 다루지 않도록 총력을 기울였다. 사건은 지역 언론에서만 다뤄졌고, 중앙 언론에는 실리지 않았다.

최고 권력자의 심기와 이미지 관리를 위한 그 논의와 결정들 속에서 피해자는 애초 고려 항목에 있지도 않았다. 사건 관련자들은 하나의 객체이자, 어디로 옮겨 붙을지 모를 불씨였다. 오직 그것을 조용히 끄는 데에 모두의 관심이 있었다. 누군가에게는 인생과 생계가 달린 일이었음에도 그에 대한 관심은 없었다. 도청 어느 부서에 있는 이름 모를 계약직 직원인 피해자가 어떤 상황에서 어떤 어려움을 절절히 호소했는지는 고려되지 않았다.

'물증이 없다고 결론 난다.' '잘 챙겨라. 언론과 여성계에 파장이 클 듯싶다.' '보안 중시해라.' '지사님 스탠스가 중요하다. 제도 개선 쪽으로 야마를 잡아야 한다.' '도청 직원 사이 문화를 되새김질하는 기회로 삼아야 한다. 위원회 조사 결과에 대해서는 투명하게 브리핑해야 한다. 발표를 안 하면 오히려 문제가 커진다.' 등등의 이야기들이 오갔다. 어떤 기조로 브리핑을 해야 유탄을 안 맞고, 어떤 스탠스를 취해야 인권과 젠더를 중시하는 이미지를 지속적으로 유지할 수 있을지에 관심이 집중되었다.

당시 성희롱 사건에 대한 조사에 문제가 있다는 것은 참모 조직도 알고 있었다. 문제없다는 결정을 내린 성희롱고충심의위원회(이하 위원회)의 구성은 비전문가인 내부인 위주였다. 심지어 한 심의위원은 심의 자리에서 피해자에게 사안과 전혀 관련 없는 "어떻게 이 사건을 언론이 알게 되었느냐?"는 질책성 질문을 했다고 들었다. 이미 기울어진 운동장을 더 기울게 해준 셈이었다. 외부에서의 문제 제기도 있었다. "내 식구 감싸기라는 전형적인 패턴을 단 하나도 벗어나지 못했다. 공공기관으로 책무를 충실히 했는지 되돌아봐야 한다."[2] 그러자 조직에서는 파장을 고려해 출구 전략에 대한 논의가 이어졌다.

논의 중간에 내가 할 수 있는 말은 많이 없었다. 거대한 조직 앞에 혼자 서 있는 피해자의 모습이 떠올라 마음이 먹먹했다. 한참을 입에 머금고 있다 다시 목구멍 뒤로 삼켰다. 심한 무력감을 느꼈다. 그 피해자의 일이 내게는 남의 일이 아니었다. 나의 일이기도 했다. 돕고 싶었지만 결국 아무것도 하지 못했다. 내가 문제제기한다면 돌아올 이야기는 뻔했다. '이런 일에 왜 네가 나서냐' '조용히 하라' '가만히 있으라' '본인이 아니면 모르는 일이다'라는 말이 이미 귓가에 맴도는 것만 같았다.

도청 성희롱 사건에 대해 깊이 있는 대화는 이어지지 않았다. 바로 이어진 화제는 안희정이 스위스 다보스포럼으로 출국할 때 공항패션으로 사진 기사를 한번 내는 게 어떻겠냐는 주제였다. 토론은 활발히 이어졌다.

이후 도청 공무원의 성추행 기사가 잦아들지 않자, '양성평등과 인권을 중요한 도정 가치로 추구해온 만큼 성희롱 예방과 대응에 지휘부부터 각별한 관심을 가지고 노력하겠다'는 스탠스가 좋을 듯하다는 의견이 참모들 사이에서 다시 나왔다. "안희정의 인권 도정에 걸맞은 진보적이고 획기적인 개선 방안을 함께 발표"하자는 의견도 함께였다. 심지어 "이런 사례는 가해자가 역차별이라고 느낄 정도의 수준으로 조사를 해서 거기서 불만이 나오게 해야 하는데, 좀 허술한 조사가 아니었나"라며 위원회를 향한 푸념이 나오기도 했다. 그렇게 언론 대응에 분주한 가운데 정작 내부의 사건 처리는 유야무야되었다.[3]

비서 업무의 특수성과 권력 관계

이는 미투 이후 내게 지지를 보내준 분의 탄원서 일부다. 공공기관에서 비서를 했던 분이다. 비서라는 직업에 요구되는 희생과 업무 성격에 대한 이해를 바탕으로 보내주신 지지와 연대의 말씀에 감사드린다.

존경하는 재판장님께

    본 탄원서 제출자는 정부 공공기관에서 비서직을 수행한 바 있는 당사자로서 비서 업무의 특수성과 그 안에서 발생하는 권력 관계, 그리고 그 권력의 결과로 실행되는 상사의 위력에 대해 설명하고자 합니다. (중략)

    비서 업무는 상사와 매우 높은 상호의존적 업무 관계를 가지며 상사와 일 대 일 관계로 업무 수행이 이루어지는 전문적이고 특수성을 지닌 분야임을 고려해야 합니다. 또한 통상적인 업무 수행에 있어 공과 사의 경계가 모호하며 그 관계도 종속적 특성이 매우 높습니다. 상사의 권력 행사는 다양한 모습을 가집니다. 비서직의 업무 특수성이 권력의 다양한 모습과 어떤 관계를 맺는지 살펴보는 것은 이 재판의 중요한 사안입니다. 이 탄원서의 목적은 비서직이라는 업무의 특수성이 가지는 상황, 그리고 권력과 관계 맺는 방식을 설명하면서 위력이 어떻게 실행되는지 설명하고자 합니다. 더불어 피고인 안희정은 공공기관의 전 기관장으로 큰 영향력과 권력을 가진 사람입니다. 그 어떤 대상보다도 엄격한 도덕성이 요구되는 위치에 있는 책임자임에도 불구하고 자신의 권력을 남용하고 폭력을 행사했습니다. 높은 신뢰관계를 필요로 하는 자신의 수행비서에게 성폭력을 행사한 자로서 엄중한 처벌을 해주시기 바랍니다.

1. 비서직 업무의 특수성―기관장의 심기를 중심으로

미국전문비서협회(International Association of Administrative Professional: IAAP)는 비서를 "숙달된 사무 기술을 보유하고 직접적인 감독 없이도 책임을 맡는 능력을 발휘하며, 창의력과 판단력으로 주어진 권한 내에서 의사결정을 내릴 수 있는 간부적 보좌인"이라고 정의하고 있습니다. (중략)

기관장의 비서는 상사에게 가장 밀착하여 보좌하는 자리입니다. 비서의 업무는 비정형적인 특성을 가지고 있어서 업무 정도와 양을 예측하기가 어렵고, 업무의 범위가 불명확하기도 해서 공사구분이 모호합니다. 여기에 업무가 동시다발적이고, 돌발성을 가지며, 순간 상황에 대한 정확하고 빠른 판단과 행동이 필요해서 업무 긴장도가 매우 높습니다.

저와 같은 경우, 담당자에게 업무 인수인계를 받을 때 제게 강조했던 것이 "기관장의 심기를 파악하는 것이 가장 중요"하다는 점이었습니다. 예를 들면 기관장이 질문할 때 즉시 답변할 수 있도록 기관의 조직도를 외우고, 보직자와 직책자의 이름과 전화번호를 업무를 시작한 첫날 모두 외워야 했습니다. 기관장의 업무스타일, 성향, 좋아하는 음식, 좋아하는 장소, 시간 관리, 그간 해오신 업적, 경력과 관련된 인적 네트워크 파악, 가족들에 대한 사항 등 업무에 대한 것뿐만 아니라 기관장의 모든 것을 총동원해서 파악하는 일이 주어졌습니다. 기관장의 심기를 파악하기 위해 주어진 일 중에 가장 황당한 것은 기관장실에 있는 기관장이 현재 책을 읽고 있는지, 화장실에 계신지, 오침을 취하고 계신지를 파악하라는 것이었습니다. 벽과 문으로 둘러싸인 기관장실을 엿보지 않으면 알 수 없는 상황이었습니다. 처음 업무를 익히며 이해가 되지 않아 기관장실에 있는 기관장의 상태를 어떻게 파악하느냐고 했더니 실제로 돌아온 답변은 "염력과 같은 초능력이라도 사용해야 한다"는 답변을 들었습니다. 조금 어이가 없었지만, 실제 업무를 해보니 담당자가 왜 그런 말을 했는지 충분히 이해가 되었습니다. (중략)

1) 일정 관리의 다양한 상황과 맥락

비서 업무의 가장 기본인 일정 관리에 대해 예를 들어 설명하겠습니다. 다양한 일정이 있지만 매일 해야 하는 오찬 일정에 대해 안내 드리면 보통 오찬 일정은 대부분 보름 전부터 세팅됩니다. 연말 같은 경우는 한달 전부터 오찬 일정이 잡히는데 일정을 잡을 때 중요하게 고려해야 할 사항은 적당한 장소와 동선의 파악입니다. 우선 오찬에서 만날 대상의 특성에 따라 장소를 확인합니다. (…) 이때 중요한 점은 기관장의 식성과 취향, 좋아하는 장소를 먼저 파악하여 정하되, 조찬과 만찬의 메뉴가 겹치는지 확인하고, 어제와 내일 일정에서의 메뉴도 고려해야 합니다. (…) 행사에서 식사를 함께 하게 된다면 더욱 긴장됩니다. 식사를 할 생각조차 할 수 없고, 필요로 하는 다른 것이 없는지 기관장의 표정을 살펴야 합니다. 또 행사 중에는 기관장이 보이는 곳에서 비서를 찾는 것은 아닌지 끊임없이 기관장의 표정과 행동을 분석하고 지근거리에서 밀착해 보좌해야 합니다.

2) 업무의 중심은 기관장의 "심기"

이렇게 한 가지 업무를 추진할 때도 최적의 상태를 만드는 데 만전을 기해야 합니다. 기관장의 심기를 헤아려 조금도 불편함이나 불쾌감이 들지 않도록 세심한 주의를 기울여야 하는 것이 비서의 중요한 역할이기 때문입니다. 기관장은 중요한 역할을 하는 사람이기 때문에 모든 것에 효율성이 담보되어야 합니다. 그 효율성을 좌우하는 것이 바로 심기입니다. 모든 업무의 중심은 기관장의 "심기"가 될 수밖에 없고 기관장의 심기를 거스르지 않기 위해 상황과 정보를 끊임없이 파악해야 합니다. 제가 기관장을 모시는 4년 동안 딱 한 번 일정 업무에서 실수를 한 적이 있습니다. 기관장이 개인적으로 약속을 잡고 저에게 알려주지 않은 일정이 있었습니다. 알려주지 않더라도 제가 여쭈어보고 확인했어야 하는데 서로 확인하는 것을 잊었던 것입니다. 결국 상대방에게 장소가 안내되지 않아 제가 모시던 기관장이 오찬 장소에서 혼자 30분을 기다렸던 일이었습니다. 전화로 불벼락이 떨어졌고, 저는 어찌해야 할지 몰라 당황했습니다. 해고당할 수 있다는 생각에 사직서를 작성하고 기다렸습니다. 컴퓨터 파일도 정리하고, 함께 일하던 다른 비서에게 중요한 업무를 알려준다며 인수인계를 했던 경험이 있습니다. 결과는 해고당하지 않았고, 크게 꾸중을 듣는 것으로 일은 마무리되었지만, 그 후 저의 불안감은 더 커지고, 업무를 완벽히 해야 한다는 강박에 시달려 병원에서 약을 처방받아 복용하기도 했습니다.

제가 설명드린 일정을 잡고 확인하는 업무는 하루 중 발생하는 수많은 업무 중에 일부입니다. 결재와 관련된 사항을 보고하기 위해 업무를 파악하고, 미리 확인해야 합니다. 그러기 위해서는 절대 시간이 필요해서 매일 아침 5시 40분에 집에서 출발해 첫차를 타고 기관에 출근했습니다. (…) 이렇듯 기관장과 비서의 업무 관계는 시간, 공간적으로도 밀착되어 있지만, 정서적인 면에서도 밀착하여 기관장의 심기를 편하게 하는 것이 가장 중요한 핵심 업무입니다. (중략)

3) 업무 고충 처리는 꿈도 꿀 수 없는 구조

비서는 한 가지 업무를 수행하기 위해 조직 내외의 여러 관계자와 구성원들과의 중계자 역할을 해야 하는 특성을 가지고 있습니다. 실제 이 많은 일들을 처리하기 위해서는 함께 일하는 사람들과의 소통과 협력이 매우 중요합니다. 구성원들 사이에서도 기관장을 둘러싼 권력의 다툼이 있기 때문에 이런 협력을 이끌어내는 것이 가장 어려운 점이기도 합니다. 그런데 이런 협력을 이끌어내야 하면서도 비서의 자리는 지리적으로도 다른 부서와 동떨어져 있어서 기관장이 아닌 다른 조직원들과는 대면 기회가 상당히 부족합니다. 또한 업무상 비밀을 유지해야 하는 일도 상당하기 때문에 동료들과의 친밀한 관계를 맺기가 비교적 어렵습니다. 실제적으로 비서는 심리적, 육체적 측면에서의 어려움과 낯선 환경과 사람들 사이에서의 외로움, 전문 비서 역할에 대한 회의, 개인 감정을 표현하기 어려운 점, 출퇴근에 맞춘 생활 리듬에 적응하는 것 등 다양한 어려움이 있습니다. 하지만 이에 대해 논의하거나 상의할 사람이 없다는 것이 가장 어려운 부분이기도 합니다. (…) 자칫 저의 업무 고충을 말했다가 그것이 기관장에 대한 험담으로 여겨질 수 있다는 우려에 어려운 점을 말하는 것은 꿈도 꾸지 못했습니다. (중략)

2. 비서직의 종속성—기관장의 권력 관계를 중심으로

기관장 개인의 면모는 권력의 크기와 형태에 영향을 미칩니다. (중략) 기관장의 권력의 크기와 형태에 따라 종속의 정도도 달라지는데, 제가 모신 기관장은 상대적으로 큰 권위를 가지고 도덕적 실천을 게을리하지 않는 분이기에 비교적 빠르게 신뢰를 형성할 수 있었습니다. 나아가 비서의 정체성을 넘어 기관장 분인의 정체성이 내 안에 있다고 믿을 만큼 강력한 종속 관계를 형성하게 되었습니다.

1) 비서의 정체성을 넘어 기관장의 분인으로

비서의 가장 중요한 역할은 기관장의 심기를 거스르지 않고, 모든 업무를 효율적으로 처리할 수 있도록 조력하는 일입니다. 제가 모신 기관장은 비교적 큰 권력을 지니고 있었고, 기관 내에서도 그 권위가 상당하여 기관장의 뜻을 무조건적으로 수용하는 분위기였습니다. 기관장은 어떻게 생각하는지, 이럴 때 어떤 판단을 내릴지, 어떤 선택을 할지를 계속 생각해야 했습니다. 그래서 비서의 정체성을 넘어 마치 기관장의 분인인 것처럼 업무에 임해야 할 때도 있습니다. 그렇게 할 때 지시하지 않아도 기관장의 니즈를 파악해 알아서 업무를 처리할 수 있기 때문입니다. 앞서 말씀드린 오찬 일정과 관련해 장소와 메뉴를 정할 때 조찬과 만찬 일정을 고려해 메뉴가 중복되지 않도록 하는 것이 있습니다. 이때 비서는 대부분 "같은 메뉴를 반복하면 싫겠지?"라고 생각하지 않고, 내가 기관장이 되어 "또 같은 메뉴야?"라고 생각해야 하는 것입니다. 왜냐하면 "같은 메뉴를 반복하면 싫겠지?"라는 것은 저의 개인적 입장이 들어간 사항입니다. 그러나 "또 같은 메뉴야?"라는 것은 기관장 입장에서, 기관장이 선호하는 음식을 생각하며 고려하는 것입니다. 실제 업무에서 후자와 같은 입장을 취해야 동시다발적이고 돌발적인 상황에서도 당황하지 않고 일을 처리할 수 있기 때문입니다. (…) 선배가 늘 제게 했던 이야기가 "총장님 입장에서 총장님처럼 생각해야 해!"입니다. 선배 비서가 받았던 최고의 칭찬은 "자네는 내 뱃속에 들어가 있는 것 같구먼!"이었습니다. 이 말은 기관장이 최고로 만족했을 때 하는 말이기 때문입니다. (중략)

2) 상사의 지시를 거스른다는 상상조차 할 수 없음

위와 같이 비서의 정체성을 넘어 기관장의 분인으로 생각해야 하는 종속적인 상황에서 상사의 지시를 거스른다는 것은 상상조차 할 수 없습니다. 만약 상사의 지시를 거스르거나 이의를 가지고 있다면 비서로서의 역량을 발휘할 수 없으며, 비서 역할을 할 수 없습니다. (…) 상사의 지시를 거스르는 것도 아니고 딸아이 초등학교 입학식에 참석해야 해서 오전에 잠깐 휴가를 내는 것도 일주일을 고민할 만큼 제게는 너무나 큰 권력을 가진 분이었습니다. 저는 가정의 생계부양자였기에 직업의 안정이 무척 중요했습니다. 비서의 업무는 그 어떤 세계보다 평판이 중요한 곳입니다. 저의 경력과 더불어 향후 미래를 좌우할 수 있는 분이었기에 최선을 다해 보좌해야 했습니다. 그런데 어떻게 기관장의 지시를 거스를 수 있겠습니까?

지시를 거스를 수 없다는 것은 매우 완곡한 표현입니다. 비서는 지시를 거스를 수 없는 것이 아니라 거스를 상상조차 할 수 없습니다. 이것이 대한민국에서 자신이 모시는 상사를 충실히 보좌하는 비서라는 전문직을 수행하는 사람들의 현실입니다. 부당한 것에 싫다고 말하라고요? 아니라고 하라고요? 이런 언사는 비서라는 역할과 그 특수성에 대해 아무것도 모른다는 점을 증언하는 것입니다. (…) 비서의 역량에서 충성심 또한 중요한 역량이기 때문입니다.

하지만 대부분의 사람들은 피해자에게 묻습니다. 왜 늦은 밤에 맥주를 사다 주었느냐고, 왜 늦은 밤에 호텔 방으로 담배를 가져다주었느냐고, 왜 자신의 성적 자기결정권을 행사하지 않았느냐고요.

서지현 검사가 많은 사람들이 모여 있는 장례식장에서, 장관을 옆에 모셔두고도 아무것도 할 수 없었던 것이 성적 자기결정권을 행사하지 않았기 때문인가요? 말할 수 없음. 문제제기할 수 없음. 그것이 바로 위력입니다.

3) 권력의 연장—세뇌

"권력은 타자를 완전히 억누르거나 무화시키는 폭력이 아니라, 오히려 타자라는 부정적 긴장감을 관통하여 자신을 연속시킴으로써 타자를 정의"합니다. 여기서 말하는 권력은 권위를 가진 권력입니다. 권위가 있는 권력은 도덕에 근거하기 때문입니다. 기관장의 분인으로 생각하고 철저하게 종속의 관계가 가능한 구조는 기관장과의 높은 신뢰 관계를 기반으로 합니다. 제가 모셨던 기관장은 높은 도덕성 함양을 위해 노력하신 분입니다. 예를 들어 제가 모신 기관장의 가장 중요한 가치는 "공선사후"입니다. (…) 기관장이 처음 부임하고 한 일은 예산을 받아 기관의 시설을 보수하는 것이었습니다. 이때 지침은 모든 시설을 점검하되 기관장실은 맨 나중에 하라는 것이었습니다. 실제 모든 화장실과 건물을 보수하고, 맨 나중에 기관장실을 보수했습니다. 항상 저에게 비서실은 제일 나중에 고쳐야 한다고 말씀하시곤 했고, 모든 사무실이 리모델링될 때 비서실만은 기관장 임기가 끝날 때 까지 보수되지 않아 30년 전통을 유지했습니다. 기관장의 핵심가치 "공선사후"는 비서인 저의 가치이기도 했습니다.

실제 제가 모신 기관장은 비서를 억압하는 방식이 아닌, 자신의 가치를 자신의 사람들에게 철저하게 세뇌시킴으로 자신의 권력을 행사했습니다. 그런 기관장도 비서에게는 업무에 있어서 공사의 구분이 모호합니다. 필요할 땐 집안의 일도 챙겨야 하고, 사모님의 지시도 이행해야 할 때가 있습니다. (…) 업무의 강도가 높고, 육체적으로 많이 힘들었습니다. 하지만 제가 존경하는 기관장이었고 비서인 제 앞에서도 늘 조심하는 분이셨습니다. 그래서 견딜 수 있었습니다. 그럼에도 불구하고 노동감수성을 가지고 이 사안을 판단한다면 형편없이 불합리한 업무입니다. 비서직을 수행하는 많은 전문직들의 처우는 반드시 변화가 필요합니다. 이것은 노동권의 문제이고 인권의 문제입니다.

3. 권력을 남용한 안희정의 행위를 엄단해주십시오

전 충남도지사의 수행비서 매뉴얼을 알게 되고 매우 놀랐습니다. 거의 24시간 대기 업무에 문자와 카톡으로 지시를 하고, 높은 신뢰관계를 요구하는 비서에게 업무 이후에 온갖 개인적인 심부름을 아무렇지 않게 요구하며 성폭력까지 일삼았다는 것은 공공기관의 기관장으로서의 도덕성은 물론 인간성까지 파괴된 끔찍한 처사입니다. 피해자인 김지은 씨의 사건을 보면서 저의 일처럼 가슴이 아팠습니다. 처음 자신의 경력을 시작하는 사람은 외지에서 여행을 시작하는 것과 같다는 말이 있습니다. 충남도청이라는 낯선 지역, 낯선 공간, 낯선 사람들 사이에서 발생하는 다양하고 광범위한 업무를 수행해야 하는 비서의 역할은 경력이 충분한 비서라 하더라도 쉬운 일이 아닙니다. 하물며 처음 경력을 시작하는 비서지만 업무의 특성상 기관을 이끌어 가는 기관장과 밀접하게 관여되어 업무를 수행해야 합니다. 처음부터 주어지는 책임과 권한이 일반 직종과 비교했을 때 훨씬 무겁고 넓기 때문에 그 스트레스는 이루 말할 수 없을 정도로 컸을 것입니다. (중략)

이것은 엄연히 위력에 의한, 권력을 남용한 성폭력 사건입니다. 제대로 처벌이 되지 않는다면 비서라는 전문직을 수행하는 모든 이들에게 자신의 존엄이 부정당하는 일이 발생할 것입니다.

김지은 씨는 다른 피해자가 나오지 않도록 하기 위해 용기를 내었다고 합니다. 저 스스로도 질문해봅니다. 내가 저 상황에 있었다면 김지은 씨처럼 용기를 낼 수 있었을까. 저는 하지 못했을 것입니다. 그들의 권력과 구조를 너무 잘 알고 있기 때문입니다. 그러나 김지은 씨는 용기를 내었습니다. 부디 김지은 씨의 용기가 헛되지 않도록 사법 정의를 실현해주시길 간곡히 부탁드립니다. (후략)

2019.01.21.

3장 피해자
김지은

보호는 없었다

재판이 시작되고 1심 재판부에서는 성폭력 피해자로서 보호해주겠다고 발표했다. 사람들에게 노출되지 않는 통로를 따로 이용할 수 있도록 배려해주었다. 딱 거기까지였다. 검찰이 2차 피해를 우려하여 전면 비공개 재판을 요청했을 때 재판부는 거부했다. 피해자 진술 시 피고인과 분리해주겠다고 했지만, 피고인이 소리가 잘 안 들린다고 하자 내게 동의를 구하지도 않고 바로 재판정 안으로 들였다. 얇은 가림막이 설치되었지만 숨소리까지 그대로 들렸다. 나는 두려워서 그 방향은 쳐다보지도 못했다. 사실상은 피해자 바로 옆에 피고인을 앉힌 것이다. 공포스러웠다.

　　피고인이 움직이는 소리와 기침 소리가 들렸다. 안희정은 내가 진술할 때마다 수시로 헛기침을 했다. 마치 수행할 때 관용차 안에 있는 것처럼 아주 작은 공간에서 안희정 옆에 꼼짝없이 갇혀 있는 기분이 들었다. 그렇게 16시간을 덜덜 떨면서 진술했다. 한여름 날이었지만 체온이 급격히 내려가 손끝과 입술이 보랏빛으로 변했다. 두터운 담요와 뜨거운 물로 겨우 겨우 버텨가며 자정을 넘겨서까지 진술을 이어갔다.

　　힘든 기억들을 하나하나 되짚어 제출한 증거들은 대부분 배척당했고, 증인 진술은 대부분 안희정의 증인들 진술만 채택되었다. 심리 전문가의 의견 역시 피고인 측 전문가의 의견만 선택됐다. 심지어 한 심리 전문가는 안희정 부인의 부탁으로 오게 된 지인이라며, 재판정에서 전문심리를 처음 해본다고 말하기도 했다. 이런 이유로 안희정 측 전문가의 심리는 중간에 중단됐다.

검찰 측 증인 진술은 일부 공개, 피고인 측 증인은 전부 공개가 되었다. 나에 관한 이야기는 모두 한쪽의 말들로만 불균형하게 언론에 알려졌다. 맥락과 상황이 배제된, 자극적인 메시지들만이 끊임없이 나왔다. 그중 위증을 한 증인들도 꽤 있었다. '한 입 거리'도 되지 않는 사냥감이 된 기분이었다. 내가 고학력에 혼인 경험이 있는 여성이라는 사실만이 거듭 강조되었고 남자, 화장, 립스틱, 침실, 이혼, 술, 맞담배, 호텔 등 자극적인 단어들과 편집된 메시지 대화의 캡처본들로 사건이 재구성되었다. 증인들은 첫 번째 피해 이후 내가 찾지도 않은 순두부를 찾았다고 했고, 들어가지 않은 부부 방에 들어갔다고 했으며, 마지막 피해 이후 만나지도 않은 날 나와 만났다고 돌아가며 위증했다. 모욕적이고 괴로운 말들이었다. 언젠가 위증의 죄도 꼭 묻고 싶다.

이후 판결문은 재판부 재량으로 전면 비공개되었다. 처음 검찰이 재판의 전면 비공개 신청을 했던 취지가 피해자 사생활 보호였는데, 재판 과정에서는 모두 언론에 노출시키고 숱한 말들의 폭력에 한참을 시달린 후에야 결과문만 비공개로 하는 결정이었다. 매회 공판 과정은 공보관을 통해 언론 중계되었고, 선고문도 세세하게 재판정에서 읽었으며, 최종 결과를 보도 자료로 재가공해 배포했다. 약속했던 보호는 도대체 누구를 위한 것이었을까?

　　미투 이후 재판 과정에 만나 나를 격려해주던 분들은 "꼭 밥을 먹어야 한다." "지치지 마라." "끝까지 가야 한다." "힘 빠지면 안 된다"라고 말했다. 처음에는 그냥 밥 잘 먹고 다니라는 뜻쯤으로 생각했다. 그러나 겪고 나서야 알게 됐다. 내가 당면한 싸움은 단순한 '물리력'과의 싸움에 그치는 것이 아니라 '시간'과의 싸움이기도 했다. 살아내야 진실을 밝힐 수 있었다. 주변의 조언은 길고 긴 모략의 시간을 견디라는 주문이었다. 시간을 이겨내라는 당부였다.

　　최초 재판부가 배당되었지만 이내 재배당되고 연기되기를 반복했다. 재판이 끝나고 진실이 밝혀져야 이후의 내 삶에 대해서도 고민할 수 있을 텐데, 시간은 속절없이 흘러갔다. 한계 없는 이 싸움은 그 자체만으로도 하루하루가 지옥 같았다. 계속 흐르는 시간을 견디기가 가장 고통스러웠다.

　　1심 재판부는 세 번 배당되고 이후 무죄가 선고되었다. 2심 항소심은 기일도 늦게 잡히더니 재판부 변경과 연기가 이어졌다. 고등법원의 재판부가 확정되자, 마치 재판부가 결정되기를 기다렸다는 듯 곧이어 안희정의 변호인이 선임계를 제출했다. 다시 그 변호인과의 연고를 이유로 재판부 재배당이 이루어졌다. 3심 상고심도 마찬가지였다. 처음 배정된 대법원 재판부의 대법관이 기피 신청을 했다. 피고인과의 연고로 인한 이유라고 했다. 피고인이 연고를 갖지 않은 재판부가 과연 있을까? 1심, 2심, 3심 모두 두 번 이상 재배당됐다. 전직 대통령이나 대기업이 주로 받곤 한다는 재판부

재배당과 이제는 존재하지 않는다는 전관과 얽힌 인연들이 왜 이토록 빈번하게 생길까? 이 반복되는 유예가 안희정의 위력을 증명해주는 것 같았다. "위력은 존재하나 행사하지 않았다"던 서울서부지방법원 조병구 재판부의 말이 특히 기억에 남는다. 내가 겪은 재판 과정의 면면이야말로 곧 그 위력이 어디까지 닿는지를 절실히 느끼는 과정이었다고 생각한다. 반복되는 상황을 보며 낙담했다. '끝이 보이지 않는 싸움이구나. 내게 새로운 시작이 있기는 할까?' 계속해 늘어지는 싸움, 지연되는 시간 속에서 처음으로 깊은 좌절감에 빠졌다. 재판으로부터 시간의 폭력에 이르기까지 어떠한 보호도 실상은 존재하지 않았다.

"정조보다 무엇이 더 중요했습니까?"[1]

1심 재판 기간 내내 공격적인 질문을 받았다. 위압적인 재판정의 분위기 속에서 16시간을 안희정과 안희정의 변호인들, 검사와 판사에게 둘러싸여 있었다. 검사와 판사, 안희정의 다섯 변호인에게 고소인인 나는 숱한 질문을 받았다. 하지만 어느 누구도 피고인 안희정에게는 묻지 않았다.

범죄를 겪을 당시를 몇 배로 압축한 듯한 극심한 고통을 재판정 안에서 다시 느꼈다. 그런 상태에서 몸을 때리는 듯한 심문들을 받으며 점차 정신은 혼미해져갔다. 피고인 측 변호사들은 자신들이 원하는 답변이 나오지 않거나 내가 혼란스러워할 때 검찰 조서에는 있지도 않은 말들을 조서를 넘기듯 보며 마치 내가 한 것처럼 질문했다. 안희정의 변호인에게 항의하자, 변호인은 "변호사는 얼마든지 유도신문할 수 있다"고 당당히 답했다. 주변이 온통 유리로 둘러싸인 곳에서 나 홀로 출구를 잃은 채 헤매고 있는 느낌이었다.

안희정의 변호인이 내게 던진 질문과 그 논리는 이런 식이었다.

김지은 씨는 피해자가 아니다.
아동도, 장애인도 아닌 고학력자 엘리트 여성이다.
혼인 경험도 있고, 퇴사 경험도 있다. 이전 운전비서에게 성추행도 당했다. 이에 여러 번 항의한 적도 있다. 회사에서 퇴사할 만큼 결단력이 있고, 이혼할 만큼 자기주장이 뚜렷하며, 피해를 당하고도 가해자 옆에서 자신의 일을 최선을 다해서 했다. 피해를 당할 때도 아니라고 거부하고 반항하긴 하였지만 그것은 소극적인 자세였다고 봐야 한다. 남자에게 거부는 거부가 아니다. 부정은 긍정이다. 저항은 더 적극적으로 '싫어요' '안 돼요' '악!' 소리치고 발로 차고 주먹으로 치고 할퀴고 외국이나 심야일지라도 밖으로 뛰쳐나와 러시아, 스위스 경찰들에게 도움을 요청했어야 하는 것이다. 그는 서지현을 뛰어넘는 미투의 상징이 되고 싶어 방송국에서 미투를 한 것이다. 피해자답지 않기 때문에 피해자가 아니다. '성 인지 감수성'이라는 감정에 치우쳐서 그저 감성 팔이 눈물 호소에 법이 그를 피해자로 만든 것이다. 사법부가 아무리 수많은 증거를 통해 유죄를 내려도 절대로 김지은은 피해자가 아니다. '넹'을 보면 연인 관계가 분명하다. 그렇기 때문에 김지은은 절대 피해자가 아니다.

이런 식의 내용과 표현을 담은 질문과 변호가 재판장에서 행해졌다. 재판부는 내게 정조보다 무엇이 더 중요했는지 물었다. 내가 할 수 있는 일은 반박하고, 관련된 증거를 내고, 담담히 이겨내는 것뿐이었다. 수치와 감내 모두 오롯이 나의 몫이었다.

　　나는 사건 당일 안희정에게 물리적 폭력과 성적 폭력

을 당했고, 내가 할 수 있는 최대의 거절을 표시했지만 무시당했다. "아니요. 아닌 것 같아요." 나는 저항했다. 이건 아니라고, 모르겠다고, 고개를 휘저었다. 바닥을 보며 부동자세로 여러 번 거절했다. 안희정은 알았다. 내가 분명 동의하지 않는다는 것을 알고 있었다. 싫어한다는 것을 알고 있음에도 그는 자신이 원하는 대로 시도했고, 강요했다. 직장에서 나의 생사여탈권을 쥔 안희정은 내가 도망쳐 나가지 못할 것임을 알고 있었다.

직장에서 해고당할 것이 두려워 도망치지 못했고, 내게 주어진 일을 망치지 않으려 티 내지 않은 채 업무를 지속했다. 나는 그날 안희정의 "미안하다, 다시는 그러지 않겠다"는 말을 믿어야만 했고, 다시는 그런 일이 없을 것이라고, 아니 없어야만 한다고 스스로 되뇌었다. 안희정의 범죄들을 잊기 위해 일에만 매진했다. 이렇게 자명한 사실을 있는 그대로, 내가 겪고 지내왔던 진실을 있었던 그대로만 말하면 재판부가 상식적으로 판단해주리라 믿었다.

검찰의 집요한 수사와 재판부의 이상한 질문에도 성실히 대답했다. 일관되게 답했고, 말뿐이 아니라 많은 증거를 함께 제출했다. 정말 성실히, 악착같이 마음을 다잡고 수사와 재판에 임했다.

세 명의 판사는 피고인 안희정에게는 묻지 않았다.

'왜 김지은에게 미안하다 말하며 여러 차례 농락했는가?'

'왜 직접 페이스북에 합의에 의한 관계가 아니었다고 썼는가?'

'왜 세 번이나 입장을 번복하였는가. 일관되지 않은 이유가 무엇인가?'

'왜 검찰 출두 직후 휴대폰을 파기했는가?'

왜 법원은 가해자 안희정에게는 묻지 않았을까?

'위력은 존재하나 위력이 아니다. 거절은 했지만 유죄는 아니다.'

'합의하지 않은 관계이나 강간은 아니다.'

'원치 않은 성관계는 있었으나 성폭력은 아니다.'

도대체 뭐가 아니라는 것인지 모르겠다.

재판부가 내게 했던 것처럼 안희정에게도 16시간을 질문했다면 1심 결과는 달라졌을지도 모른다. 1심 내내 안희정에게 무언가를 묻지도 확인하지도 않은 재판부는 그의 말이 더 일관되고 진실하다고 판단했다. 최초 나의 언론 고발 직후 안희정은 합의되지 않은 관계였음을 인정했고, 모두 자신의 잘못이라고 말했으며, 미안하다고도 했다. 범죄에 사용한 휴대폰은 파기했다. 진술을 여러 차례 번복했고, 증거를 스스로 없앴다. 그러나 재판부는 피고인 심문을 하지 않았다. 묻지 않았다.

안희정의 증인들

"조직의 허락이 있어야 합니다."

재판에 증인으로 나와 증언해줄 수 있는지 묻는 질문에 몇몇 사람이 이렇게 답했다는 것을 들었다. 성폭력 피해자로서 내가 처했던 상황을 있는 그대로 이야기해주기를 바랐을 뿐이지만, 조직의 허락과 다양한 이유를 대며 대부분이 거절했다. 절망스러웠다. 이후 알게 된 일이지만, 대부분의 성폭력 피해자들에게도 증언해줄 사람을 찾는 게 너무나 힘겨운 일이라고 들었다. 대부분 복잡한 일에 얽히길 원하지 않았다.

특히 증인으로 나와서 있는 그대로의 진실을 말해주길 소망했던 사람들은 대부분 나와 친했던 동료들이었고, 내가 따랐던 상급자들이기도 했다. 내가 어떤 어려움을 가졌는지 지속적으로 토로했고, 업무나 사람 관계에서 고통스러워했던 것을 간접적으로나마 직접 보아온 사람들이었다. 그러나 그들은 여전히 조직의 권력과 위계질서 속에서 살아가는 직장인이었고, 재판에 나와 증언하는 것을 부담스러워했다.

이후 증인으로 나와준 사람들은 대체로 둘로 나뉜다. 자신이 겪을 어려움을 감내하면서까지 경험한 사실을 말해준 사람들과 없던 일을 증언하는 사람들이었다.

전자의 증인들 중 일부는 모해위증이라는 죄목으로 안희정으로부터 고소를 당하기도 했다. 고발 이후 혐의 없음으로 처분 났다. 이후 안희정은 항고했지만 항고는 기각되었다. 어떤 증인은 증언을 하기로 한 이후 나에 대한 지라시 정보를 지속적으로 받기도 했다. 김지은이 이상한 사람이니 더 증언하지 말라는 메시지였다.

후자의 일부 증인들은 대개 나와 관련해 수많은 위증을 했다. 몇 명의 사람들과 당시 일정들, 상황들만 맞춰봐도 다 거짓인 게 밝혀질 이야기들을 했다. 나와 나눈 대화를 맥락도 없이 임의로 잘라서 증거로 제출했다. 수사 기관의 정식 디지털포렌식 절차를 거치지도 않은 출처가 불분명한 대화 내용들이었다. 나와 대화를 나누던 상황과 맥락, 그 대상에 대해서까지 임의적 해석이 붙어 내가 피해자답지 않다는 주장의 근거로 사용되었다.

내가 안희정에게 성폭력 피해를 당한 이후 서울에서 자신을 만났다고 주장한 증인도 있었다. 나는 그날 충남도청에 출근했다. 공식적인 업무를 봤고, 업무로 만난 사람도 많았다. 도청의 출근일지와 당시 일정, 동행자들의 간단한 진술만으로도 탄로 날 거짓말이었지만, 증인은 그날 나를 만났고, 내가 아무런 티도 내지 않았다고 증언했다. 엄숙한 법정 안에서 선서를 하면서까지 어째서 그런 위증을 했을까? 도대체 무엇을 위해서 그랬을까?

나를 '피해자답지 않게' 만들기 위해 동원된 다른 증언들도 마찬가지다. 순두부, 와인 바, 호텔 예약, 상화원. 지사가 순두부를 좋아하기 때문에 식당을 찾아야 한다고 한 것은 내가 아니었다. 직전의 남자 수행비서가 해외 순방을 갔을 때의 일이다. 와인 바는 안희정과 단 둘이 간 것이 아니며 안희정의 요청으로 현지 직원과 동행해 방문한 현지 식당이었다. 호텔 예약은 나 이전부터 쭉 수행비서가 해오던 업무였다. 그리고 상화원에서 내가 부부 침실에 들어갔다고 주장했지만, 만약 그런 큰일을 저질렀다면 내가 그 이후로도 계속 수행비서 업무를 할 수 있었을까? 잠자는 부부의 방에 수행비서가 들어와 지켜보고 있었다면, 그 직원을 계속해서 수행비서로 근무시켰을까? 나는 그날 방에 들어가지 않았다. 당일 안희정이 상화원의 숙소 옥상에서 다른 여성을 만난다는 문자를 받았다. 안희정이 미처 착신을 돌리지 않았기에 상대 여성이 보낸 '옥상에서 2차를 기대하고 있어요'라는 문자가 내 수행폰으로 연동되어 날아왔다. 주한 중국대사가 참석하는 중요한 일정이었고, 안희정의 사모도 있는 상황에서 무슨 일이 벌어질지 몰라 걱정되는 마음에 전전긍긍하다 옥상으로 올라가는 계단에 앉아 있다 돌아왔을 뿐이다. 직전의 수행비서에게 '그 여성과의 문제가 생기지 않도록 항상 잘 관리해야 한다'는 이야기를 들었고, 나는 인수인계받은 업무에 충실하려 했다.

실제로 검찰 조사와 재판 중 안희정은 그날 밤 그 여성을 옥상에서 만나고 돌아왔다고 진술했고, 전화 내역도 확인되었다. 반면 안희정의 부인은 안희정과 계속 같이 있었다고 진술했다. 그럼에도 안희정이 옥상에서 다른 여성을 만나고 온 사실은 모르고 있었다고 재판정에서 진술했다.

평소 안희정 부부의 친구들 모임, 서클 모임, 친척 모임 등 공과 사가 구분되지 않은 부부의 일정들을 수행했고, 나는 수시로 몸살이 났다. 어느 날은 차 밖에서 오래 있느라 온몸에 열꽃이 피어 새빨개진 채 일정이 끝나기를 기다린 적도 있었다. 안희정 부인은 내가 볼에 홍조를 띠기도 했다며, 생전 처음 듣는 '마누라 비서'라는 지칭을 사용하기도 했다. 기약도 없이 밤늦게 사교 모임 중인 사람들을 위해 대기하던 내게, 홍조를 띠고 상사를 기다렸다고 말이다.

이 모든 주장은 상식적으로 진위 여부의 확인이 가능한 허위 증언들이었지만, 재판의 증언들은 언론에 그대로 중계되어 대중에게 알려졌다. 사실 확인은 전혀 없었고, 일방적인 주장이 사실처럼 전달되었다.

사건에 대한 의견은 없었고, 대부분이 나의 피해자다움에 대한 이야기였다. 반면 검찰 측 증인으로 나온 일부 증인의 증언들은 비공개 처리되었다. 그 진술 안에서 내가 처한 권력 관계, 상황, 피해를 호소했던 일들이 증언되었고 그 증언들은 사건에 대한 중요한 단서들로서 판결문에 인용되기도 했다. 그러나 언론에 알려진 것은 안희정 측의 편향된 증거들뿐이었고 그것은 곧 여론 재판으로 이어졌다. 나는 그렇게 '이상한 여자'가 되었다.

피고인 측 증인으로 증언한 사람들 중 일부는, 우연인지 모르지만, 재판 중 안희정과 관계 깊은 국회의원의 비서관이 되었고, 자치단체장의 자문위원이 되기도 했다. 안희정과 관계 깊은 국회의원들은 대부분이 '안희정의 ○○'라는 타이틀을 활용해 당선에 큰 도움을 받은 사람들이었다. 모두가 잘 살고 있다고 들었다.

안희정은 최초 자신이 잘 사용하지 않던 휴대폰을 검찰에 제출했다. 이후 범죄에 사용한 휴대폰의 행방에 대해 구속영장실질심사 중 판사로부터 질문받았을 때 안희정은 자신이 파기했다고 진술했다. 내가 쓰던 휴대폰은 수사 기간 중 검찰에 제출했고, 수사 기관의 디지털포렌식 절차를 거쳐 모든 자료를 샅샅이 검증받았다. 검찰과 안희정의 변호사들은 그 자료를 보았다. 이후 나는 사건과 관련된 수많은 증거를 찾아 검찰에 제출했다.

하지만 자극적인 말들과 허위 증언 앞에 내가 낸 객관적인 증거와 수십여 시간에 걸쳐 받은 진술들은 아무 의미 없는 것들로 치부되었다. 사실이 중요한 것으로서 대우받지 못하는 채로 여론과 선정성만이 중요한 상황이 이어졌다. 그리고 그 상황을 만드는 데 얼마 전까지 나의 동료였던 사람들이 참여했다. 2차 피해라는 표현으로는 부족할 정도로 큰 배신감과 인간관계에 대한 깊은 회의를 느꼈다. 권력 앞에서 사인 간의 우정은 순식간에 사라질 수 있음을 배웠다. 인간은 없고, 조직만 있었다.

내게는 처음부터 끝까지
직장 상사였다

밀려드는 거짓 폭풍에 나와 주변 사람들 모두 정신 차릴 수 없었다. 이미 세상의 기사들은 수많은 가십과 거짓으로 가득 차 있었다. 1심 재판의 심문이 검찰 측 증인은 일부 공개, 피고인 측 증인은 전부 공개가 되면서 언론에 노출된 정보의 불균형이 극심했고 수많은 억측과 거짓이 양산됐다. 이 거짓의 파도에 쓸려 내려온 거친 유리 조각들을 지금도 여전히 줍고 있다. 하지만 언제쯤 다 치울 수 있을지 모르겠다. 괴로운 일이다.

> "합의에 의한 관계다."
> "용서를 구한다. 합의에 의한 관계였다는 비서실의 입장은 잘못이다."
> "합의에 의한 관계인 줄 알았다."
> "두 고소인과는 남녀 간의 애정 행위였다."

안희정은 최초 자신의 페이스북을 통해 "합의에 의한 관계가 아니었다"고 시인했다. 이후 변호사를 선임한 직후에는 "남녀 간의 애정을 기반으로 한 연인 관계였다. 연애였다"라며 입장을 번복했다. 점차 그 입장은 선명해져갔다. 안희정의 증인들도 모두 한목소리로 '애인 관계'라 말했다. '마누라

비서'라는 처음 들어보는 별명을 붙여가며 불륜으로 몰았다. 일부는 기꺼이 나서서 악성 댓글을 달았고 일부는 거짓 내용으로 인터뷰를 했다.

내게 안희정은 처음부터 일을 그만두는 순간까지 직장 상사였다. 한 번도 이성의 감정과 대화를 나누지 않았다. 일반 직장인들이 가지는 회사에 대한 충성심, 애사심 그 이상도 이하도 아니었다. 하지만 안희정은 나와 이성적인 관계였다고 말한다. 이런 관계를 입증하는 증거로 든 사진은 수행 업무 중 내가 지사의 뒤에 서 있는 모습이었다. 업무 중 가까이 서 있는 모습을 연인 관계라는 주장의 근거로 사용했다.

이후 2심 중 안희정은 '연인 관계'에 대한 진술을 여러 번 번복했다. 모든 성추행에 대해서도 여러 차례 번복했다. 결코 그런 적이 없다, 어쩌다 그랬을 수도 있다, (나는) 대중의 시선이 있기 때문에 그럴 수 없는 사람이다, 친밀한 사이에서 이루어지는 손을 잡는 등의 가벼운 접촉은 할 수 있었을 수도 있다, 호감이 있었기 때문에 잠깐잠깐 만지는 스킨십은 있었을 수 있다, 연인 관계라면 그 정도는 가능한 것 아니냐…….

안희정의 수행비서로 일하기 전 정부 부처에서 오랜 시간 일을 했지만 그 어떤 상사도 친하다는 이유로 내 손을 잡지 않았다. 그것이 엄연한 성추행이라는 것은 사회인 모두가 알고 있는 상식이다. 안희정이 그것을 모르고 있지는 않았을 것이다. 모든 것이 가능하다고, 무엇이든 허용된 자리라고, 자신은 그래도 된다고 그는 생각했던 것 같다. 다음은 안희정의 다른 피해자 두 분의 증언이다.

> "안희정과 엘리베이터를 함께 탄 적이 있습니다. 저를 너무 빤히 쳐다봤고, '예쁘다'고 말하며 저의 어깨를 잡고 자신 쪽으로 끌어당겨 안았습니다. 이후에는 남성 동료들에게는 오지 않았던 개인적인 텔레그램 메시지를 받기도 했고, 공적으로 엮인 저에게 '아가야'라는 호칭을 사용하기도 했습니다."
>
> "평소 저를 빤히 쳐다보거나, 손이나 손목을 잡는 일이 많았습니다. 그리고 자신의 머리 스타일을 만져달라고 하거나 자신의 옆자리에 앉으라고 말하는 경우가 종종 있어 불편했습니다. 어느 날 식사 자리에서 안희정이 저보고 옆자리에 앉으라고 했습니다. 제가 조금 긴장해서 다리를 한쪽으로 모으고 불편하게 앉았는데, 안희정이 '편하게 앉아'라고 말하며 제 허벅지 안쪽을 손으로 쳤습니다. '찰싹' 소리가 날 정도의 터치였는데, 그 당시의 불편했던 감정이 오래 남아 있습니다."[2]

나의 미투 이후, 안희정에게 당한 성폭력을 고백하는 다른 피해자들의 제보가 있었다. 이 두 사례 외에도 추가로 접수된 피해 사례가 더 있는 것으로 알고 있다. 그러나 신원이 노출될까 두려워, 마음으로 지지하고 동참하겠다는 의사만 밝힌 분들이었다. 다른 피해자들의 피해 사실을 들으면서 마음이 너무 아팠다. 그동안 우리는 이렇게 숨죽이며 살고 있었다. 가해자의 부담스러운 눈빛이, 불쾌한 터치가, 알 수 없는 성애적 말과 행동들이 여기저기서 일어나고 있었다. 그러나 누구도 고발하지 못했다. 잠재적 공포를 가지고 있었던 것 같다. 자신의 고백으로 인해 야기될 상황을 두려워했고, 만약 그것이 사실 그대로 받아들여지지 않았을 때 피해자인 나만이 홀로 구겨지고 버려질 최악의 상황을 상상하며 어려워했다. 그동안 우리가 경험한 작은 창을 통해서 말이다. 그 두려움이 우리를 침묵하게 만들었다.

그러나 권력에 맞서 말하기를 시작했다. 함께해주는 사람들은 말했다. 조직의 배신자로 비난받고 있지만 김지은을 돕는 게 내 소신을 지킬 수 있는 길이어서 다행이라고, 김지은 개인만을 돕는 것이 아니라 내 자아를 지키고 내 가족을 위하는 길이라고 말이다.

333일 만의 유죄 판결

2심 재판 결과를 들으러 서초동으로 가는 길에 자꾸만 다리 힘이 풀려 여러 번 주저앉았다. 지하철에서 내려 올라가는 에스컬레이터에서도 설 수가 없어서 두 손으로 에스컬레이터를 짚고 기어 올라왔다. 그러다 손가락이 기계에 끼일 뻔했다. 아찔했다. 이어서 탄 에스컬레이터에서 또다시 다리에 힘이 풀려 이번에는 꼬꾸라져 앞으로 넘어졌다. 긴장한 탓인지 온몸에 힘이 빠지기 시작했다. 목적지까지 가야 하는데 도저히 걸을 수가 없어서 한참을 기대어 서 있다 걷다를 반복했다. 겨우 변호사 사무실에 도착했다. 도착해 들어선 그 자리에 주저앉았다.

사무실에는 활동가와 변호사가 함께 있었다. 달달달, 덜덜덜, 빙글빙글, 뱅글뱅글, 꼬깃꼬깃, 쭈뼛쭈뼛, 왔다갔다, 부스럭, 바스락, 한순간도 가만히 있질 못했다. 사실 전날도 잠 한숨 자지 못하고 밤을 새고 온 상황이었다. 오후 2시 30분이 재판 시작이었는데, 당일 새벽 2시 30분부터 이제 12시간 남았다며 시간을 보기 시작했다. 물론 카운트는 그전부터 하고 있었다. 며칠 전부터 잠을 자지도, 밥을 먹지도, 정신을 차리지도 못했다. 안간힘을 내어 견뎌낸 것이지, 이미 나는 건전지가 떨어져 작동을 멈춘 시계와 같았다. 그 멈춰진 시각은 2시 30분. 오로지 그 시간만이 내게 존재했다. 당시 다른 시간은 아무런 의미가 없었다.

긴장을 놓고 책이라도 보고 있으라며 활동가가 가벼운 주제의 책들을 책상에 올려놔주었다. 책장을 슥 넘겨보았지만 역시나 눈에 들어오지 않았다. 대사가 적은 만화책도 있었는데, 읽히지 않았다. 글자들이 머리 밖을 나돌고 있었다. 한글 같지 않았다. 손가락만 까딱까딱 움직이다가 책을 내려놓았다. 휴대폰으로 새로고침만 했다. 쏟아지는 선고 예고 관련 기사에, 심장박동만 콩콩쾅쾅 크레센도로 점점 세게 뛰었다. 화면을 클릭하는 손가락이 멈춰지질 않았다. 난독증은 아니었는지, 재판 관련 소식은 또박또박 잘 읽혔다.

변호사가 "시간이 다 된 것 같다. 법원에 다녀오겠다"고 이야기하며 자리에서 일어섰다. "지은 씨, 다녀올게요. 선고 결과 나오는 대로 전화할 테니까 전화 꼭 받아요. 너무 걱정 마요. 잘될 거예요" 하며 꼭 안아주었다. 심장의 거친 박동이 변호사의 온기에 조금 잦아들었다. 눈물이 날 것 같았다. '변호사님 제발 잘되게 해주세요. 제발 저 좀 살려주세요. 저 지금 정말 심장이 터져서 죽을 것 같아요.' 6개월을 졸여왔던 선고였다. 진정으로 유죄를 바라고 있었지만, 세상에 대한 불신은 여전히 컸다.

변호사가 나가고, 나와 활동가만 남았다. 불안감은 더 심해졌다. 아까보다 더 왔다 갔다, 초조해서 의자에 앉아 있질 못했다. 잠깐 사이 얼마나 검색을 많이 했는지 휴대폰 배터리가 얼마 남지 않아 충전을 해야만 했다. 변호사 책상 아래에 콘센트를 찾으러 갔다가, 컴퓨터 화면을 보고 당황했다. 한편으론 픽 웃음도 났다. '변호사님도 나랑 같은 마음이

셨구나' 하는 생각이 들었다. 내게 마음 차분히 갖고, 기사 검색하지 말고 책 읽고 있으라고 하시더니 정작 변호사님도 나가기 전까지 인터넷으로 관련 뉴스를 검색하고 있었던 것이다. 키보드를 두들기고 있어서 재판 자료를 보고 있거나 정보를 찾고 있거나, 뭔가 나와는 다른 엄중하고 묵직한, 근엄한 일을 하는 중이실 거라 짐작했는데 같은 심정이라고 생각하니, 동질감에 마음이 술렁였다.

바닥에 쪼그려 앉아서 콘센트에 충전기를 꽂고도 휴대폰을 만지작거렸다. 계속해서 뉴스만 봤다. 실시간으로 올라오는 기사에 심장은 가속도가 붙는 비트를 연주하는 듯했다. 멈춰질 것 같지 않았다. 기사가 계속 올라왔다. 스크롤을 내리는데 끝이 없었다. 떨렸다.

근처로 친구가 온다고 했다. 변호사 사무실에서 같이 있기로 했다. 선고 전에 친구를 보니 괜히 마음이 놓이고 고마웠다. '같이 있어서 다행이다.' 친구도 어제 오늘 내내 나와 같은 상태였다고 했다. 활동가 선생님도 비슷했다고 했다. 그렁그렁 눈물이 맺혔다. 고마운 사람들 때문에 내가 지금껏 견뎌왔다는 사실을 오늘 선고일에 이르러 다시 한 번 깨달았다. 셋이서 사무실에 앉아 있었다. 서 있다 앉았다를 번갈아 했다. 세쌍둥이처럼 똑같은 포즈로 휴대폰 새로고침만을 연이어 눌렀다.

심장이 다시 스타카토를 치고 있었다. 톡톡톡톡. 더이상 요동쳐서는 안 될 것 같았다. 휴대폰을 내려놓기로 했다. "전 그만 볼게요." 그 뒤로는 활동가와 친구가 번갈아가며 속보를 읽어줬다. 속사포 랩처럼 강렬했다. 엇. 엇. 엇. 어, 어, 어…….

피해자 진술 신빙성 있어, 러시아 요트 첫 번째 강제 추행 유죄, 러시아 피감독자 간음 유죄, 두 번째 강제 추행 유죄, 세 번째 강제 추행 유죄, 두 번째 피감독자 간음 유죄…….

일단 정신을 차렸다. 유죄가 나올 것 같았다. 빠르게 유죄 판결에 대한 입장문을 적기 시작했다. 유죄 판결에 대한 입장문을 적고 전달을 위해 프린트를 해놓았다. 그리고 드디어 속보가 떴다.

"피고인 유죄 3년 6개월 징역"

눈이 뜨거웠다. 볼이 뜨거웠다. 입술을 꽉 깨물었다. 고개를 푹 숙였고, 이내 몸이 들썩였다. 믿어지지가 않았다. 휴지로 눈물을 연신 훔쳤다. 울음은 멈추어지지 않았다. 변호사에게 전화가 왔다. 이런 전화를 받게 될 줄 상상도 못했지만, 간절히 원했다. 너무 소망했기에 부정당할까 소망하지 않았다. 원망하고, 실망하게 될 것 같아 소망하지 못했다.

친구가 프린트한 나의 입장문을 전달해주고 오겠다고 했다. 되돌아오는 길에 달달한 아이스초코에 생크림 휘핑을 잔뜩 올려서 사 와달라고 부탁했다. 단 것이 먹고 싶었다. 그때서야 사무실 주변의 풍경이 눈에 들어오기 시작했다.

선고 결과 기자회견이 끝나고 모두가 한곳으로 모였다. 오랜만에, 혹은 처음 보는 웃는 얼굴들이었다. 너무 다행이었다. 그간의 고생이 값진 보람으로 다가왔다. 한 사람 한 사람 손을 잡았고, 포옹을 했다. 함께 저녁 식사를 했고, 소회를 나누었다. 그동안의 감정들을 나누고 감사와 위로, 고생과 보람, 때로 느꼈던 씁쓸함, 고단함, 1심 선고 결과의 짐들을 함께 털어냈다. 그렇게 끈끈하고 녹녹한 시간을 보냈다. 오랜만에 소복소복 쌓이는 감성은 우리를 더욱 결집시켜줬다. 그리고 상고심 3심을 향한 마음을 다시 굳게 다졌다. "지은아, 힘내라"라고 외치면서 말이다.

얼떨떨하였지만, 나는 그날 1년 만에 처음으로 행복한 시간을 가졌다. 그 기쁨이 그렇게 내 안에 내려앉기까지 정말로 오랜 시간이 걸렸다.

2019.02.01. 항소심 유죄 선고 입장문

진실을 있는 그대로 판단해주신 재판부께 진심으로 감사드립니다. 그리고 힘든 시간 함께해주신 변호사님들과 활동가 선생님들, 외압 속에서도 진실을 증언하기 위해 용기 내주신 증인 여러분들께 깊은 존경을 드립니다.

안희정과 분리된 세상에서 살게 되었습니다. 길지 않은 시간이겠지만, 그 분리가 제게는 단절을 의미합니다. 화형대에 올려져 불길 속 마녀로 살아야 했던 고통스러운 지난 시간과의 작별입니다.

이제 진실을 어떻게 밝혀야 할지, 어떻게 거짓과 싸워 이겨야 할지보다, 어떻게 살아야 할지를 더 고민하려 합니다. 그리고 제가 받은 도움을, 힘겹게 홀로 증명해내야 하는 수많은 피해자 분들과 함께 나누고 싶습니다.

말하였으나 외면당했던, 어디에도 말하지 못하고 저의 재판을 지켜보았던 성폭력 피해자들께 미약하지만 연대의 마음을 전합니다.

끝까지 최선을 다하겠습니다. 도와주시고, 함께해주십시오.

피해자 김지은

또 다른 악몽의 시작

어느 날 작은 횡단보도에 서 있었다. 사람들이 빨간 불인데 하나 둘 건넜다. 그랬더니 곁에 서 있던 작은 아이가 엄마에게 물었다. "엄마, 빨간 불인데 왜 건너가지?" 어른들의 행동이 잘못되었다고 지적하고 있었다. 아이가 알고 배워온 것과 달랐기 때문이다. 저렇게 되면 다친다고 들었는데, 왜 저러는 걸까? 지켜야 할 것을 지키지 않고 결국 사람을 다치게 하는 일을 한다. 아이의 물음은 내가 세상을 향해 갖고 있던 의문과 닿아 있었다.

정상적인 생활을 준비하려 할 때쯤 판결문의 전문이 나돌았다. 2월 2일, 2심 선고 바로 다음 날이었다. 선고 직후 바로 설 연휴가 이어졌고 아무 일도 없을 줄 알았다. 오랜만에 연휴를 보내려다 갑자기 어느 기사를 접했다. 법정에서 판사가 읽은 요약본이 아닌, 판결문 전문을 단독으로 입수했다는 언론사 보도였다.[3] 어떻게 입수한 것일까? 사생활 침해와 2차 가해를 우려해 전부 비공개로 진행했던 재판이었다. 판결문 전문 역시 그런 부분을 우려하여 공개되지 않았다.

언론사를 통해 노출된 판결문 전문에는 실명으로 개인정보가 모두 기재되어 있었다. 증인들 보호도 제대로 되지 않았다. 심각했다. 이 판결문이 암암리에 서로에게 공유되고 있었다. 너만 주는 건데, 하며 몰래몰래 뒤로 전달되고 있었다. 그렇게 내 판결문은 언론사뿐 아니라 일반인들에게도 돌고 돌아 결국 내 지인의 손에까지 들어왔다. 그리고 내게로 전해졌다. 모든 것이 끝나고 마음이 추슬러지면 정식으로 항의하고 싶었다. 어떻게 피해자도 받지 못한 판결문 전문을 단독 입수하게 되었는지, 왜 개인정보 보호도 없이 공개했는지 묻고 싶다. 왜 법원은 이것을 정식 절차를 거치지 않고 외부에 주었는지, 왜 실명 버전을 주었는지, 성폭력 사건의 판결문이 단독 입수되고 외부로 노출되어 버젓이 기사화되는데도 왜 어느 누구도 제지하지 않았는지 묻고 싶다. 피해자가 겪을 모욕과 고통은 아무도 고려하지 않았다.

그리고 2월 13일, 피고인의 부인이 글을 올렸다. 나는 유죄 선고의 안도를 채 하루도 못 느꼈다. 낙관이 이르다는 생각을 다시 하게 되었다. 차라리 모든 것을 비관하는 편이 덜 실망하고, 더 잘 살아갈 수 있는 길이라 생각하게 되었다. 하지만 소망의 끈을 놓을 수는 없었다. 다시 마음을 부여잡고 3심 유죄 확정을 위해 최선을 다하는 것만이 내가 할 수 있는 유일한 일이었다.

합의, 연인, 불륜

"통계에 따르면 성폭력 피해자는……."

성폭력 피해자가 다시는 이런 일을 겪지 않길 소망한다. 성폭력 피해자 다수가 겪고 있는 2차 피해와 성폭력 피해에 대한 가혹한 통념이 사라지길 바란다.

"성폭력 피해가 다른 범죄 피해와 다른 점이 있다고 생각하느냐?"는 질문에 80.4퍼센트가 "다른 범죄와 차이가 있다"고 응답했다.[4] 가장 큰 이유는 "피해자가 비난받기 쉬워서"였다. "주변 사람들이 성폭력 피해와 관련하여 어떤 생각을 가지고 대한다고 느낀 적이 있느냐?"는 질문에는 "피해 사실을 주변 사람에게 알려봐야 너에게 이로울 것이 없다" "성폭력 피해를 공개하는 것은 부끄러운 일이다" "성폭력을 당했다는 것은 평생 씻을 수 없는 상처로 남을 것이다" 등이 상위 답변에 올랐다. 피해자들은 성폭력 트라우마에 영향을 미치는 요인으로 '주변 반응'을 가장 많이 꼽았다. 나한테 문제가 있어서 그런 일이 일어났다고 말하는 주변 사람들, 피해의 원인을 피해자에게 돌리는 질책 어린 시선들, 주변의 도움을 받아서 사건을 해결해나가야 할 시간에 위로는커녕 못마땅하게 여기는 시선에 상처받고, 덧나고 있었던 것이다. 그렇게 염장되어 잘 아물지 않은 상처는 흉이 크게 나기 마련이다.

반면 주변인들의 도움으로 2차 피해를 잘 극복한 사

람들도 있다. 무슨 일이 일어났는지에 대한 내 설명을 믿어주고 내 편에 서주며 나에 대한 어떠한 판단도 하지 않는다. 그저 믿어주고, 지지해주고, 신뢰해주는 것, 그것이 성폭력 피해자에게는 가장 큰 힘이 됨을 직접 경험했다. 피해를 입은 사람에게는 잘못이 없고, 비난받을 이유가 없다고 말해주는 것, 그 말 한마디에 어둠 속에 웅크리고 있던 성폭력 피해자는 세상 밖으로 걸어 나온다.

나를 음해하고 공격했던 사람들이 바로 전자의 그 시선을 이용했다. 최근의 연구[5]에 따르면 "(주요 행위주체들의 담론분석 결과,) 가해자 측은 성범죄 사건을 '합의에 의한 관계' '불륜 관계'로 정의하면서 '법적 문제'에서 '도덕적 문제'로 전환시키고, '꽃뱀' 담론을 끌어와 생존자를 가정 파탄을 초래한 '가해자'로, 안희정과 그의 주변 사람을 '피해자'로 이미지화했다. 또한 '성적 자기결정권'에 관한 페미니즘 담론을 재해석하여 성폭력의 책임을 생존자에게 돌리는 전략을 취하며 성폭력 문제를 '개인화'했다".

어느 한 가해자만의 특수한 방어 전략은 아니다. 가해자의 가족, 특히 아내들은 적극적으로 2차 가해에 동참한다고 한다.[6] 우리 사회는 오직 가족과 관련해서 의리를 지킬 것을 요구한다. 여성의 명예와 평판은 여전히 정상가족을 잘 유지하는지 여부에 달려 있다. 그 결과, 친족 성폭력의 피해자에게 친엄마가 나서서 침묵을 종용하는 사례도 드물지 않다. 피고인을 대통령 만들겠다고 여러 해를 바쳐왔던 사람들뿐 아니라 피고인의 가족들에게도 나는 철천지원수나 다름 없었다.

평소 안희정은 부인의 일정을 꼬박 챙기며, 불편함 없이 모시라는 지시를 했다. 이미 공관에는 부인의 일을 돕는 사람이 많이 있었음에도 비서실의 여자 직원이라는 이유로 추가적인 업무를 부여받았다. 공관에는 부인의 요리, 빨래, 다림질, 청소 등 살림을 돕는 여자 직원이 상주해 있었고 공관 청소와 잡일 등을 하는 남자 직원, 공관 내 손님 응대와 공관 집기 구매, 간식 구매, 안희정의 은행 업무 등을 대리하는 여자 직원, 공관을 교대로 관리하는 청원 경찰(3명)을 따로 두고 있었다. 그 외에도 비서실에서는 매일 안희정의 구두를 닦고 양복을 세탁해서 차를 이용해 공관으로 올려 보냈고 필요 물품들을 지시받는 즉시 준비해서 올려다 놓았다. 공관의 공식 손님 응대뿐 아니라 지사 부부의 개인적 손님의 음식과 선물 준비에도 도청 예산과 인력이 동원되었다.

비서실 업무를 맡았던 내게도 종종 안희정의 부인을 수행하라는 지시가 떨어졌다. 사모가 지방 일정이 있거나 친구들과 모임을 할 때 동행하여 수행비서 역할을 하기도 했다. 공적인 업무가 아니었지만 지사의 지시 사항이었기에 해야 했다. 거기에 안희정의 부인도 수시로 내게 업무 지시를 했다. 안희정의 일정을 세세히 보고하도록 했고 잔심부름도 많았다. 부인의 일들을 도와주는 직원이 여러 명 있었음에도 불구하고 내가 수행해 거제도에 다녀온 일도 있다. 안희정의 부인은 내가 고생하는 것을 알았기에 공관에 들어온 신물 중 일부를 주기도 했고, 서로 안부를 종종 묻기도 했다. 만약 안희정의 부인이 주장하는 막장 드라마에나 나올 법한 '부부 침실 난입 사건'이 8월에 있었다면, 이후에 이런 일들이 가능했을까.

'피해자를 이상한 사람으로 만들기' 역시 성폭행 가해자들이 많이 쓰는 방식이다. 비공개 재판이었기에 나의 진술은 언론에 공개되지 않았다. 나를 특히 '이상한 여자' 프레임으로 몰아넣은 그날 일의 실상은 재판에서 소명했다. 내 진술에 부합하는 증거가 문자 기록으로 제시되었고, 피고인 안희정도 내 진술과 문자 기록에 부합하는 진술을 했다. 무엇보다 이 모든 상황은 공소 사실에 제시된 범죄 사건과 무관하기 때문에 진술 신빙성에 영향을 줄 수 없다는 재판부의 판단이 있었다. 그럼에도 오직 나를 이상한 사람으로 만들기 위해 조작된 진술들의 힘은 강력했다. 평소 침실에 들어오는 이상한 여자, 내 남자를 유혹하는 엽기적인 여자라는 주장은 일부 대중 사이에서 아주 치명적인 정보처럼, 사건의 핵심을 쥔 사실인 양 회자했다.

전략의 목적은 명확했다. 메시지를 반박하지 못하니 메신저를 공격하는 방식이었다. '이 여자가 어떠어떠한 사람이기 때문에 피해자의 말을 믿을 수 없다' '어떤 과거가 있기 때문에 피해자가 아닐 것이다'와 같은 식으로, 내가 낸 증거들과 상관없는 진술들로 나의 말을 무력화시키는 것이다. 애초에 '피해자의 과거의 이력'을 묻는 것은 해외에서는 금지되어 있는 질문이기도 하다. 최근 대법원 젠더법연구회가 조사한 결과에서는 피해자의 평소 품행을 언급하는 것 자체가 부적절하다고 꼽았다.[7] 하물며 그 언급이 사실조차 아니었음에야 더 말할 필요도 없다. 당시 이러한 허위 주장을 마치 특종을 다루듯 검증 없이 보도한 일부 언론은 저열하고 고통스러웠다. 나는 막장 드라마 속 주인공이 아니다.

연관 검색어:
안희정 김지은 문자

"닭을 쏠 수 없어서 일부러 빗맞혔다. 다른 직원들도 마찬가지였다."

국내 어느 기업 회장이 워크숍 장소에서 직원에게 활을 주면서 살아 있는 닭을 향해 쏘라고 지시했다. 직원들이 망설이고 시늉만 하자 화를 내며 일본도를 직접 가지고 왔다고 들었다. 이런 권위에 의한 강요 외에도 폭행 등의 갑질이 논란이 됐다. 피해자(직원들)는 "거부할 수 없었다"고 답했다. 2015년에는 교수가 제자에게 인분을 먹이고 폭행, 감금한 잔혹하고 엽기적인 가혹 행위가 고발된 적도 있었다. 이처럼 사회에는 '위력'을 경험하고 참고 견디는 사람이 이전부터 많이 있었다. 그리고 여전히 위력의 상황은 일상적으로 일어난다.

상사에게서, 교수에게서, 선배에게서 힘의 작동 원리에 따라 작용-반작용의 법칙이 함께 적용되는 것이 위력이다. 위력의 무서운 점은 위협적인 말을 듣지 않아도, 스스로 몸이 굽혀진다는 것이다. 위력은 상대를 압도하는 힘이다. 타인의 의사를 제압할 수 있는 유형적·무형적인 힘이다. 폭행이나 협박을 동원한 경우는 물론, 사회적·경제적 지위를 이용하여 의사를 제압할 경우도 포함된다. 우리는 살면서 그런 힘을 굳이 말하지 않아도 알고 있고, 느끼고, 경험하고 있다. 때로는 직급으로 인해, 때로는 성별로 인해, 때로는 나이로 인해, 때로는 조직이나 재물로 인해⋯⋯. 그렇게 각자의 일상에 위력은 늘 존재하고 있다. 그 위력에 어쩔 수 없이 따르고 참는 일은 많다. 그럼에도 개인은 그 안에서 자신의 업무나 학업을 쉼 없이 이어나간다. 위력이 존재한다고 해서 학교나 직장을 바로 그만두지는 않는다. 그것이 위력의 실상이자 사람들이 살아가는 현실이다.

그 위력 아래 있었다. 나는 안희정의 수행비서로, 안희정의 지위 아래 있는 부하 직원이자 그 권력 안에서 안희정의 위력을 지키는 일을 하는 사람들과 공적인 업무 공간에 있었다. 나와 일했던 사람 대부분은 안희정을 대통령으로 만들기 위해 오래 전부터 모여 있던 이들이다. 그리고 내가 보낸 것이라며 언론에 문자를 공개한 사람들은 그 그룹에 속해 있는 안희정의 최측근들이었다. 내가 수행비서가 된 후에도 계속해서 감시하듯 나의 말투, 표정, 태도, 감정 표현까지 하나하나 지적했던 사람들이었다. 안희정 조직 내에는 계파 같은 게 있었다. 조직 내 참모진 서열 순위라거나, 그 최측근 참모진 밑에 서로 줄서기, 최측근 경쟁, 평판 경쟁, 충성 경쟁 같은 것이 존재했다. 어찌되었건 나는 거기에 낄 수조차 없었다. 나는 조직 내 위력에서 가장 밑에 있었다. 누구에게도 밉보여선 안 됐고 어떤 실수도 허용되지 않았다. 납작 엎드려 기어야 하는 위력의 법칙이 조직 내 힘의 역학에 따라 내게도 그대로 적용되었다. 항시 생존 본능의 스위치를 켜두고 지냈다.

그런 생계형 정신노동이 일상인 직장에서 주고받은

문자가 언론에 공개되는 것은 낯부끄러운 일이다. 게다가 정식 수사 기관의 검증을 통해 나온 자료도 아니었다. 대화의 맥락과 내용은 모두 빠진 채 일부만 악의적으로 편집되어 있었다. 어떤 자료는 이름 없음으로 나오고 마치 수정된 문서 파일처럼 보이기도 했다. "변호인은 유도신문할 수 있다"고 말했던 안희정의 변호사는 언론에 공개된 문자를 내게 보였지만 "문자 상대는 안희정의 최측근이다, 저대로는 어떤 의미인지 나도 파악이 안 된다, 전문을 보여달라" 하자 그냥 넘어갔다. 문자뿐만 아니었다. 재판 과정은 그런 상황들의 연속이었다.

찔러보기, 아니면 넘어가기. 정신이 혼미했다. 찔러보기 중에 나온 그 알 수 없는 문자 중에 하나, 전문을 보여달라고 했지만 보여주지 않은 그 문자 중에 하나, 어떤 의미도 없는 문자 중에 하나, 안희정 최측근에게 보낸 문자 중에 하나……. 모두 반박했다. 그러나 지금 온라인상에는 그것이 마치 재판 중에 제대로 다뤄지지 않고 배척된 아주 중요한 자료처럼 도배되어 있다.

그 문자를 나눈 사람 중 일부는 이 사건의 진실이 알려지면 자신이 감옥에 가야 한다고 주변 사람에게 말하기도 했다. "가까이서 모셔보니 어때? 실망스럽지?" 수행비서로 일할 때 안희정의 어느 참모는 만날 때마다 내게 그렇게 물었다. 그럼 늘 나는 짜인 답변을 해야 했고 안희정에 대한 칭송과 함께 선배에 대해서도 칭찬을 덧붙였다. 그 선배에게는 늘 입바른 소리를 해야 한다고 들었다. 나는 그 선배를 아주

깍듯이 대했다. 항상 도청의 일정과 비서실장의 일정에 대해 불만을 가지고 있었던 그 선배가 스위스 출장 일정을 모두 기획했고 그 일정이 어떠냐고 내게 물었다. 평소 빡빡한 일정에 대해 문제 제기를 하던 선배였기 때문에 휴식의 시간을 가질 수 있어서 괜찮았다는 의미로 선배의 기분을 맞추고자 '릴렉스'라는 단어를 사용했던 것이 악의적으로 편집되어, 이상한 의미로 주장되었다. 안희정 조직에는 기자 출신과 연설 작성자들이 있었다. 글을 쓰고 스토리를 구성하고 언론을 다루는 데 능숙한 사람들이다.

그들은 문자를 상황 상황에 편집하여 있지도 않은 일들을 추측하며 그것이 어떤 증거인 양 말했다. 조직에 있는 한 살 많은 선배에게 보낸 문자들을 교묘히 혼란스럽게 붙여 안희정과 보낸 문자처럼 글을 써서 내보내기도 했고, 이를 그대로 받아 적은 언론사는 '안희정 오빠'라는 기사 제목을 붙여 오보를 냈다. 현재는 기사 제목이 정정되었지만, 이미 확산된 보도는 주워 담을 수가 없다. 블로그로, 유튜브로, 트위터 등으로 공유되고 재가공되었다. 미투 직후에는 한 언론사가 공무 중 안희정을 수행하던 영상에 나온 나의 모습을 마지막 피해 당일 CCTV 장면처럼 빨간색 동그라미를 쳐서 내보냈다. "얼굴을 꼿꼿이 쳐들고 있는 게 피해자가 맞느냐"는 수많은 악플에 시달렸다. 어떻게 그 장면이 그 언론사에 CCTV 영상처럼 노출되었던 것인지 참으로 의심스럽다. 그 후로 2년 가까운 시간이 지났지만 언론사의 사과나 정정보도는 찾을 수 없고, 그 가짜 빨간 동그라미 CCTV 캡처본은 온라인상에 붉은 상흔처럼 남아 있다.

이런 여론전을 통해 '성폭력'의 사실은 사라지고, 그 자리에 '불륜'이라는 자극적인 소설들만 돌아다녔다. 안희정의 성폭력 범죄를 증명하는 데 있어 핵심적인 증거는 따로 있었다. 그런 자료들이 재판에서 증거로 다루어졌고 판결문에 인용되어 유죄 판결을 이끌어낸 것이다. 그러나 재판은 비공개였다. '불륜'이 성공하자, 기세에 이어 사법부를 공격했다. 합리적이고 공정한 판결에 의문을 제기하는 언동들이 2심 재판부를 비난했다. 일부 언론들도 "같은 사안, 다른 판결"이라며 "피해자 말이면 다 믿는 성 인지 감수성"이라고 기사를 썼다. 추가 증거와 추가 증인 진술에 피고인 진술까지, 그 외 모든 점에서 1심과 2심은 엄연히 다른 재판이었다. 그저 공소 제기된 범죄가 같을 뿐이다.

성폭력 범죄에서 가해자 측, 특히 가해자의 가족들, 직장 동료들의 2차 가해는 이런 식으로 비슷하게 이루어진다고 들었다. 보통 재판 과정에서 피해자 신상 털기, SNS 털기, 메신저 털기 등은 놀랍지 않은 일이라고 한다. 가해자가 첫 번째로 하는 작전이라는 것이다. 하지만 나의 경우는 2차 가해, 2차 피해의 아주 대표적·기록적 사례로 꼽힐 정도로 그 심각성이나 피해가 너무도 크다고 했다. 전에 없는 2차 가해와 2차 피해. 이것이 강의 주제나 연구 케이스가 되는 것에 대해, 웃어야 할지 울어야 할지 모르겠다. 다만 내가 소망하는 일은 나의 사례를 통해 앞으로 나와 같은 피해자가 나오지 않는 세상을 만드는 것이다.

다시 이어지는 마녀사냥

또 안희정 부인 민주원의 페이스북에 허위사실이 올라왔다. 벌써 세 번째. 막무가내 주장 앞에 법과 제도는 아무 힘이 없다. 무지한 강자를 이겨낼 방법은 세상에 처음부터 없는 것만 같다. 끝이 보이지 않는다.

미투 초창기에 여러 지라시가 돌았다. 음모론, 청와대 기획설, 정당 사주설, 국회의원 공천설, 여성단체 공모설, 거기에 내 가족이 정당에 관여되어 있다는 이야기까지 있었다. 시간이 지나며 사라졌지만 이번엔 불륜설이 나돌고 있다. 그것도 지라시 수준이 아닌 공개적인 글을 통해서다. 괴롭다. 시간이 너무나 버겁다. 초침이 너무 무겁게 느껴진다. 대응하고 싶기도 하지만, 진실은 법정에서 가려야 한다고 생각한다. 그들과 똑같아지고 싶지 않다.

거짓을 잡아먹는 천적은 진실이다. 거짓이 세상을 어지럽힌다고 해도 진실이 그 벌레 같은 거짓들을 야금야금 먹어치우리라 믿는다. 느리고 고통스럽지만 진실이 결국 이긴다는 믿음을 가지고 기도할 뿐이다.

거짓 주장들이 온라인을 잠식했고 나는 인터넷 뉴스 창을 통해 그 거짓들과 마주해야 했다. 밤새 한숨도 자지 못한 채, 흩어져버리려는 세포들만 부여잡고 있었다. 새벽 두 시 언저리에는 꾹 참고 참던 눈물이 기어이 쏟아졌다. 아침이면 지금보다 더한 거짓 뉴스가 아무런 검증 없이 더 많이 나올 텐데. 나를 걱정하실 부모님 생각이 나서 몹시도 괴로 웠다. 나는 왜 이렇게 부족한 딸인가. 끝나지 않는 마녀사냥, 나는 여전히 가지고 놀기 좋은 사냥감이었다.

여성주의 연구 활동가가 힘을 내라며 보내준 페이스 북 게재 글을 읽고 갑작스런 오한이 왔다. 성폭력 피해자들 을 집요하게 괴롭히는 다른 가해자 가족들의 사례를 읽으며 오들오들 온몸이 떨렸다. 예전에 성폭력 피해자들을 위한 봉 사활동을 하면서 피해자들의 상황을 같이 나누고 함께 힘들 어했던 기억들도 떠올랐다. 가족뿐 아니라 가해자의 회사 동 료, 주변인들의 2차 가해들도 빈번했다. 가해자와 한 팀으로 무장해 그들은 피해자를 괴롭히는 또 다른 범죄를 저지르는, 반성과 정의보다 가까운 관계가 우선인, 변하지 않는 우리 사회의 자화상이다.

안희정 부인의 허위 글은 내게 '폭력 범죄'와 같았다. 두들겨 맞은 것처럼 근육이 아프다가 몸살이 났고, 입술에 수포가 생겼다. 머리를 둔기로 맞은 것처럼 띵하고 어지럽고 토할 것 같았다. 턱과 목을 연결하는 근육이 단단히 조여지 며 숨이 막혔다. 집 밖에 나가지도 않았는데 겨울 찬바람에 한기가 든 것처럼 목감기, 코감기에, 심한 재채기까지 했다. 세포도 정신도 모두 비정상이 되었다.

비상약을 입에 꾸역꾸역 집어넣은 후 커튼이 쳐져 있 는 작은 집 안에 누워 있는 것 말고는 아무것도 할 수 있는 게 없었다. 죽지 않고 살아남는 것이 내가 꼭 이루어내야 할 미 션이었지만, 죽는 것보다 사는 게 더 고통스러운 것 같다는 생각이 수시로 들었다. 많은 사람이 인터넷의 가짜 뉴스에 또 악성 댓글을 달기 시작했다.

"김지은은 여성 단체 뒤에 숨어서 말도 안 한다."

"악녀!"

"감옥에 처넣어라."

잔인했다. 나는 댓글을 단 사람들의 얼굴도 모르고, 그 사람들에게 잘못한 게 아무것도 없는데, 그들의 손가락에서 나오는 몇 줄의 글 때문에 나는 죽어갔다. 가혹한 댓글들은 억지로 입에 부어지는 락스 같았다. 너무 억울했다. 내 몸을 계속 찌르는 그 몇 마디의 흉기는 나와 가족들을 잔인하게 죽이고 있었다. 당신들이 하는 행위는 살인과 같다. 칼을 함부로 휘두르지 말라. 그것은 범죄다. 나는 당신들에게 잘못한 게 없다. 제발 멈춰달라. 가해자와 그 가족들의 삶이 중요하다면, 피해자와 피해자 가족의 삶도 중요하다는 것을 왜 생각하지 못할까. 가해자의 범죄로 인해 잿빛으로 일그러져버린 피해자와 그 피해자의 가족들의 삶은 애초부터 고려 대상이 아닌 걸까? 계속 이렇게 숨죽여 웅크린 채로 살아야 하는 걸까?

가해자의 가족들은 분노를 피해자에게 돌리고, 자신이 가장 피해자인 양 피해 경쟁을 하려는 것 같았다. 언론은 피해자와 가해자의 얼굴을 한데 붙여 기사에 올리는 더 잔인한 짓을 했다. 피해자에게 누가 누가 더 가혹할 수 있는지 겨루는 것 같았다. 나는 여전히 마녀로, 화형대 위에 갇혀 있었다. 불길은 꺼지지 않았다. 3심이 끝나도 언제든지 다시 화형대로 강제 소환되는 도돌이표 삶을 살게 되는 것은 아닐까? 겁이 났다. 이 굴레를 간절히도 끊어내고 싶었다.

걱정해주는 분들에게 괜찮다고 말했지만, 하나도 괜찮지 않았다. 설명하고 싶은데 설명할 수가 없었다. 검찰에서 법원에서 수없이 진술하여 진실성을 인정받았는데도 사람들은 똑같은 질문을 반복한다. 그 질문은 내가 죽을 때까지 반복될 것만 같다.

안희정 부인의 글은 잘 짜인 총공격 명령과 같이 느껴졌다. 대선 캠프에 위기가 찾아오면 좌표를 찍고 모두가 일사불란하게 움직이는 총공격 시스템. 처음부터 각오했지만 싸우고 싸워도 매번 같은 자리로 돌아온다. 불을 끄고 싶다. 온 몸을 감싼 불길의 열기가 너무 고통스럽다.

함께하는 사람들이 있어 버텼다

성폭력을 당하고 가장 힘들었던 현실은 도와주는 사람이 없다는 것이었다. 함께해주겠다는 그저 단 한마디의 '동의'면 됐다. 힘겹게 피해 사실을 털어놓았을 때 "네 말이 맞다. 도와줄게"라는 말이 필요했을 뿐이다. 하지만 그 한마디를 듣지 못했다. 조직 내 다른 직원의 성추행 사실을 털어놓았을 때도 그랬다. 참아라, 견뎌라, 너만 조용히 있으면 된다, 원래 여기는 그래, 그러니까 문제 제기하는 네가 이상한 거야, 외부에 큰소리 안 나게 해.

처음 성폭행을 당하고 그 사실을 어렵게 주변에 이야기했을 때도 답은 똑같았다. "조심해라." "다음에 부르면 들어가지 마라." 범죄 사실을 주변에 알리고 멈추도록 도와주겠다는 사람은 없었다. 점차 침묵하고 따르게 되었다. 문제를 말해도 받아들여지지 않는다는 것을 깨닫는 일은 두렵다. 상명하복(上命下服). 순응하고, 무기력해졌다. 물에 젖은 종이가 되었다.

온몸을 무겁게 짓누르던 무력감을 어렵게 깨치고 범죄 사실을 주변에 알려도 함께해줄 사람은 영원히 없을 것이라 생각했다. 안희정의 권력과 그 네트워킹은 광범위했다. 그래서 마지막 범행을 당한 뒤 참지 못하고 상담한 선배가 마침내 "도와줄게"라고 했을 때, 그제야 숨을 쉴 수 있었다. 무기력에서 벗어날 수 있었다.

미투 이후 '김지은과 함께하는 사람들'이 만들어졌고, 2018년 3월 8일 언론을 통해 성명서가 발표되었다.

> "더 이상 혼자가 아니라는 것, 우리가 옆에 있다는 것을 말해주고 싶습니다. 그분의 용기 있는 고백이 없었다면 우리도 피해자가 되었을지 모릅니다."[8]

생각지도 못했던 일이라 놀라움이 컸다. 당시 흘러가는 시간만으로도 감당이 안 돼서 아예 휴대폰을 꺼놓고 있던 상황이었다. 어떤 연락도 받지 못했다. 아무것도 모르는 상태에서 언론으로 성명서를 접했다. 어안이 벙벙했다. 몇 명인지, 누구인지, 감이 잡히지 않았다. 그저 홀로 외치는 내 메아리에 응답해주는 그들의 그 마음이, 그 용기가 고마울 뿐이었다. 하지만 이내 성명서를 발표해준 사람들의 신변이 걱정되었다. 이후 경선 캠프에서 함께했던 친구들이 주축이 되어주고 있음을 알게 되었다.

'김지은과 함께하는 사람들' 1차 성명서 전문
저희는 안희정의 상습 성폭행 피해자인 김지은 씨와 경선 캠프에서 일했던 사람들입니다.
저희는 민주주의와 인권이라는 안희정의 가치를 믿고 그와 함께했습니다. 하지만 이번 사건으로 안희정에 대한 믿음은 완전히 사라졌습니다. 앞에선 #미투를 운운하며 뒤에서 성폭력을 자행한 그의 이중 잣대를 용서할 수 없습니다.

김지은 씨의 인터뷰가 있고 나서 참모진은 아무런 조치 없이 긴 침묵에 빠졌습니다. 책임 있는 어느 누구도 김지은 씨의 용기를 지지하거나 반성과 자성의 목소리를 내지 않았습니다. 그리고 어젯밤, 두 번째 피해자에 대한 소식이 뉴스를 통해 보도되었습니다. 참담하다는 말로도 표현할 수 없는 심정입니다. 긴 침묵을 바라보며, 김지은 씨와 두 번째 피해자, 더 있을지 모를 피해자를 위해 이제 우리가 행동해야 한다는 것을 깨닫게 되었습니다.

이번 사건을 계기로 저희는 캠프 내에서 각자가 겪었던 경험들을 공유할 수 있었습니다. 노래방에 가서 누군가 끌어안거나, 허리춤에 손을 갖다 대거나, 노래와 춤을 강요하는 것은 흔한 일이었습니다. 선배에게 머리를 맞거나 뺨을 맞고도 술에 취해 그랬겠거니 하고 넘어가기도 했습니다. 만연한 성폭력과 물리적 폭력은 '어쩌다 나에게만 일어난 사소한 일'이 아니라, '구조적인 환경' 속에서 벌어진 일이었습니다. 그럼에도 그저 캠프가 잘되길 바라는 마음 때문에 문제를 제기하지 못했음을 뒤늦게 깨달았습니다.

왜 우리가 한 번도 제대로 문제 제기를 하지 못했는지 생각해 보았습니다. 민주주의는 안희정의 대표 슬로건이었지만, 캠프는 민주적이지 않았습니다. "너희 지금 대통령 만들러 온 거야"라는 말은 당시에는 자부심을 심어주려는 말로 받아들였지만 결과적으로 그것은 안희정이라는 인물에 대한 맹목적인 순종을 낳았습니다. 정작 비판적인 의견을 제기하면 묵살당하는 분위기에서 선배들과의 민주적인 소통은 불가능했습니다. 저희 역시도 그러한 문화를 용인하고 방조하는 데 동참하지 않았나 하는 생각으로 죄책감마저 느낍니다.

서로 이런 경험을 나누고, 김지은 씨가 #미투에 참여하는 일이 얼마나 어려웠을지 그동안 겪은 모든 일들이 얼마나 고통스러웠을지 깊이 이해하게 되었습니다. 이제 김지은 씨에게 #위드유로 응답하며 우리는 다음과 같이 요구합니다.

첫째, 피해자 김지은 씨에 대한 2차 가해를 멈춰주십시오. "왜 거절을 못 했느냐" "평소 행실에 문제가 있었던 것 아니냐" "정치적 목적이나 배후 세력이 있는 것 아니냐"는 식의 말을 전하는 것도 피해자에게 책임을 전가하는 일이며, 사건의 본질을 흐리는 행위입니다.

둘째, 민주당은 "합의에 의한 관계"라고 발표할 것을 지시한 비서실 인사가 누구였는지 밝히고 당헌과 당규에 따라 성폭력 방조죄로 간주해 징계하십시오.

셋째, 민주당을 포함한 모든 정당은 상습 성폭행 가해자 안희정의 성범죄 혐의에 관한 수사를 적극 지원하고, 정치권 내 권력을 이용한 성폭력 방지를 위해 초당적으로 협력하여 구체적인 안을 마련하십시오.

김지은 씨는 "국민들이 저를 지켜줬으면 좋겠다"고 호소했습니다. 지금 당장이라도 "제가 없어질 수 있다"는 두려움을 느낀다고 말했습니다. 저희는 김지은 씨를 지키는 데 앞장서겠습니다. 공명정대한 수사와 재판이 이루어지고, 피해자와 주변인에 대한 2차 피해를 방지하는 데 힘을 보태겠습니다. 이를 위해 저희는 2차 가해 내용을 수집하고 있습니다. 2차 가해 내용을 발견하시면 제보해주시기 바랍니다.

마지막으로, 김지은 씨에게 더 이상 혼자가 아니라는 것, 우리가 옆에 있다는 것을 말해주고 싶습니다. 그분의 용기 있는 고백이 없었다면 우리도 피해자가 되었을지 모릅니다. 저희는 두려움에 떨고 있는 모든 피해자 분들과 함께하겠습니다.

2018.03.08.

김지은과 함께했던, 그리고 김지은과 함께하는 사람들

이들은 방송을 통해 나의 목소리를 듣고 성폭력이 있었음을 알았을 때, 방송 당일 밤 안희정이 자신의 페이스북을 통해 "합의에 의한 관계가 아니었다"고 시인했을 때 나와 함께하기로 결심했다고 했다. 보다 좋은 세상을 만들고 싶어서 안희정의 캠프에서 자원 봉사를 했던 청년들이다. 캠프 생활을 하며 후보와 비서 간에 결코 동등한 위치가 형성될 수 없는 조직 구조를 직접 보았고, 내가 평소 힘들어했던 걸 잘 아는 사람들이었기에 자신의 인생을 걸고 힘든 싸움에 동참해주었다. 거대 권력과 다투는 일에 나서주었다.

혼란과 어려움 속에서도 나를 위해 나서준 사람들은 변함없이 늘 곁에 있어주었다. 아픔에 함께 울어주었고, 그동안 도와주지 못했다는 자책을 하기도 했다. 오랜 시간 검찰 조사도 받았고, 2차 가해를 하는 안희정의 측근들을 찾아내주기도 했다. 그 과정에서 이들은 다양한 유·무형의 압박과 협박을 받았다. 안희정의 지지자들은 나를 돕는 사람들의 실명과 사진을 올려 심한 욕을 하거나, 다니는 회사에 연락을 하기도 했다. 2차 가해를 가한 사람들 중 일부는 이후 유죄 인정되어 벌금형이 구형되었다.

피해 사실을 안 사람 중 처음으로 도와주겠다고 한 선배는 지속적인 압박과 위협을 받았다. 사건을 은폐할 수도 있었는데, 세상에 알려지게 만들었다는 원망도 짊어졌다. 정치권의 의원들에게 회사를 그만둘 것을 종용받았고, 지라시에 이름을 교묘하게 바꿔 음모론의 배후라며 회자되기도 했다. 하루하루를 협박과 회유에 짓눌려야 했다고 들었다. 훗날 안 사실이지만, 선배는 오랫동안 준비한 미국 연수가 3월에 예정되어 있었는데 증인 진술을 위해 연수 기회를 포기했다.

한 다른 선배 역시 자녀의 어린이집에 누군가 접근해오는 일을 겪어 경찰에 신고해야 했다. 안희정의 일부 측근은 그룹을 이뤄 다른 참고인의 진술이 끝날 때까지 검찰 밖에서 기다리거나, 진술을 하고 나오는 참고인에게 신문 내용을 정리해 제출하라 지시했다고 들었다. 증언을 한 후배를 모해위증으로 고소하기도 했다. 그렇게 나와 함께한 몇몇의 사람은 있는 사실 그대로를 이야기했다는 이유로 재판이 끝난 지금까지도 불이익과 부당함을 겪고 있다.

함께해준 분들이 겪은 고초를 일일이 나열하고 감사함을 표현하고 싶지만 지면에 차마 다 실을 수 없다. 모두가 그전에 겪어보지 못한 압박을 받으며 극심한 스트레스에 시달렸다. 지쳐갔지만, 진실을 붙잡고 서로 연대했다. 함께였기에 버틸 수 있었다. 고통을 나눠준 그들은 여전히 내 곁에 있다. 가장 감사하고, 놀라운 일이다.

일부 전문가들은 피해자 옆에 또래 친구들이 있다는 게 굉장히 특이한 현상이라고 했다. 일반적으로 보아온 피해자는 항상 혼자였다고 했다.

"내가 아는 김지은을 믿으니까."

생각지도 못한 사람들의 도움도 있었다. 학창 시절 오랜 친구들, 고등학교 때 선생님, 예전 직장 동료들과 제자들, 부모님의 친구 분들까지⋯⋯. 세월에 쫓겨 연락처가 없던 이들도 SNS 메신저를 통해, 친구의 친구를 통해, 언론에 나를 돕고 있다고 나온 단체나 변호사의 공개 주소를 통해 편지로 연락을 보내왔다. 그렇게 걱정하며 응원의 메시지를 보내주시는 분들이 있었다.

적어도 나를 알던 사람들은 내가 어떤 사람인지 아니까 오죽했으면 나왔을까, 혼자 앓다가 죽겠구나 싶으니까 나왔겠지 싶었다고 했다. 또 그동안 혼자서 얼마나 힘들었냐며 미안해했다. 그저 인간 대 인간으로 나를 위로하고, 보듬어 주었다.

"내가 알던 김지은은 그렇지 않다." "그 애 내 친구야"라며 과감히 내 편이 되어준 친구들, "아버지가 유지고 지역 정치권 조직위원장이라더라"는 지라시 이야기를 옮기는 말들에 대고 "그 언니 집 어려워. 매일 통조림 먹고 살고, 항상 똑같은 모자만 쓰는데"라며 세상 거짓말들에 선을 그어준 후배들, "힘들면 언제든 얘기해도 좋다. '지은아'라고 불러도 되겠니"라며 마음을 열어주시던 학창 시절 담임 선생님, 연락이 안 되어 너무 걱정이 된다며 변호사에게 편지를 보내온 전 직장 후배, 밖에도 못 나가고 혼자 우두커니 앉아 있을 날 위해 힘이 되는 노래를 보내주거나 밥 꼭 챙겨 먹으라며 반찬을 보내준 선배나 동료들…….

작은 방 안에서 이불을 뒤집어쓰고 엉엉 울며 노래를 듣고, 지인들의 메시지와 편지를 보며 겨우겨우 힘을 냈다. 하루하루가 너무 힘들었지만, 주변에 이런 사람들이 있었다는 사실에 감사하며 가까스로 견딜 수 있었다.

혹시라도 무슨 일이 생길까 봐 연락했다고, 우리가 김지은을 잘 아니까 충분히 믿는 것이라고 했다. 사람을 품어준다는 것이 얼마나 따뜻한 일인지 비로소 알게 되었다. 연락을 받으면서 내가 그동안 바보같이만 산 건 아니구나, 다행이구나 싶었다. 일에 파묻혀 잊고 지냈지만 내게도 가족이 있었고, 친구가 있었다.

동료들이 보내온 탄원서

당시 동료들이 보내준 글의 일부를 수록한다.

김지은은 그 누구보다도 일에 대한 책임감이 강한 사람이었습니다. 누구보다도 일찍 출근하고 늦게 퇴근하며 사무실 청소부터 선배들의 잔심부름까지 마다하지 않고 열심히 했으며, 꼼꼼한 일 처리로 선배들로부터 항상 칭찬을 듣는 사람이었습니다. 이런 탓에 캠프 사무실 내에서 김지은의 별명은 '성실함의 대명사' '일의 노예' 등이었습니다.

김지은이 처음 안희정의 수행비서로 발탁되었다는 이야기를 들었을 때 저를 비롯한 모든 동료들은 의아함을 감추지 못했습니다. 안희정 조직에서 여성이 수행비서로 임용된 사례가 전무했을 뿐만 아니라, 성별은 차치하고서라도 김지은이라는 사람은 수행비서에 적합한 인물이라는 생각을 하지 않았기 때문입니다. 수행비서 역시 꼼꼼함과 성실함을 갖춰야 하는 역할이지만, 기본적으로 지사의 주변 관계를 주도하고 본인의 판단력을 기반으로 지사의 도정 수행을 가이드할 줄도 알아야 하기 때문에 많은 인적 네트워크와 경험을 필요로 하는데, 김지은은 수행에 대한 경험이 전혀 없었기 때문입니다.

하지만 그 역시 우리의 편견일 수도 있겠다는 생각을 했고, 그 당시만 하더라도 안희정에 대한 믿음이 강했기 때문에 '지사님이 뭔가 생각이 있으시겠지' 하는 생각으로 일단 축하를 해주었습니다. 김지은 본인조차도 본인이 왜 수행비서로 발탁되었는지 정확한 경위를 알지 못하는 상황이었고, "기왕 발탁되었으니 열심히 해서 지사님을 잘 보필하겠다"고 다짐을 보이기도 했습니다. 저는 김지은에게 '수행 종합선물세트'라는 이름으로 수행에 필요한 각종 도구들을 잔뜩 구매해 선물 상자를 건네주기도 했습니다. 이는 온전한 축하의 의미라기보다는 수행비서라는 막중한 임무에 투입되기 전에 응원하는 차원의 선물이었습니다. 이처럼 김지은은 자신이 원해서 수행비서가 된 것이 아니라 오로지 충남지사에 의해 발탁이 되어 수행비서 임무를 수행하게 되었습니다.

수행비서 임무를 하는 동안에도 저와 김지은은 수시로 연락을 주고받았는데, 가끔씩 불안정하고 위태로운 모습을 보였습니다. 무엇이 힘드냐고 물으면 그 정확한 내용은 항상 빼놓고 말하지 않았습니다. 그래서 저는 도지사 업무에 관한 보안 사항이라 말을 하지 못하는 것이라 생각하고 더 묻지 않고 위로해주곤 했습니다. 단순히 일이 힘든 줄로 알았지, 성폭력을 당하고 있는 줄은 꿈에도 상상하지 못했던 것입니다. 하지만 그런 일이 계속 반복되기를 7개월, 8개월에 이르자 저도 지치게 되었고, 이제는 김지은을 위로하기보다는 다그치게 되었습니다. 저는 김지은에게 "누나가 그렇게 나약해서 어떻게 지사님을 대통령으로 만들겠느냐. 정신 똑바로 차려라. 눈물이 나면 눈물 흘리면서 일해라"라는 식으로 이야기했습니다. 김지은이 성폭력 피해를 당하면서도 가장 친했던 제게도 그 사실을 털어놓지 못한 이유도 이처럼 저조차도 안희정에 대한 강한 믿음이 있는 열정적인 지지자였기 때문이라고 생각합니다.

—K

김지은 씨는 경선 당시 캠프에서 밤늦도록 열심히 일하던 봉사자로 그 누구보다 성실히 일했던 사람이라고 익히 들었습니다. 조용한 성격에 묵묵히 맡은 바 일을 열심히 하는 김지은 씨였기에 당시에 저와는 개인적인 친분은 없었지만 캠프에 있던 관계자들로부터, "묵묵히 일 참 열심히 한다" "남자 열 명보다 김지은 한 명이 낫다" "일 진짜 잘한다"는 얘기를 익히 들었던 터라, 경선 후 충남도청으로 발탁되어 간다기에 그럴 만하다고 생각했었습니다.

— S

김지은은 평소 밝고 여린 마음을 가진 사람이었습니다. 선거 사무소에서 동생들이 장난을 쳐도 그저 웃으면서 받아주던 누나였습니다. 기본적으로 다른 사람을 모질게 대하지 못하는 사람이었습니다. 2017년 12월 15일, ○○연구소 송년회에서 안희정을 수행하던 그를 만났습니다. 핼쑥해진 그의 모습을 보고, 저는 '어린 티가 다 사라졌네. 이제 완전 어른이다'라며 장난을 쳤습니다. 그때도 그는 그냥 웃기만 했습니다. 그런 김지은이 전국민이 바라보는 뉴스에 등장했습니다. 자신의 얼굴을 밝히고 직접 사건에 대해서 말했습니다. 그 결심이 김지은이 겪었던 고통과 고민의 깊이를 보여주는 것입니다. 많은 망설임과 두려움 끝에 그는 용기를 냈습니다. 이 용기에 공정한 재판으로 응답해주십시오.

— A

탄원인은 피해자 김지은과 함께 안희정 대선 경선 캠프에서 자원봉사자로 일했습니다. 한 사무실에서 함께 일하며 지켜본 피해자 김지은은 늘 과도할 정도로 업무에 성실한 사람이었습니다. 충혈이 된 눈을 비비며 출근하는 모습을 보고 걱정했던 게 한두 번이 아니었을 정도로 본인의 건강과 일상을 모두 바쳐가며 캠프 일에 충실했습니다. 늘 팀장님보다 먼저 나와 있고 늦게 들어가야 하지 않겠냐며 가장 이른 시간에 나와 가장 늦게 들어갔습니다. 또, 아침마다 모든 팀장님들의 자리에 놓여 있는 쓰레기통을 비우는 역할을 자발적으로 도맡아 하였고 주말이면 가끔 놀러오는 팀장님의 아들을 위해 간식을 챙겨주는 일까지 맡아 하였습니다. 주말까지 나와 일하느라 지쳐 있는 동료들을 위해 자신이 사 온 꽃을 자리마다 놔주며 '꽃이라도 보면 기분 좋잖아'라고 말하던 피해자였습니다. 이같이 피해자는 본인의 업무인 홍보 일과 전혀 관련 없는 자잘한 일까지 도맡아 하면서도 힘들다는 내색조차 하지 않고, 오히려 동료들을 먼저 챙기고 독려할 정도로 성실하고 착한 동료였습니다.

탄원인은 또 캠프 근무 경험을 빌려 피해자를 둘러싼 항간의 소문에 대해 사실이 아님을 밝히고자 합니다. 탄원인은 평소 알고 지내던 선배의 추천으로 캠프와 연이 닿았고, 자기소개서를 보낸 뒤 면접을 거쳐 캠프에서 일하게 되었습니다. 선거 캠프라는 조직이 아주 짧은 시간 동안만 운영되는 조직이긴 하나 자원봉사를 하고 싶다는 마음만으로 구성원으로 받아들여주지는 않습니다. 공식적인 채용 과정은 없으나 추천인이 있거나, 그 사람이 스스로 자신의 능력을 충분히 입증해야만 캠프의 일원으로 일할 수 있습니다. 따라서 피해자

김지은이 사생팬이라 캠프에 들어갔다는 말은 전혀 설득력이 없는
소문일 뿐입니다.

　　　—N

___

제가 김지은 씨를 알게 된 것은 지난해 5월 대선 기간 때입니다. 비록
짧은 시간이지만 함께 유세를 하면서 전국을 돌아다니며 유대 관계
를 유지해온 지 1년이라는 시간이 흘렀습니다. 비록 나이는 달랐지
만 팀의 큰언니로서 동생들을 보살피며 항상 웃는 얼굴로 든든한 버
팀목이 되어주었던 김지은 씨는 올해 초 난생 처음 보는 무거운 얼굴
로 JTBC 「뉴스룸」에서 마주하게 되었습니다.

　　　눈물이 마르지가 않더군요. 유세단을 통해 첫 만남을 가졌을
때가 생생하게 떠올랐습니다. 당시 저희가 있었던 유세단은 더불어
민주당 문재인 캠프였습니다. 당내 여러 명의 후보들이 경선이 끝나
고 문재인 후보가 공천이 되었을 때입니다. 그는 안희정 캠프에서 문
재인 캠프로 합류된 일원이었습니다. 김지은 씨에게 제가 던진 첫 질
문은 "공무원으로 알고 있는데 여기에 왜 와 있어요?"라는 질문이었
습니다. 안정적인 직장을 그만두고 온 이유가 궁금했습니다. 김지은
씨는 제게 "안희정 같은 정의로운 사람이 우리나라를 바꿔주었으면
좋겠다"는 답을 했습니다. 의원이 되겠다는 야망도 출세에 대한 갈망
을 위해서도 아니기에 더욱 놀라웠습니다.

　　　—Y

저는 피해자인 김지은 씨와 함께 본 사건의 피고인인 안희정의 선거 캠프에서 함께 일을 했던 동료이자, 서로를 아끼고 소중히 여기는 벗입니다. 제가 아는 김지은 씨에 대해서 간단히 말씀을 드리면, 그는 누구보다 마음이 따뜻하고 작은 일부터 큰일까지 스스로 맡은 일에 최선을 다하는 사람입니다. (중략)

더 나은 세상을 만들고자 피고인과 함께 일했고, 피고인의 참모로서 성심을 다해 그를 보좌하고 늘 최선을 다했습니다. 본인이 혹시 피고인에게 폐를 끼치지는 않을까, 본인의 부족함이 피고인의 미래에 누가 되지는 않을까 늘 본인을 돌아보며 노력했습니다. (⋯) 이렇듯 그는 피고인의 참모라는 본인의 역할에 대해 성찰하고 고민하며 최선을 다해왔습니다.

　　ㅡㅇ

피해자는 안희정의 신념과 가치를 실현하기 위해 손발이 되고자 노력했습니다.

본 탄원인과 피해자 김지은 씨는 2017년 4월 경선 캠프에서 '영맨'이라는 청년 소통 공간을 통해 알게 되었습니다. 평소 청년들을 알뜰살뜰히 챙기는 김지은 씨는 캠프 내 청년들과 쉽게 친해졌고, 평소 캠프 내에 아는 사람이 없었던 저에게도 손길을 먼저 내밀어줄 정도로 사람에 대한 친화력, 예의, 배려가 뛰어난 사람이었습니다.

2017년 5월, 캠프 경선이 끝나 해단식을 치른 이후 '영맨'과 함께 제주도 워크숍을 다녀왔습니다. 워크숍 저녁에서 청년들은 자신의 꿈과 희망, 앞으로의 행보에 대해 공유하는 자리가 있었습니다. 그때 당시 김지은 씨는 "나는 지사님의 가치와 뜻에 동의하여 함께 발걸음을 나섰다. 지금 직업도, 미래도 없지만, 사회를 바꿔나가는 데 함께했다는 뿌듯함에 만족한다. 앞으로의 계획은 없지만, 지사님의 이루고자 하는 함께 사는 세상을 만드는 데 직간접적으로 돕고 싶다"라는 말을 했던 기억이 있습니다. 그 정도로 당시 안 지사의 정치적 행보와 그의 철학과 가치에 동의하고, 그의 철학을 실천하는 데 손과 발이 되고 싶은 의지가 강했습니다. (…) 일부 지지자들의 '사생팬 수준'으로 따라다녔다는 말에 대해 동의할 수 없었으며, 심각한 사실 왜곡이라고 봅니다.

　　　─H

피해자와 탄원인인 저는 동료 관계로, 지난 2017년 대통령 선거 경선 안희정 캠프에서 함께 일했습니다. 피해자 김지은 씨는 캠프 내에서 가장 먼저 출근 하는 등의 성실함, 상시 업무 외에도 청소 등 남들이 하지 않는 궂은일도 마다하지 않는 배려심 등으로 캠프 구성원들의 굳건한 신뢰를 얻은 동료였습니다.

　　　─Y

제가 김지은 씨를 처음 만난 때는 2017년 1월경으로 피고인 안희정 씨의 더불어민주당 대통령 선거 경선 캠프였습니다. (중략)
　　　저에게 김지은 씨는 책임감 있고 열정적이며, 남에게 피해주기 싫어하고 사람들과의 만남을 즐거워하는 사람으로 기억되고 있습니다. 선거 기간 중에도 자신이 맡은 일에 대해서는 그 시간이 어떻게 되었더라도 꼭 마무리하던 사람으로, 충남도청에서도 여러 가지 요인으로 무시당한다는 말을 하면서도 자신의 일을 마무리하고 혼자서 끙끙 앓던 김지은 씨입니다. 또한 저희와의 교류 가운데에서도 언제나 밝은 웃음으로 많은 사람에게 힘을 주고 다독여주던 사람이었습니다.

—I

제가 아는 김지은 씨는 보기 드물 만큼 유순한 성격과 따뜻한 성품을 지녔습니다. 늘 타인을 먼저 배려하고, 주위 사람을 챙기는 것에 주저함이 없었습니다. 그에 따른 보상을 기대하지도 않았고, 종종 손해를 입더라도, 그보다는 자신이 누군가에게 도움을 줄 수 있다는 사실에 더 큰 가치를 부여하는 사람이었습니다. 일과 직장에 대한 애착도 강했습니다. 자신을 필요로 하는 곳에서 자신이 잘할 수 있는 일을 하는 생활에 만족하는 모습을 보여주었습니다.

재작년 김지은 씨가 직장을 떠나 피고인의 캠프로 이직한다는 소식을 전했을 때도 그다운 선택이라고 여겼습니다. 타인을 돕고, 돋보이게 만드는 일에 누구보다 열정을 갖고 임했기에 낯선 환경에서도 분명 잘 해낼 거라고 믿었습니다.

—J

제가 곁에서 지켜봐온 피해자 김지은은 자신의 일에 누구보다 책임감이 강하며, 맡은 일에 대해 그 일을 항상 완벽하게 수행하고자 했던 사람이었습니다. 또한 마음이 여리고, 항상 자신보다는 타인의 입장에서 생각하며 타인에 대한 배려가 강한 사람이었습니다. (…) 특히 피해자는 홍보 업무에 있어서 모든 사람에게 인정받을 정도의 전문가였습니다. 자신이 맡은 바 일을 굉장히 잘 수행해냈기 때문에 피해자에게 저는 항상 업무적으로 조언을 많이 받았습니다. (…) 워낙 홍보 업무에서 두각을 나타내었던 피해자를 눈여겨보던 분의 추천으로 피해자는 이 사건 피고인의 대선 캠프에서 홍보 직무에 도전하게 되었습니다.

처음에 피해자가 피의자의 대선 캠프에 출근한다고 했을 때 저는 걱정이 앞섰습니다. 일단 피해자는 당시 중앙부처에서 계약직 공무원으로서 나름 안정적인 위치에 있었고, 대학원 박사과정을 밟고 있었습니다. 하지만 대선 캠프는 거의 무보수로 일하는 경우가 많다고 들었고, 당시에는 피고인이 아닌 타 후보의 당선이 거의 확정적이었던 상황이어서 피고인의 대선 캠프에서 일하는 것이 걱정이 되었습니다. (중략)

피고인이 대선[경선]에서 당선되지 못하고 캠프가 해산된 뒤 피해자를 본인이 근무하는 곳으로 스카우트하려고 한다는 이야기를 들었을 때도 피해자를 말려야 하나 생각을 했습니다. 이런 이야기를 함께 어울리던 모임의 다른 직원에게도 털어 놓은 적이 있을 정도로 고민을 했었습니다. 하지만 (…) 충청도로 내려가 일을 하겠다는 결심을 말하는 피해자를 응원해줄 수밖에 없었습니다. 지금은 저의 이 결정을 가슴을 내려칠 정도로 후회하고 있습니다. 시간을 되돌릴 수 있다면 피해자에게 절대 그곳에 가지 말라고 말리고 싶습니다.
　　　—B

마지막은 학교 선배 H로부터 받은 메시지 일부다.

지은아. 방금 밀린 이삿짐 정리하다 보니 네가 준 명함들이 쭉 나오더라. 그때는 민망할까 봐 말 안 했는데 명함들 보면서 참 대견하기도 하고 안심했어. 유난히 마음 여리고 순둥순둥하던 네가 사회생활은 어찌하나 싶어서 내심 걱정이 됐던 거 같아. 그래도 이렇게 하나하나 차근차근 잘 맞는 일, 잘하는 일 찾아가는 과정 보면서 진짜 다행이고 멋지다고 생각했어. 물론 그 과정에서도 충분히 힘들었겠지만 어쨌든 해내긴 해냈으니까. 네가 가진 착하고 따뜻한 성품, 부드럽고 온화한 성격, 꼼꼼하고 섬세한 감각, 네가 가진 장점을 세상도 또 그리고 너 자신도 함께 알아가고 있다는 느낌이었어. 그래서 명함 안 모으는데도 네 명함은 버리질 못했던 거 같아. 네 명함을 보는 게 나한테도 뿌듯한 일이었으니까. 지금 많이 지치고 힘든 날들의 연속이겠지만 이 일 너머를 생각하면서 버티자. 지금 이 시련이 지나가면 좋은 사람들과 함께 사랑하고, 사랑받으며, 웃고 있는 네가 있을 거야. 네가 그런 너를 꼭 만났으면 좋겠다.

"우리 모두가 김지은이다."

일상에서 마주하는 다양한 권력 앞에 침묵하고 움츠릴 수밖에 없었던 사람들이 모였다. 개인이기도 했고, 단체이기도 했다. 한목소리로 "그런 나의 또 다른 이름은 '김지은'이다"라며 '보통의 김지은'이 되어 연대를 이뤄주었다.

2018년 7월 14일부터 7월 15일까지, 딱 24시간 동안 지은이 92명과 지은이의 친구들 112명이 모였다. 그들은 연대의 편지를 적어서 '지은이가 지은이에게' '지은이의 친구들' 포스터를 만들었다. 그리고 그 뜻을 함께하는 동네 서점들에 붙였다. 다음은 포스터 문구의 일부다.

우리나라의 여성들에게는 한 번쯤 내 친구였을 흔한 이름이 있습니다. 지은이라는 이름입니다. 그리고 성폭력 피해를 호소했다는 이유로 2차 가해에 시달리는 한 사람의 김지은이 있습니다. 수많은 지은이들은 스스로에게 묻지 않을 수 없었습니다. "이것이 한 사람의 김지은만의 일일까?" 대한민국에서 여성으로 일하고 살아간다는 것은 수많은 순간에 내가 김지은이 된다는 의미이기도 합니다.

2018년 11월 29일, 항소심 첫 공판 준비기일에 서울고등법원 앞에는 50여 명의 시민이 모였다. 곳곳에 살고 있는 '보통의 김지은들이 만드는 보통의 기자회견'이 열렸다. 대한민국에서 '김지은'의 모습으로 살아가는 시민들이 보낸 문구들을 엮어 쓴 회견문이 낭독되었다. 회견문 일부를 인용한다.

지켜보겠습니다. 이 재판은 나의 일이기 때문입니다. 직장 내 성희롱으로 인해 직장을 그만둘 수밖에 없었던 나, 미투라는 외침조차도 소리 내어 말하지 못했던 나, 1심 무죄 판결이 나던 그날도 상사의 성희롱을 참으며 점심밥을 삼켜야 했던 나는 '보통의 김지은'이었습니다.

　대한민국에서 많은 '여성'들은 '김지은'의 모습으로 살아가곤 합니다. 성폭력을 일상폭력이라고 불러야 할 만큼 직장에서, 가정에서, 연인 관계에서, 학교에서 여성이라는 이유만으로 차별과 폭력에 시달려왔습니다. 끝없는 두려움 속에 살아가는 한 명의 여성으로서 이번 판결을 지켜보는 것은 당연한 일입니다.(중략)

　일상을 살아내는 나는, 나의 자리에서 목소리를 내겠습니다. 내가 일하는 공간의 성차별적인 문화와 성폭력에 맞서 쓴소리를 아끼지 않겠습니다. 용기 내지 못하고 망설이는 동료가 있다면 함께할 수 있는 것을 고민하고 행동하겠습니다. 언론인의 윤리, 법관의 윤리, 시민의 윤리가 무너진 사회에서 내가 가진 직업윤리가 무엇인지 돌아보고, 비윤리와 부당함에 단호히 맞서겠습니다.

　집회와 기자회견에 참여하여 더 많은 김지은들과 연대하겠습니다. 직접행동을 두려워하지 않겠습니다. 2심을 성평등하게 바꾸기 위해, 사법적폐와 성차별을 청산하기 위해 투쟁하겠습니다. 대한민국 남성과 권력에 고합니다. 여성들이 폭력당하는 세상은 이제 끝났습니다. 내가, 보통의 김지은들이 새로운 세상을 만들 것입니다.[9]

"우리 모두가 김지은이다."

왜 피해자의 곁에 서기로 했습니까?

2019년 3월 말, 한 다큐멘터리의 사전 촬영을 하고 있었다. 그 안에 안희정 사건도 다뤄진다고 들었다. 제작이 진행되면서 직장 동료였던 정연실이 영상 제작 요청에 응했고, 그는 홀로 첫 가안 영상을 찍어서 내게도 보내줬다. 보여주고 싶다고 했다. 어쩌면 자신의 마음을 내게 들려주고 싶었던 것 같다. 그 영상은 마치 정연실이 내게 보내는 메시지 같았다.

Q. 충남도청에서의 직책과 직무에 대하여

A. 미디어센터 공보관실 소속 콘텐츠팀 산하 인터넷방송국 조연출 직책을 맡고 있었다. 아르바이트 같은 개념. 인터넷 방송 소속이었지만 실제로 하는 일은 인터넷 방송국과는 전혀 상관없이 도지사의 연설 활동, 강연, 축사 등을 전부 영상으로 기록하는 업무를 했다.

Q. 정치인의 밑에서 일한다는 것

A. ███(부서의 상사)이 일하기 전에 그런 말을 한 적이 있다. "호수 위에 백조가 떠다니면, 겉으로는 우아해 보이지만 그 밑으로는 얼마나 발을 열심히 움직이고 있겠느냐. 우리가 하는 일이 움직이는 발과 같은 일이다." 업무가 다 그런 느낌이었다.

정치인은 보이는 직업이다. 그 보이는 직업이라는 게 남들에게 흠이 잡히면 안 되는 직업이라, 여기서 제일 무서운 말이 "말 나와"였다. 어디서 말이 나와서 내가 그 행동을 고쳐서 괜찮아지고 그런 게 아니다. 일단 말이 나오고 잡음이 나오기 시작하면 그 자체가 그 사람의 흠결이 되는 것이다. 그래서 제일 무서운 말이 "말 나와"였다. 그래서 도지사에 대해서는 절대 말이 나오게 하면 안 되는 것이었다. 그러니까 모든 업무가 다 그쪽으로 집중이 되어 있었다. (…) 충남도지사가 어쨌든 대통령이 될 수도 있는 사람이니까 더 잘돼서 나쁠 게 무엇이 있겠느냐라는 느낌으로 다들 맞춰드리는 거다. 분위기가 그러다 보니까, 나는 열렬한 지지자가 되었다가 직원이 딱 되었는데, 젊은 지지자가 따라다니니까 되게 예뻐했었다. 다들 왔냐, 멀리서도 왔냐, 라며 예뻐하다가 업무 첫날부터 확 짓눌리는 것 같은 느낌을 받았다.

측근들도 그렇고, (…) 어떤 말씀도 올리기 어려운 분위기였다. 잘못된 것에도 아무도 나서서 얘기하지 못했다. 보이는 직업이면 보이는 직업을 만드는 사람들의 이야기도 때로는 들어주셔야 하는데 듣지를 않았다. 제일 중요한 건 도지사가 불편하지 않은 거. 도지사가 편하게 일하는 것. (…) 마이크 차는 거 하나 말하지 못했다. 3초면 차는데, 다들 무서워하면서. 왜 이제 와서 수평적 분위기였다고 우기는지 나는 잘 모르겠다. (…) 안희정은 우아하게 품위 있게 사람 좋게 민주적인 정치인으로 있는 동안 우리는 모든 스텝이 어떤 짓이라도 해야 하는, 무릎 꿇고 앉아 있는.

수행비서는 더하다. 이 고발이 있기 전에도 저 언니[김지은]는 어떻게 일하는지 모르겠다라고 생각했었다. 그만큼 힘들어 보였고. 그만큼 열심히 일한 사람이다.

Q. 왜 피해자 곁에 서기로 결심했나

_____

A. 나는 그냥 정치인을 위해서 일을 한 것이 아니고 안희정은 대한민국에서 가장 진보적인 가치관을 표방하는 정치인이었다. 적어도 나는 그렇게 생각했다. 이 사건이 있기 전까지만 해도 정말 너무 자랑스러웠다. 안희정이 말하는 가치가, 여성과 모든 소수자에 대해서 말하는 그 내용이 모두 좋았다. 그게 너무 좋아서 지지했다. 그래서 서울에서 충남까지 내려가서 일을 한 것이다. 그런 내 가치와 마음이 진심이었기에, 이런 사건이 일어났을 때 가해자가 아닌 당연히 피해자의 곁에 서 있어야 된다고 생각한다. 나는 나 스스로한테 왜 피해자의 곁에 서 있냐고 질문을 던진 적이 없다. 지금 피해자의 곁에 서 있지 않은 나머지 전부, 지금 2차 가해를 하고 있는 나머지 전부, 예전 스텝, 캠프 직원, ○○연구소 직원, 지지자들 전부한테 왜 피해자의 곁에 서지 않느냐고 묻고 싶다. 적어도 같은 가치를 믿는다고 믿었고, 적어도 같은 고지를 향해서 가고 있다고 생각을 했다. 그런데 막상 일이 터지고, 처음에는 피해자 편을 드는 척을 했던 사람들도 한 2, 3주 지나니까 "야 근데 내가 들었는데" 이러면서 피해자의 말을 믿지 않을 온갖 이유를 갖다 붙였다. 어떻게 사람들이 이럴 수가 있을까 싶었다.

　　가브리엘 가르시아 마르케스가 쓴 『백년의 고독』이라는 책이 있다. 그 책을 보면 중간에 바나나 농장 노동자들이 시위를 하다가 정부가 발포를 명령해서 몇 천 명이 되는 사람들이 전부 죽는다. 그리고 딱 한 명이 살아남는데, 그 딱 한 명이 살아남아서 정부가 발포를 명령해서 몇 천 명이 죽었다고 말을 하는데도 그 살아남은 사람이 딱 한 명밖에 없어서 아무도 그 사람 말을 믿어주지 않는 것이다. 그 한 명의 목격자가 된 기분이었다, 나는. 너무 기분이 이상했다. 피해자 곁에 서지 않는 그 심경을 모르겠는 건 아니다. 정말 거짓말 같았고, 거짓말이었으면 좋겠고, 나도 언니가, 김지은 씨가 거짓말을 했기를 얼마나 바랐는지 모른다.

고발이 있고 3월 5일부터 5월 초까지 두 달 동안 매일매일 꿈을 꿨다. 그런 일은 없었던 것같이, 그런 일 없이, 무사히 임기를 마치고 나는 내 자리로 돌아왔지만 안희정은 계속 자기 정치 커리어를 쌓아나가는 그런 꿈을 매일같이 꿨다. 그런데 깨어나면 그것이 아닌 거다. 현실은 아니었다. 다툼의 여지가 없다. 뉴스 나와서 언니가, 김지은 씨가 했던 말이 있지 않느냐. "지사님과 저는 합의를 하고 말고의 관계가 아닙니다." 나는 그 말이 진짜 맞는다고 생각한다. 그리고 지금 도지사 곁에 서 있는 사람들, 다 그럴 거라고 생각한다. 합의를 하고 말고의 관계에 있는 사람들 아무도 없다. 어떤 지위 막론하고, 남녀를 떠나서 누구라도 지사와의 관계에서는 아무도 합의를 할 수 있는 사람이 없다.

피해자의 곁에 서기로 결심한 이유 중에 하나는 일단 쪽팔렸다. 너무 창피했다. 나를 아는 사람 중에 내가 안희정 밑에서 일하는 거 모르는 사람이 없다. 그런데, 사건이 터지고 나니까 다들 나한테 말을 못 건다. 내가 어떻게 생각할지 몰라서. 그러니까 혹시라도 피해자 편에 서 있지 않을까 봐. 다들 말을 못 하고 있었다. 다른 헛소리를 듣고 싶지도 않았다. 이상한 소리를 하는 사람들도 있다. "그런데 그게 사실인지 어떻게 알아?" 나는 그 소리도 듣기 싫었다. 아니면 사람들이 혹시라도 내가 그렇게 생각할지 몰라서 말을 못 거는 것도 싫었다. 나는 처음부터 확실하게 이야기했다. "나는 도지사 편을 들 생각이 없다. 어떻게 생각해도 이건 가해자의 잘못이지 피해자의 잘못이 아니다. 합의를 하고 말고의 관계에 있는 게 아니다. 간음이 있었는지의 여부를 다투는 것이라면 모를까, 간음이 있었다고 인정한 이상, 이것은 그렇게 될 수가 없는 사건이다. 그러니까 그 밑에서 일해보지 못한 당신들은 내 앞에서 입을 다 다물었으면 좋겠다. 피해자가, 피해자가 아닐 수 있다는 말 하지 마라." 그렇게 얘기하려고, 그렇게 얘기하고 싶어서. 그렇게 확실하게 얘기하려면 내가 법정까지 나가서 증언을 하는 정도의 강력한 지지가 필요했던 거다. 확실한 근거가 필요했다. 내가 더 이상 안희정을 위해 일하지 않는다는 근거.

그리고 둘째로는 죄책감이 너무 심하게 들었다. 그 죄책감을 가지고 살아갈 수가 없었다. 그 죄책감이 증언 한 번 했다고 다 사라지는 것은 아니다. 어떤 죄책감이냐? 피해자가 그 일을 겪는 동안 나는 아무것도 몰랐다는 그 죄책감. 내가 친구로서 언니의 고통을 덜어줄 수 없다는 죄책감. 그 죄책감을 가지고 살 수는 없을 것 같았다, 사람이. 그래서 피해자의 곁에 서기로 결심을 했다.

Q. 증언 이후에 가장 힘들었던 것

A. 공황장애, 과호흡이 왔다. 그리고 잘 알지도 못하는 사람들의 말.

직장 동료가 나더러 불쌍하다고, 김지은한테 이용당하는 거라고 떠들고 다닌다는 말을 들었다. 나는 내 스스로 결정해서 한 것이다. 누굴 위해 하는 것이 아니라, 나를 위해 하고 있는 것이다.

4장 세상과 단절

2019년 3, 4월에 집중적으로 적은
일기 형식의 글 모음이다.

방어기제

괜찮다고 말하지만, 사실 괜찮지 않다

휴대폰에 낯선 사람들의 연락이 오면 심장이 떨리고, 구토 증세가 나타났다. 휴대폰에 낯선 번호가 울리고 메신저에 모르는 이름이 뜨고 바로 질문을 퍼붓는 연락을 받을 때면 날카로운 날이 서서 볼 주변에서 퍼지는 기분이다.

직업윤리나 별다른 의도조차 없이 트래픽 조회 수에만 관심이 있는 기자들이 많았다. 내 휴대폰 번호가 이미 쫙 한 번 퍼졌다고 들었다. '어디 기자인데 말 좀 하자'며 한밤중에 갑자기 문자를 보내는 경우도 잦았다. '너는 이 취재 요청에 응해야만 한다'는 식으로 마구잡이였다. 관례로라도 내 의중을 먼저 물어주면 참 좋을 텐데 대부분 그런 배려는 없었다.

내게도 숨을 고를 시간이 필요하다. 숨 가쁘게 돌아가는 일들이 너무 벅차다. 괜찮다고 말하지만 사실 난 괜찮지 않았다. 무죄가 나왔을 때도, 유죄가 나왔을 때도 나는 그 결과를 받아들이는 데 생각보다 오랜 시간이 걸렸다. 마치 무중력 상태에서 멍하니 진공 공간 안에 갇혀 있는 그런 기분이었다. 앞으로 걷지도 뒤로 도망치지도 못하는, 발을 땅에 딛지도 하늘에 닿지도 못하고 둥둥 떠 있는 것만 같았다. 2심에서 처음 유죄가 나왔을 때는 정확히 땅에 온전히 발을 디디기까지 20여 일이 걸렸다. 그제야 현실이 내 안으로 들어왔다.

어느 날은 인터넷에 돌아다니는 내 판결문, 공소 사실, 판례 해설들을 우연히 보고 너무나 수치스러웠다. 재판은 피해자 보호를 위해 민감한 부분들은 비공개로 한다고 했지만, 사람들은 피해 사실들을 있는 그대로 인터넷에 올려 좋을 대로 해석하고 평하기를 했다. 분했다. 한파로 눈물이 볼에 붙어 터지는지도 모르고 걸으면서 하염없이 울었다. 재판, 법, 인터넷, 이런 블로그, 저런 유튜브, 지식인을 빙자한 사람들의 잘난 척들이, 아무것도 모르는 사람들의 거친 말들이 너무 원망스러웠다.

감옥에 갇힌 건 가해자인데, 나는 또 다른 감옥에 갇힌 것 같았다. 겨우 받은 내 시간은 다시 무너져 내렸다. 돌을 맞아 넘어졌다. 후두둑. 후두둑. 몇 날을 앓았다. 면역력이 생기지 않는 것 같다. 지독한 감기몸살에 다시 걸렸다.

어느새 1년

1년이 지났다. 어떻게 살아남았는지 너무나도 잔인하고, 몹시도 모진 시간이었다. 거칠고 혹독한 처벌 앞에 나를 내던진 스스로에게 무척이나 미안하다. 버텨준 생명줄에 그저 경이롭다고 말하고 싶다.

기념일이라 할 수 없지만, 내가 용기 내어 말한 날을 새로운 세상과 좋은 분들을 만난 날로 기억하려고 한다. 작년 이날 밤 활동가가 건넨 따뜻한 한마디. "잘하셨어요." 칭찬이 섞인 위로는 처음이었다. 그동안은 "조용히 하라, 견뎌라, 네가 참으라, 네 문제다"라며 내가 조직을 어지럽게 할까 봐 인상 찌푸리던 사람들뿐이었다. 그때 생각만 하면 여전히 눈물이 난다. 내게 잘했다고, 그렇게 밝고 따뜻하게 대해준 사람들이 있어서 지난 일 년을 견뎌냈다. 건강한 분들을 만날 수 있어서 다행이었다. 그래서 그 새로운 만남의 날을 기념하고 싶다.

미세먼지가 반갑다

2019년 3월. 최악, 최장의 미세먼지로 뒤덮였다. 마치 지난 1년간 화산재에 덮인 회색빛이 되어버린 나의 일상처럼 모든 게 뿌옇다. 한편으로는 미세먼지가 가득했으면 좋겠다는 생각도 든다. 모두가 나와 비슷한 일상이 되어버리는 것 같은 느낌이 든다. 밖으로 쉬이 나가지 못하고, 마스크를 쓰고, 행동에 제약이 생기고, 예쁜 옷을 입지 못하는, 마치 내 모습 같다.

밖에 나가지 않아도 '미세먼지 때문'이라고 스스로 위안을 삼았고, 꽁꽁 싸매고 나가도 '미세먼지 때문'이라고 생각한다. 비슷한 옷차림을 한 사람이 많으니 눈치를 덜 봐도 되고, 마스크를 쓰고 바닥을 보고 걸어도, 안경에 김이 서려도, 사람들의 불편한 시선은 사라진다. 다들 같이 마스크를 쓰고 있다는 것만으로 행복했다. 마스크에 안경을 쓰고 있으면, 안경에 김이 금방 서린다. 앞이 뿌옇고 제대로 안 보이기 일쑤다. 안경알이 불투명해지면 손을 넣어 그냥 쓱쓱 싹싹 닦는다. 안경이 더러워지긴 하지만, 임시방편으로 그리한다. 안경닦이를 사용하려면 안경을 벗어야 하기 때문에 건물의 화장실에서나 집에 와서만 한다. 이제는 제법 익숙해졌다.

나를 보호하기 위해 하는 작은 노력들이 때론 다른

사람들에게 불편을 주기도 한다. 밤이나 낮에도 모자에 안경에 마스크를 쓴 내가 서 있는 걸 보고 간혹 깜짝 놀라는 사람들도 있다. 나도 같이 놀란다. 민망하고 미안했다. 놀라게 하려고 했던 건 아닌데. 나는 체구가 작은 편이다. 위협을 느낄 만한 대상이 아니다. 하지만 그런 이상한 몰골을 하고 밤에 마주치면 놀랄 것 같다는 생각도 든다. "해치지 않아요. 그저 제가 겁이 나서, 절 보호하려는 거예요"라고 말해야 할까…….

아직도 잊히지 않는 일이 있다. 작은 엘리베이터 앞에 섰다. 사건 이후엔 사람들과 부딪히는 게 어려워서 아무도 없을 때만 엘리베이터를 타고, 평소에는 계단을 이용한다. 그날은 몸이 좋지 않아 엘리베이터를 타려고 했다. 온몸을 꽁꽁 감쌌다. 피해자가 재판 중에 밝은 색깔 옷을 입으면 또 구설수에 오를까 봐 검정 옷, 어두운 색 옷만 입고 다녔다. 위아래 옷에 마스크까지 검정색이었다. '피해자다움'에서 벗어나고 싶었지만, 세상의 시선을 무시할 수 없었다. 내가 엘리베이터를 타려 하자 옆에 있던 아주머니가 아저씨 팔을 붙잡더니 "조금 있다가 타자"라며 나를 먼저 태워 보냈다. 중년의 부부도, 둘이나 계셨지만, 검은 색의 알 수 없는 물음표 같은 존재를 어찌할 수 없었던 것 같다. 세상이 워낙 흉흉하니까.

그다음부터는 하얀 마스크를 썼다. 아니 마스크를 두 개 썼다. 흰색이 눈에 띌 수도 있어서, 앞뒤로 상황에 따라 번갈아 뒤집어가며 썼다. 조금 더 덥고 답답한 것 빼고는 참을 만했다. 그리고 간간이 짙은 남색 모자로 바꿔 쓰기도 했다. 그것이 동네 사람들을 위한 배려였다. 나는 무서웠지만 나로 인해 누군가가 두려움을 느끼는 것도 너무 싫었다. 그렇게라도 노력하고 싶었다.

또다시 자학

2차 가해 글을 다시 접하게 되면서 나는 또다시 내 몸을 주먹으로 때리기 시작했다. 머리며 허벅지며 배며 팔이며……. 화가 나서 미칠 것 같다. 괴로움이 극에 달해 광기에 닿았다. 죽음의 이면을 본 것 같았다. 이러다 죽을 수도 있겠다 싶었다. 머리끝까지 피가 거꾸로 솟구쳤다. 내 안의 내가 밖으로 나왔다. 나는 지금 나를 잃었다. 내가 아닌 것만 같다.

제발 조용히 누군가 다가와 밖으로 나온 나를 와락 안아줬으면 좋겠다. 이 분노가 멈출 수 있게 심장과 심장으로 "그래, 나도 너의 그 맘을 알아. 이해해. 공감해. 동의해"

라고 말해줬으면 좋겠다. 다시 밖으로 나온 내가 안으로 들어갈 수 있게.

신경쇠약

미투 이후 나는 두통과 몸살을 달고 살았다. 매일같이 연이어 나오는 관련 뉴스들에 몸을 가누기가 어려웠다. 어느 한 순간도 정신이 온전치가 않았다. 안희정에게서 벗어났지만 여전히 그 권력들이 나를 손바닥 위에 올려놓고 온몸을 으스러지게 꽉 쥐고 있는 것만 같았다. 경련과 근육통 증상도 생겼다. 온몸이 아팠고 오돌오돌 떨렸다.

뉴스를 보다가 '안정화'라는 단어를 보고 안희정인 줄 알고, '민주화' 단어를 보고 민주원인 줄 알고 깜짝 놀란다. 심장이 덜컥 내려앉는다.

'도대체 어떤 거짓말을 또 하는 거야?'

'무슨 기사가 올라오는 거야?'

이내 잘못 본 걸 알게 되지만 한번 놀란 가슴은 쉽게 진정되지 않는다. 한두 번이 아니다. 비슷한 단어는 정말 많았다.

성폭력 기사만 봐도 내 얘기가 아닐까 심장이 쿵쾅거리고, 다른 뉴스에 사건을 연상시키는 말들, 충남도청, 민주당, 국회의원, 도지사, 러시아, 스위스, 미투 등이 나오면 나는 불안에 휩싸인다. 연쇄 작용이라는 것은 놀랍다. 찰나에 순간이동을 해 나는 다시 한 번 사건을 경험한다. 어느 때는 내 심장이 콩콩콩 뛰는 것조차도 아프고 저리다. 마음의 병이 몸의 병이 된 것 같다.

휴대폰도 보기 싫다. 휴대폰 메시지 알림이 뜨면 또 이상한 뉴스가 나온 것은 아닐까, 너무 불안해서 알림 소리가 울릴 때마다 가슴이 조이고 예민하다. 단답형의 메시지가 연속으로 오는 것이 가장 괴롭다. 메시지 알림이 심장을 때리고 있는 것 같아서 아프다. 제발 메시지를 그만 보냈으면 좋겠다. 쉬고 싶다. 답장을 하는 손가락까지도 아려온다. 관절 마디마디, 근육 하나하나가 다 약해지고 힘이 빠져서 자판을 누를 때마다 찌릿하다. 주변 사람들이 오해를 할지도 모르겠다. 답장이 너무 늦다고, 답도 줄어들었다고. 내 마음은 그대로이니, 넓은 마음으로 조금만 이해해주면 좋겠다. 건강을 되찾을 때까지만이라도 말이다.

집 문손잡이를 보면 누군가 벌컥 문을 따고 들어와 나를 해칠 것 같고, 발소리나 사람들 목소리가 집 안으로 들어올 때면 바짝 긴장해 그대로 불을 끄고 이불 속에서 움직이지 않는다. 처음에는 불도 켜지 못해 캔들을 켜놓고 살았다. 휴대폰 불빛에 의지했다. 조금 나아졌을 때는 인덕션 위 환풍기 후드의 작은 조명을 켰다. 이후에는 화장실 불을 켜고 문을 열어놓았다. 이제는 조금 달라졌다. 집에 변화를 주지 않으려고 불을 끄는 일 없이 항상 켜놓고 있다. 불이 꺼져 있는, 깜깜한 집에서는 무슨 일이 생길 것만 같아서 불을 환하게 켜놓는다. 그전엔 불을 켜고는 잠을 자본 적이 없다. 그렇게는 잠을 못 잤다. 이사 와서 블라인드를 내려놓고 한 번도 올려본 적이 없다. 그 위로 얇은 커튼도 다시 달았다. 출입문에는 가림막을 달았다. 창문도 출입문도 제대로 열어 환기를 시켜본 적이 없다. 공기가 나갈 틈이 없다. 바람이 들어온다는 것, 공기가 순환된다는 것을 잊고 산 지 오래다. 최근 1년, 내가 느끼는 공기는 '무겁다' '답답하다' '둔하다' '뿌옇다' '뜨겁다'. 그래서 집에는 늘 환풍기를 틀어놓는다. 작은 집이라 환풍기 소리가 유독 크게 느껴진다. 귀가 멍하고, 머릿속 뇌 속까지 되울려 진동이 퍼진다. 비행기 이착륙 같은 소음에서 바닷가 뱃고동으로 점점 줄어들더니 이제는 북소리에서 백색소음까지는 아니고, 회색 소음 정도가 되어 공기 정화를 위해 견뎌내면서 산다. 그래도 여전히 시끄럽다.

길을 걷다가 차를 보면 내게 갑자기 달려들 것 같다. 수행비서 때 탔던 검은색 카니발 차량, 안희정 부인의 차량, 안희정 측근들의 차량들, 각 모델들이 모두 기억난다. 그래서 그 모델이나 특정 회사 차량이 지나가거나 허하호 번호판의 렌트 차량이 지나가면 거의 얼어붙은 상태로 숨어 있거나 길 가장자리로 붙어서 가게 유리창과 원형 도로반사경을 통해 비친 시야로 주변을 살피고 방어 태세를 갖추며 걷는다. 그저 평범한 풍경도, 비범한 풍경도 예외는 없었다. 마주하는 세상이 온통 무서웠다. 테러를 당할까 봐 몸을 사렸다.

수행비서를 할 때 안희정에게 꾸중을 듣고 욕도 먹었지만, 안희정 팬들에게는 더 심한 욕과 위협을 받기도 했다. 저런 깍깍한 년, ○○년, 지사 옆에 붙어 있는 년, 비서년, 여자수행년…… 인수인계받은 원칙대로 일했지만 나는 여자라는 이유로 이전 남자 수행비서들이 듣지 않았던 욕을 더 들어야 했다.

하루는 한 팬이 음료를 건네주었다. 그 또한 선물에 속한다. 받을 수 없다고 했다. 더운 날 고생하시는 것 같아 지사님 것과 함께 샀다고 했다. 시원하게 드셨으면 좋겠다고 했다. 한번 받으면 다른 팬들과 차등이 생길 것 같았다. 고맙지만 마음만 받겠다고 했다. 그러나 팬은 관용차 앞에 서서 안희정을 기다렸고, 운전비서에게 커피 3개를 건네주었던 것 같다. 그날 모든 행사가 끝나고 퇴근할 때 운전비서가 내게 커피 하나를 주었다. 그 커피였다.

다음번에 그 팬을 다시 만났을 때 내가 "그때 주신 음료 잘 마셨어요"라고 인사를 했다. 학생처럼 보였고, 돈을 들여 비서를 위해서도 뭔가를 샀다는 건 고마운 일이었으니까. 그랬더니 그는 화들짝 놀라면서 되물었다.

"그걸 드셨다고요? 진짜 드셨어요?"

"네, 잘 마셨어요. 감사해요."

말을 못 잇기에, 나 먹으라고 준 게 아닌가 싶어서, 지사를 준 건데 잘못 먹은 건가 하여 내 쪽에서 다시 물었다.

"저 주신 거 아니셨어요?"

"안 드실 줄 알았어요."

"네?"

"제가 그 안에 뭘 넣었을 줄 알고 드셨어요?"

그러곤 알 수 없는 말들을 중얼중얼하면서 갸우뚱거렸다. 순간 잘못 들었나 싶으면서 섬뜩했다.

산지옥, 강박

미투 이후 사람들과의 대화가 너무나 조심스럽다. 작은 대화조차 전혀 엉뚱하게 쓰일 것 같다는 생각을 한다. 강박 같다. 현재 법원이나 언론에 공개된 메시지 내용들도 악의적으로 편집된 것이다. 교묘하게 불순한 의미로 해석될 수 있도록 다른 해석을 집어넣기도 하고 주관적인 감정을 설명이라고 붙이기도 한다. 맥락을 모르거나 내가 누구와 그런 대화를 나눴는지도 모르는 사람들은 그렇게 생각할 수도 있겠다 싶었다. 하지만, 전체 맥락이나 상황을 보면 그것은 결코 아니다. 틀리다. 그렇기 때문에 법원에서 제시된 모든 동일한 증거 가운데 타당하고 논리적이고 객관적인 수많은 다른 증거들에 의해 배척당한 것이다.

재판 중 거세게 공격받았던 건 메시지에서 '^^' 'ㅠㅠ' 'ㅎ' '넹' 등을 사용했다는 것이었다. 아주 단순한 위의 네 기호는 안희정 측의 주장 그대로, '애교 섞인' 메시지라며 인터넷에 도배되었다. 미투 이후 계속 긴장하고 얼어 있어서이기도 하지만 그걸로 심한 공격을 받은 후부터는 더욱 의식적으로라도 메시지에 이모티콘을 사용하지 않는다. 말투도 되도록 사무적으로 하려고 한다. 처음에는 쉽사리 고쳐지지 않았다. 그동안 일을 해오면서 상사나 선배, 동료들 등 주변의 눈치를 보며 써온 오랜 내 말투가 하루아침에 바뀌지는 않았다. 이모티콘을 사용하지 않아서 상대방 기분을 상하게 하면 어떻게 하나, 내 말투가 딱딱하다고 느끼고 오해하면 어쩌나 불편하고 어색하기도 했다. 마음이 괴로웠다. 하지만 더 나를 괴롭게 만든 것은 따로 있다. 법정에서 '넹?' 하며, 내 메시지를 재현하는 변호사의 목소리를 수차례, "넹? 넹? 왜 이런 말투를 쓰셨죠? 증인, 넹?" 하는 것을 듣는다면, 미쳐버릴 것 같은 "넹?"의 목소리가 귓가에 종처럼 '넹넹넹' 울리면서 바로 딱 'ㅇ'에 가던 손가락이 멈춘다. 흔히 쓰던 이모티콘 스티커는 삭제한 지 오래다. 친구들과 대화할 때도 이제는 쓰지 않는다.

옷장과 신발장도 왜 있는지 모르겠다. 그전에는 계절이 바뀌면 옷도 바뀌고, 옷장도 한번 다 꺼내서 뒤집고 차곡차곡 정리하곤 했는데 지금은 어두운 색의 그런 옷들 몇 개만 입는다. 옷에 대한 흥미도 없고, 풍경에 대한 감흥도 없어졌다. 밝은 옷을 입으면 또 어떤 이야기와 어떤 욕을 들을까 걱정부터 앞선다. 요즘 나는 안개 낀 어느 적막하고 작은 도시에 새벽 산책을 나온 사람 같다. 어느 산골짜기에 가서 우유를 배달하면 어울릴 것 같기도 하다. 그럼 아무도 나를 못 알아보고 참 좋을 텐데 말이다.

수행하면서 처음 산 옷들이 많았다. 여성이라 일 못

한다는 말을 듣고 싶지 않아서 더 남자 같은 옷을 찾아 입었다. 정장 바지를 주로 샀다. 여자 정장에는 주머니가 많이 없었지만, 수행에 필요한 물품들을 가지고 다녀야 해서 위 주머니와 안감의 안쪽 주머니까지 보면서 샀다. 주머니가 없는 옷에는 내가 직접 달기도 했다. 안희정의 물건을 모두 지참하고 다녀야 했기 때문이다. 안희정은 '슈트발'이 안 산다고 절대 양복에 물건을 넣지 않았다. 휴대폰도, 담배도, 라이터도, 명함도, 신분증도, 휴지도, 펜도, 안경닦이까지 모두 수행비서가 가지고 다녀야 했다. 손으로 부르면 달려가 원하는 걸 전달해야 했다. 나는 만물트럭이었다. 사람들이 내 주머니에서 자꾸 뭐가 나오는 걸 보며 놀라워했다. 가방은 슈퍼를 차려도 될 정도였다. 내 물건은 하나도 없었다. 그 흔한 화장품 콤팩트도 없었다.

이제 내게 꾸미는 건 아무 의미가 없다. 피해자답지 않다는 이야기를 또다시 듣고 싶지 않다. 가끔은 예쁜 옷을 입고 싶어서 박하 맛 사탕처럼 톡톡 튀는 잔꽃무늬 파자마를 입고 잔다. 팔부의 긴 소매 옷이다. 어디 나가지는 못하지만 색깔 있는 꽃무늬 파자마를 입으면 기분이 한결 나아진다. 그리고 다시 외출을 할 일이 있으면 우중충한 검은색 옷으로 갈아입는다. 스스로 피해자다움에 갇혀버린 건 아닐까 걱정도 된다.

나는 업무로 안희정을 수행하여 수많은 국내외 일정을 출장으로 다녀야만 했고, 그 업무 장소에서, 업무 시간 중에, 상사였던 안희정에게 잦은 성희롱과 성추행 등 성폭력을 당했기에 장소에 대한 트라우마(심리적 후유증세)가 심한 편이다. 안희정이 수장으로 있었던 충청남도를 포함하여 곳곳의 장소가 모두 사건 장소로 기억되고 있어 어디 하나 편안히 숨 쉴 만한 안전한 공간이 없다고 느껴진다. 사건 이후로 공포의 땅 위에 고립되어 있다.

특히 사람에 대한 극도의 두려움으로 인해 일상적인 생활을 이어가기가 어렵다. 사람들과 눈을 마주치는 것도 어렵고, 대화나 만남도 일체 단절한 채 폐쇄된 공간에서 숨죽여 살고 있다.

언젠가 병원에 가기 위해 집을 나설 때까지 손 닦기, 샤워, 빨래, 청소만 여러 차례를 했다. 그리고 문을 닫고 나왔다가 다시 문을 닫았는지 확인하고, 다시 들어와서는 문을 열었다 잠그고, 다시 나갔다가 문을 확인하러 오고를 반복했다. 외출 자체도 힘들었지만 나가기까지의 과정도 순탄하지 않았다. 강박적인 일상을 반복하고 있었다. 지금은 그런 일이 점차 줄었지만, 습관은 여전히 남아 있다.

손 씻기, 샤워, 줄 정리, 청소, 불안, 문 닫기 확인, 나갔다 들어왔다, 미행, 누가 나를 해칠 것 같은 기분, 자다가

깨서 일어남, 죽을 것 같음, 무서운 일이 일어날 것 같은 두려움, 심장이 뜀, 손발 떨림, 숨 막힘, 가슴 아픔, 답답, 어지러움, 쓰러짐, 찌릿 마비, 열, 으슬으슬 추움, 근육통, 몸살 기운, 불면, 낮에 잠 조절 안 됨, 식욕 조절 안 되고 계속 먹음, 해괴한 꿈, 계속 빨래함, 계속 청소함, 악몽. 어느 하루 동안 내게 일어났던 일이다. 하루라고 하지만 그게 몇 시간이었는지, 며칠 동안 계속되었는지 알 수 없다.

그렇게 어렵게 밖을 나와도 쉬운 것이 하나도 없다. 빠짝 긴장한 채 주변을 경계하며 이동한다. 길을 걸을 때는 모든 감각을 열고 걷는다. 길거리에 자동차 보닛, 문짝, 트렁크 등 광나는 재질은 모두 내 반사판이고, 거울이다. 맑은 유리창, 얇게 코팅한 유리창, 짙게 선팅한 유리창, 휴대폰 액정, 바닥에 고인 물웅덩이까지도 사물을 비춰서 시야를 확보하게 해준다. 후드로 얼굴은 가렸지만 귀는 최대한 열고 걷는다. 그림자로 보고, 발자국 소리로 듣고, 흔들거리는 비닐 소리로, 통화 소리로, 이야기 소리로 대강 몇 명이 어떻게 오고 있는지 감을 잡고 움직인다. 그렇지만 너무 어둡고 아무것도 느껴지지 않아 여의치 않을 때는 방향을 틀거나 갑자기 멈춰 선다. 그 방법뿐이다.

집에 들어오면 또 다른 경계가 생긴다. 어디에서든 내 존재가, 내 이름이 드러나는 것이 아직도 힘들다. 특히 투명한 약 봉투에 박힌 세 글자가 싫다. 내 이름이 인쇄되어 있다. 그 이름을 그대로 둔 채 쓰레기통에 버리는 것이 너무 찜찜하다. 내 흔적이 싫다. 지우개로 지우거나 물속에 넣어서 인쇄된 프린트가 물에 떠오를 때까지 기다린다. 자음 모음이 흩어지면 컵이나 세면대에 붙기도 하는데, 물로 잘 닦아서 내려 보내면 된다. 아니면 가위를 준비해서 아주 얇게 오징어채를 썰듯 얇게, 아주아주 얇게 자른다. 아무것도 보이지 않도록, 가위가 없을 때는 손톱으로 아주 잘게 찢을 수도 있다. 이름을 지우는 방법을 하나씩 터득해가고 있다.

할 수 있는 것, 할 수 없는 것

나는 차에 탈 수는 있지만, 차 창문을 내릴 수는 없다. 특히 앞좌석에서는 몸을 거의 뒤로 젖히고 탄다. 처음에는 뒷좌석에 아예 누워 있었다. 차에 대한 에피소드가 꽤 있다.

계속 차 창문을 내리려던 활동가와 창문을 올려 닫으려던 나. 당시 나는 활동가가 속이라도 안 좋은가 싶다가 마치 창문이 만화처럼 위로 삑삑, 아래로 삑삑 움직이는 우스운 광경에 실소가 나다가 마지막엔 살짝 화가 나기도 했다.

'너무 무서운데 왜 자꾸 문을 여시는 거지?' 마치 번지점프대에서 준비되지 않았는데 낭떠러지 밑으로 밀리는 느낌이 들었다.

또 한번은 검찰에서 진술을, 또 법원에서 방청을 마치고 차 뒷좌석 바닥에 쪼그려도 앉아 있었고, 일자로 누워도 있었다. 좌석이 비어 있으니 아무도 없는 줄 알고 문을 열었던 다른 활동가가 바닥에 누운 나를 보고 깜짝 놀랐던 기억이 있다.

"지은 씨, 그렇게까지 해야 해요?"

"네……. 선팅이 되어 있지만 그림자가 비치거나 앞 유리창으로 보일 수 있잖아요. 괜히 사진 찍히고 이상한 제목 달고, 혹시 미행이라도 있으면 앞으로 그 집에 어떻게 살아요."

삶의 계획들을 세우지만 아무것도 실천할 수가 없다. 재판이 끝나면 작은 시도라도 할 수 있다고 생각했다. 하지만 지금도 비슷한 상태다. 내가 금방 할 수 있는 것은 많지가 않았다.

나는 사람들을 만날 수 있지만, 아직도 무섭고 두려워서 만나기가 어렵다.

나는 밝은 색의 예쁜 옷이 있지만 입을 수가 없다. 입고 갈 곳도 없고, 입어서도 안 될 것 같다.

나는 수면제를 먹지만 잠을 잘 이루지 못한다. 어느 때는 밤을 꼴딱 샌다. 악몽을 꾸게 될까 봐의 두려움이 더 커서 약도 듣지 않을 때가 많다.

나는 카메라 기능이 있는 휴대폰이 있지만 사진을 찍지 않는다. 나를 찍는 것도 찍히는 것도 두렵고, 사진이 휴대폰에 남는 것도 괴롭다. 사진이 무섭다. 혹시 만약 모르는 사람이 갑자기 내 사진을 찍으면, 정중하게 그 사람에게 다가가 "죄송합니다만 사진 찍지 말아주세요"라고 말하라고 활동가에게 배웠다. "지금은 제가 곤란하고 좀 어렵습니다." 지극히 사실이다. 사람도, 사진도, 노출도 극도로 두렵다. 플래시는 위협적인 신호로 느껴진다.

나는 마스크를 쓸 수 있지만, 벗을 수는 없다. 한번 집에서 쓰고 나간 마스크는 밖에 나가면 벗을 수 없다. 내 피부의 일부가 된다. 병원에 가도, 친구를 만나도, 차에 타도 마스크를 쓰고 있다. 마스크를 써도 이제 불편하지 않고, 주변인들도 그런 내가 익숙하다. 병원에 입원해 있을 때는 병실 안도 바깥 생활과 비슷하게 느껴져 계속 마스크를 착용하고 있었다. 병실 안에는 담당 의사, 간호사만이 드나들긴 하지만 문을 열면 아주 낯선 분들이 지나가기도 하는 복도가 너무 가까이, 위험 경계 안에 있기 때문이다.

나는 멤버십 회원이지만 적립할 수 없다. 확인 차원

에서 "김지은 회원님 맞으시죠?" 하고 계산대에서 이름을 불리는 일이, 사람과 마주하는 일이 여전히 숨 막힌다. 쉽지가 않다. 그저 재빨리 가게를 나가고 싶을 뿐이다. 사실 가게에 가는 일도 드물다.

나는 블라인드를 내릴 수는 있지만 올릴 수는 없다. 어떻게든 나를 감시하고 미행하는 시선이 창문을 통해 먼 건물에서도 바라보고 있을 것 같은 두려움이 있다. 불안해서 한 번도 올리지 못했다. 식물을 기르고 있지만 해가 들지 않는 집이라 식물은 종종 숨을 다한다. 아쉽다는 말로는 설명이 안 된다. 나와 함께 숨 쉬는 식구를 너무나 자주 잃는 기분이었다. 병원에서는 이것이 피해야 하는 감정이라고 했다. 식물을 더 키우지 못하고 있다. 언젠가 블라인드를 올리고, 창문을 활짝 열어 상쾌한 공기를 식물들과 나누고 싶다.

나는 할 수 있지만, 동시에 그것들을 할 수 없다.

가짜 뉴스

안희정의 위력의 크기만큼이나 광범위한 사회 영향력은 성폭력 사건에서도 그대로 그 힘을 행사했다. 재판 과정은 실시간 중계되었다. 위증한 증인들의 거짓말이 기사화되었고, 사건 이후 진료를 받았던 개인 의료 기록을 안희정의 부인이 온라인에 불법 게재하기도 했다. '임신' '아이 출산' 같은 가짜 뉴스에 시달렸다.

지금도 사적인 정보들이 계속해서 온라인에 노출되고, 왜곡된 이야기들이 재가공, 재편집되어 무차별적으로 소비되고 있다. 알지도 못하는 악플러들, 가해자의 측근, 지지자들에 의해 다시 유통되어 숱하게 명예훼손과 모욕 등을 당하고 있다. 내 이름 하나 들리고 보일 때마다 심장을 조여오는 압박감을 느낀다.

미투 이후 수많은 허위 사실을 담은 가짜 뉴스가 넘쳐났다. 그러나 그 정보 중에 맞는 사실은 결혼 경험 여부 하나뿐이었다. "지라시는 모두 거짓입니다"라고 말하고 싶었지만, '하나는 맞고 나머진 아니다'라고 언론에 확산되면서 내가 이혼한 사실이 온 세상에 알려졌다. 성폭력 사건과 관련도 없는 과거가 강제로 노출되었다. 그러자 순식간에 사람들은 편견을 드러내며 조롱했다. "이혼녀와 처녀는 다르다." "이혼녀는 욕망이 있다." "결혼해준다고 했으면 안 그랬을 것"이라 말하는 지도층 인사도 있었다. 온통 그런 이야기로 도배가 되었다. 사람들의 나쁜 말들을 볼 가족들 생각에 가슴이 아렸다.

예전에 내가 이혼하고 한 달 후 아빠가 뇌출혈로 쓰러지신 적이 있다. 중환자실에서 생사를 오가는 시간 속에서도 아빠는 겨우 숨을 내쉬며 내 이름을 불렀다는 의료진의 이야기를 들었다. 오열했다. 모두 다 내 잘못인 것만 같았다. 아빠가 쓰러지신 것이 나 때문인 것 같았다. 견딜 수 없는 무거운 죄책감에 짓눌렸다. 내게 이혼은 죽음의 문턱까지 나를 몰고 간 난치병 환자의 수술 흔적과 같았다. 이혼에 이르기까지, 그리고 이혼 이후에도 몇 년을 퀴퀴한 슬픔이 골수에 사무치는 어두움에 살았다. 당시 내 직장 동료는 그런 나를 '어둠의 정령'이라고 장난 섞어 부르기도 했다. 그 슬픈 기운이 주변 사람의 눈에 쉬이 보일 정도로 그렇게 힘들었던 아픈 시간이었다.

그런데 그런 괴롬의 시간을 가지고 안희정은 "저 돌싱이라서 괜찮아요"라는 내가 하지도 않은 말을, 안희정의 변호사는 "이혼녀이기 때문에" "혼인 경험도 있는 사람이", 안희정 측근은 "이혼까지 한 주제에", 안희정의 부인은 "복수심, 질투심"이라고 아무렇지 않은 듯 말을 만들어내고, 떠들어댔다. 성폭행은 성폭행대로, 2차 가해는 2차 가해대로, 사생활 침해는 사생활 침해대로, 언어폭력은 언어폭력대로, 괴롭힘은 괴롭힘대로, 모욕은 모욕대로, 명예훼손은 명예훼손대로 각기 다른 화살들이 모두 다 내 심장을 정확히 관통

했다. 죽는 편이 나을 것 같았다.

여자 그리고 엄마

원래 나는 엄마에게 살가운 딸이었다. 그런데 도청 일을 하기 시작하면서 항상 바쁘고, 스트레스를 많이 받아서인지 대화를 잘 나누지 않게 되었다. 집에 와서도 휴대폰의 연락을 놓치지 않으려 꼭 쥐고 있어야만 했다. 그때 엄마는 '나랏일을 하는 게 힘들 텐데, 나까지 귀찮게 하면 안 될 것 같다, 자세히 물어보지 말자' 생각해 내색하지 않았다고 훗날 이야기해주셨다. 그런데 어느 날인가 엄마가 버스 터미널에 차로 데려다주면서 "요즘 네가 너무 곁을 안 줘서 서운하다"고 말씀하시며 눈물을 내비쳤다. 그때 나는 울지 않으려 입술을 꾹 깨물었지만, 흐르는 눈물을 막지 못했다. 눈물 흘리는 모습을 엄마에게 보일 수 없어 창문 앞만 쳐다봤다. 가슴 속이 답답하고 미쳐버릴 것 같았다.

　　"일이 너무 힘들어서 그래……."

　　엄마에게 할 말은 그밖에도 있었지만, 내가 겪은 일들을 차마 말할 수 없어 어떻게든 꾹꾹 눌렀다. 엄마를 다시는 슬프게, 울게 하고 싶지 않았다. 못난 딸이 겪은 일들을 알면 더 힘드실 것 같았다. 잠깐은 주저하고 망설였지만, 그 눈물을 보니 평생 그 말을 할 수 없을 것 같았다.

엄마는 꽃을 좋아하셨다. 꽃꽂이를 하러 가시는 날이면 한 아름 예쁜 꽃들을 안고 돌아오셨다. 여리여리하게 산드러진 꽃을 안고 오는 엄마는 너무나 아름다웠다. 어렸을 때부터 엄마를 닮고 싶었다. 조용하고 차분하며 인내가 많고 사랑이 넘치는 엄마였다. 내가 소망한 대로 나는 성장하면서 엄마를 많이 닮게 되었다.

엄마는 시집살이를 호되게 당하셨지만 그 와중에도 가족을 살뜰히 챙기셨다. 엄마로 인해 우리 가족은 늘 하나였다. 서로가 서로를 생각하는 유대와 애착이 다른 가족보다 유독 더 강했고, 엄마의 나를 향한 내리사랑은 자연스레 나를 통해 동생에게 전해졌다. 살면서 가족에게는 도움만 되는 장녀이고 싶었다. 엄마처럼 되고 싶었다. 그러나 그 소망은 오래가지 못했다.

나는 이혼했다. 가진 것이 없었기에 6만 원 남짓의 돈으로 작은 결혼식을 올리고, 월세로 결혼 생활을 시작했다. 행복한 삶을 이어가고 싶었지만 그러지 못했다. 나는 세간에 알려진 것처럼 '이혼녀'가 되었다. 나의 잘못이 아니었지만, 내게는 원치 않는 '이혼녀'라는 수식어가 붙었다. 세상의 편견과 멸시도 함께였다.

내가 이혼하고 아버지가 쓰러지셨다. 듣자마자 부리나케 병원으로 달려갔지만, 아버지와 대화할 수 없었다. 너무나 죄스러웠다. 아버지가 우리 가족이 함께했던 시간을 기억해 깨어날 수 있도록 mp3 플레이어에 음악들을 담아 아버지 귀에 끼워드렸다.

이혼녀이자 비정규직으로서, 나는 일에 매진했다. 여성이기 이전에 나는 가족을 지키고 싶은 가장이다. 실력만이 나를 지켜줄 수 있다고 믿으며 살아왔기에 나는 더욱 더 일에 매달렸다. '노동자 김지은'이라는 수식어가 곧 나의 생존이었고, 기억조차 어렴풋한 어렸을 적 꿈인 '행복의 가게'에 닿을 수 있는 유일한 길이었다.

그렇게 일에 매달릴수록 인간으로서, 꿈 많던 김지은으로서의 삶은 멀어져갔다. 꽃을 좋아하는 엄마를 점차 잊어갔다. 지금은 나의 사건이 꽃을 좋아하던 엄마의 마음까지 빼앗아 간 것만 같다.

호떡을 사 먹어도 될까요?

호떡을 좋아하는데 사 먹을 수가 없다. 누가 쳐다볼지, 누가 욕할지 모른다. 내가 호떡을 못 사 먹는 걸 알고 엄마가 집에서 직접 만들어주었다. 여러 개를 한 번에 조리해 보내주시면 냉동실에 얼려놓고 가끔 하나씩 조심스레 꺼내어 데워 먹는다.

　　1년 동안 길거리 음식을 먹은 건 딱 한 번이다. 활동가들과 길거리에서 먹은 호떡 맛은 잊을 수가 없다. 호떡 집 옆을 지나가면서 한 활동가가 "하나 먹을까요?" 묻는데 차마 거절할 수 없었다. 호떡을 너무 좋아하니까. 먹는다고는 했지만 내내 신경이 쓰여서 계속 주변 눈치를 살폈다. 호떡을 먹는데 고개를 푹 눌러 땅을 바라봤다. 마스크를 다 벗지 못하고 베어 물 때마다 위로 잠깐 올려서 입만 내놓고 호떡을 먹었다. 참 우스운 꼴이었다.

잠깐 서 있는 동안에 내내 누가 쳐다볼까 봐 두리번거렸다. 내가 이런 걸 사 먹어도 되는 건지 스스로에게 계속 물었다. 한가로워 보일 것만 같았다. 그 생각 때문인지 속이 꽉 막혀 체하고 말았다. 호떡 하나 때문에 결국 하루 종일 아무것도 먹지 못했다.

제가 일상을 살아도 될까요?

"친한 친구 결혼식에 가도 될까요?"

"아끼는 동생의 할머니 장례식장에 가도 될까요?"

"카페에 가도 되나요?"

"친구를 만나도 되나요?"

"미용실에 가도 될까요?"

"식당에 가도 되나요?"

소소한 일도 변호사에게 여쭤봤다. 혹시라도 재판에 문제가 될까 봐서였다.

"제가 결혼식장에 가는 것이, 장례식장에 가는 것이,

외부에 있는 것이 카메라에 찍히면 또 다른 설화들을 만들어 낼까 봐서요. 카페에 갔다가 친구를 만나서 혹시라도 웃게 되고, 얘기하는 것들이 사람들의 눈에 어떻게 비칠지 몰라서요. 머리를 커트하는 건 괜찮은지. 식당에 가서 친구들과 밥을 먹는 게 괜찮은지."

일상이 살얼음판처럼 조심스럽다. 발을 내딛으면 금방이라도 깨질 것만 같고, 발밑에서 누군가 나를 잡아먹으려고 그물을 치고 기다리는 것 같다. "걸어와라, 깨져라, 떨어져라." 누군가 그렇게 주문을 외우고 있는 것 같다. 그래서 그 길을 걷기가 무섭다.

그동안 두 번의 명절을 맞았지만 고향집에 가지 못했다. 가족에게 피해가 될까 봐, 친척들에게 걱정이 될까 봐 그리고 친척들에게 어떻게 인사를 드려야 할지 몰라서 혼자 있었다. 명절에 한강을 걸었다. 기분이 묘했다. 그렇게 조용한 서울은 처음이었다.

통조림, 냉동식품, 포장 음식

미투 이후 큰 변화가 있다면 '외출'이다. 집 밖을 나서기가, 사람이 많은 곳에 가기가 어렵다. 그래서 식사에도 변화가 생겼다. 대부분 집에서만 먹는다. 쓰레기를 버리러 가는 것도 외부 활동이기 때문에 쓰레기, 음식물 쓰레기, 분리수거 용품이 나오지 않게 해야 한다. 특히 음식 재료는 한 번에 사놓고 오랫동안 먹으려면 유통기한이 긴 통조림을 이용한다. 요리를 하면 음식물 쓰레기가 생각보다 많이 나오므로 고향집에서 아예 요리를 만들어서 가끔 보내주신다. 예를 들어 엄마가 생선을 한 마리씩 정성스레 구워서 종이 호일에 한 번, 비닐 지퍼백에 다시 한 번 넣어 포장해 보내주시면 냉동시켜두었다가 전자렌지로 데워 먹는다. 아주 귀한 반찬이다. 힘이 들 때만 꺼내어 먹는 음식이다.

언제인가 많이 아팠을 때 엄마가 조기를 구워서 바리바리 싸 들고 왔다. 그걸 보자마자 "엄마 이런 비싼 걸 뭐 하러……. 엄마도 힘든데 이런 걸 뭐 하나하나 또 구웠어." 핀잔을 줬다. 집의 재정 상태를 뻔히 알고 있었다. 말하는 도중에 눈물이 났다. 무겁게, 힘들게, 비싸게, 엄마는 항상 엄마보다 날 먼저 생각해줬다. 그래도 막상 먹을 때는 정말 잘 먹었다. 순식간에 해치웠다. 맛있었다.

요즘 나는 통조림, 냉동식품, 포장 음식의 달인이 된 듯하다. 음식물 쓰레기가 덜 나오고 오래 보관할 수 있는 재료만 찾게 된다. 햇빛을 보지 않고 통조림만으로 하루 한 끼니만 채우다 영양실조 진단을 받기도 했다. 분명 살기 위해서 꼬박꼬박 하루 한 끼씩을 먹었는데, 영양실조라니.

모자를 처음 벗은 날, 바람을 느끼다

한동안 몸이 아파서 해도 잘 못 보고, 마스크도 모자도 벗지 못했다. 그런데 딱 하루, 모자를 벗어봤다. 그날이 처음이자 마지막이었던 것 같다. 아직 그 후로는 모자를 벗질 못했다. 그 두 번째 날이 다시 오길 그리며, 시원했던 그날을 회상해본다.

한강 꼭대기, 사람이 없는 곳을 골라 앉아서 모자를 벗었다. 처음이었다. 여전히 그 시원함을 잊을 수가 없다. 한여름 날의 바람이 이렇게 차갑다니. 생소했다. 오랜만에 느껴본 시원한 바람, 머리칼이 날리는 느낌, 답답했던 숨통이 탁 트이는 기분이었다. 수개월 만에 처음 느끼는 그 상쾌함, 이런 소소한 행복이 많아질 수 있기를 잠시 눈을 감고 기도 했다.

　　그날 나는 스스로를 다독이며, 돌아오는 길에 브로콜리너마저의 노래 「잊어야 할 일은 잊어요」를 들었다. 모자를 벗고 첫 바람을 느끼면서 아주 잠깐 동안 두려움을 걷어냈고, 살아야 할 힘을 얻었다.

빗속에서, 보호를 느끼다

폭우가 쏟아지는 날이었다. 내 작은 몸을 가려주는 큰 우산을 쓰고 거리를 걸었다. 우산 위로 거침없이 비가 막 내려오는 걸 보고 있자니 기분이 너무 좋았다. '우산이 날 지켜주는구나. 나를 이렇게 지켜주시는 분들도 곳곳에 계시겠구나.' 머리 위에서 듬직하니 커다랗게 서 있는 우산이 마치 키다리 아저씨 같았다. 든든했다. 내리는 비를 피해 어딘가로 신나게 뛰어가며 즐거워하는 놀이터의 아이들을 보니 갑자기 나도 함께 뛰어다니고 싶었다. '뭐가 저렇게 재밌을까?' 나도 아이들처럼 깔깔대며 웃고 싶었다. 저렇게 웃어본 게 언제지. 마음은 오버 더 레인보우였다. 우산을 쓰고 날아다니고 싶었다.

집에 와서 샤워기를 틀어놓았다. 모자, 안경, 마스크, 옷을 걸친 채로 샤워기의 물줄기를 비처럼 맞았다. '시원하다!' 더웠던 긴팔, 긴바지, 여름날 항상 불편하고 덥기만 했던 안경과 마스크가 답답하지 않고 나를 보호해주던 고마운 존재라는 사실이 느껴졌다.

가끔 이렇게 비를 맞고 싶다. 잠깐의 해방을 느꼈다.

세탁소: 이름을 말하는 일

2017년 여름, 급작스럽게 수행비서로 임용되어 충남도청이 있는 홍성에 내려가게 되었고, 서울의 짐들을 제대로 정리할 수가 없었다. 그중 하나가 세탁소에 맡겨놓은 옷이었다. 언젠가는 찾아야 했다. 그 세탁소 인근에 사는 친구가 집밥을 해준다고 하여 가는 길에 아주아주 큰 용기를 내서 세탁소에 들르기로 했다.

"옷 찾으러 왔어요. 코트. 김지은 03번요."

그 세탁소 고객 중 나는 세 번째 김지은이었다. 왜 1년이나 지나서 왔냐고 혼날 줄 알았는데, 다행히 그런 말은 없었다. PC를 통해 김지은 03을 검색하고, 일련번호를 보신

후, 세탁소 뒤쪽으로 가셔서 옷을 찾았다. 옆에 앉아 있던 다른 분이 "누구 옷?" 하고 물었다. 같이 앉아서 담소를 나누던 또 다른 동네 손님도 있어서 살짝 긴장이 됐다. "김지은, 김지은" 하고 이름을 몇 번 중얼거리시면서 옷을 찾았다. 그동안 PC 모니터에 내 이름이 계속 떠 있었다. 몇 번이고 마우스를 잡아 엑스 버튼을 눌러 창을 닫고 싶었다. '김지은' 이름을 어떻게든 없애고 싶었다. 갑자기 세탁소에 다른 손님이 불쑥 들어올까 봐 초조해지기 시작했다. 마침내 코트를 찾아서 나오셨다. '휴, 다행이다.' 이후 돈을 드렸고, 이름이 열린 PC의 창도 닫아주셨다. 미션 클리어.

그 이후로 세탁소에 간 적은 없다. 미투 이후 세탁은 집에서만 한다. 옷을 늘 정해진 몇 가지만 입기 때문에, 홈 클리닝이면 충분하다. 밝거나 부드러운 소재, 예쁜 옷, 한들한들한 옷 등 드라이클리닝을 할 소재의 옷은 입지 않은 지 오래다. 세탁소를 일상처럼 다시 찾을 일이 생겼으면 좋겠다.

작은 위로

너무 힘든 날이었다. 변호사를 통해 어느 분이 선물을 전해 주었다. 정성스레 직접 포장된 꾸러미의 내용물은 책 두 권이었다. 성폭행 피해자 위니 리의 자전소설 『다크 챕터』와 이해인 수녀의 시집 『작은 위로』. 보내주신 분의 온기가 책을 통해 그대로 전해졌다. 따뜻했다. 책을 바로 읽지 못하고 침대 머리맡에 올려두었다.

미투 이후 엄마와 처음으로 함께 잤다. 몸이 좋지 않아 내 간호를 위해 오셨던 날이다. 저녁에 엄마와 같이 책을 읽었다. 엄마에게는 『작은 위로』를 드렸다. 갑자기 훌쩍이는 소리가 들렸다. 그렇게 한참을 우셨다. 엄마는 그때 처음으로 누구의 눈치도 보지 않았던 것 같다. 엄마는 항상 내 앞에서, 아빠와 동생 앞에서 늘 아무렇지 않은 표정으로 "다 괜찮다." "괜찮다." "너만 괜찮으면 엄마는 다 괜찮아." "너만 이겨내면 돼." "너만 아프지 마"라고 말했다. 살면서 늘 모든 것을 참아왔던 엄마였다. 그래도 딸 때문에 이번만큼은 더 없이 힘들었을 텐데도 그동안 엄마는 괜찮은 모습만 보였었다. 마음 아플 텐데 내 걱정만 하는 엄마를 보며 너무 걱정스러웠다. 속병이 나서 아프면 어쩌나 염려됐다. 시집을 읽다가 펑펑 소리 내어 우는 엄마를 보니 차라리 다행이란 생각이 들었다. 속이 후련했다. 책을 선물해주신 그분에게, 이곳을 빌려 말씀 전하고 싶다. 우리 엄마의 마음을 위로해주셔서 진심으로 감사드립니다.

정말 감사합니다.

잠들지 못하는 밤 휘휘 글을 쓴다

누군가와 몇 마디라도 이야기 나누고픈 시간이 있다.

휘휘- 바람이 분다. 바람과라도 대화하고 싶다.

휘휘- 달빛이 밝다. 달과라도 대화하고 싶다.

휘휘- 휘파람이라도 불면 저들과 대화할 수 있을까.

전해지지 않을 것 같아서 그저 조용히 펜을 든다.

휘휘- 사실 나는 휘파람도 잘 못 분다.

다시 봄, 끝나지 않은 여정

다시 같은 계절이 돌아올 것이라고는 상상도 못 했다. 겨울이 마지막일 줄 알았다. 점점 추워지다 모든 게 끝날 거라고 생각했다. 그런데 다시 봄이 되었다. 반갑다고 해야 할지, 씁쓸해해야 할지 모르겠다. 여전히 끝나지 않은 이 여정 속 반복되는 계절에 나는 어떤 표정을 지어야 할지 모르겠다.

여름, 보호 장치 다이어트의 계절

겨울이 지나면 봄이 온다. 날이 따뜻해지면 길고 두툼하던 외투도 조금씩 짧고 얇아진다. 옷 다이어트가 시작된다. 옷과 마스크 등 나를 둘러싸던 보호 장치를 덜어내야 한다. 구멍이 송송 뚫린 긴팔의 얇은 스포츠점퍼, 냉장고처럼 시원하다고 해서 이름 붙여진 냉장고바지, 아주 얇은 일회용 마스크, 여름용 선 캡이면 여름 나기 준비가 끝이다. 거울로 보면 정말 나는 동네 운동 전문가처럼 보인다. 그런 면에서 내게 좋은 계절은 겨울이다. 온갖 것을 몸에 칭칭 감아도 이상하지 않으니까. 다시 겨울을 기다린다.

팔찌

신변 보호 팔찌 같은 게 있다고 들었다. 차고 있다가 위험한 상황에 처해 버튼을 누르면 경찰이 와준다고 했다. 신청을 하려다가 결국 하지 않았다. 공권력조차 믿을 수 없었다. 내가 고발한 대상은 공권력의 핵심에 있었고, 여전히 그 네트워크는 건재하다고 생각했다.

아무도 모르게 숨어 사는 게 가장 안전하다고 생각했다. 그러다가 노출되는 순간 방사능에 피폭되는 것과 같은 피해를 당할지 모른다는 무한한 두려움을 여전히 느낀다.

장치를 착용하지 않은 구체적 이유가 몇 가지 있었다. 그 팔찌를 차게 되면, 우선 내가 사는 곳을 경찰에 공유해야 했고 해당 파출소에서 그 주변을 지속적으로 순찰하게 된다. 그 팔찌를 통해 내 위치가 작은 단위로 특정되어 실시간으로 경찰에 전송된다. 나를 보호하는 그 방식이 오히려 나의 위치를 실시간으로 노출하게 된다. 그리고 만약 위험한 상황에 처해 버튼을 눌렀음에도 정작 오작동이라도 난다면 나는 돌이킬 수 없는 위험에 빠질 거라고 생각했다.

그 보호 장치만이 유일한 안전이라고 생각하는 피해자들도 있다. 장치 차는 것을 고민할 때 보호시설에서 이미 그것을 손에 차고 있는 다른 피해자를 본 적이 있다. 보호시설의 그 피해자는 미성년자였고, 가해자가 계속해서 찾고 있어서 그 위험 때문에 팔찌를 차고 있었다.

위험의 순간들을 가정해 비교했다. 나는 쉽사리 결정하지 못했다. 안희정의 네트워크는 어디에도 다 닿아 있다고 생각했다. 나만이 나를 보호하고 지킬 수 있다고 생각했다. 쥐도 새도 모르게 숨어 사는 게 상책이었다. 그래서 팔찌는 정중히 거절했다. 돌이켜보면 아직까지는 잘한 결정이라고 생각한다.

테러

온라인 어디에선가 나를 죽이고 싶다는 댓글들을 보았다. 마스크를 쓰고 숨어 다니지만, 저런 글을 쓴 사람과 마주친다면, 그리고 그 사람이 나를 알아본다면 어떻게 해야 할까? 내 얼굴에 황산을 뿌린다면, 칼을 들이민다면 어떻게 도망칠 수 있을까? 불쑥불쑥 찾아오는 공포에 한없이 움츠러든다.

나는 건강해야만 한다

목이 아프면 엄마가 해주시던 밥이 생각난다. 하지만 가족이 있는 집에 갈 수가 없다. 수술 이후 계속 통원 치료를 받고 계시는 아빠가 내게서 감기라도 옮으면 안 된다. 내가 건강할 때만 뵈러 갈 수 있다. 집에는 가고 싶은데 감기가 도무지 낫지 않아 집 근처 가게에서 콩나물을 천 원어치 사 와 짬뽕 라면에 청양고추를 함께 넣고 끓여 먹었다. 약보다 칼칼하게 매운 이 음식이 감기를 더 빨리 낫게 해줄 것만 같았다. 흔한 동네 병원도 내게는 방문하기 어려운 곳 중 하나다. 이름을 수없이 부르는 친절한 병원 시스템이 지금 내게는 힘들다.

지금 하고 있는 이 싸움의 전제 조건은 내가 건재해야 한다는 것이다. 나는 건강해야만 한다. 나는 무사해야만 한다. 나는 반드시 살아야만 한다. 나는 견뎌내야만 한다. 이기든 지든 싸움의 끝에 나는 있어야 한다. 나는 진실을 알고 있는 단 하나의 사람이기 때문에 내가 없어진다면 모든 것이 흐지부지될 것이다. 범죄를 저지른 사람, 그 범죄를 암묵적으로 방치했던 사람들, 그 범죄를 수면 아래로 내리기 위해 동분서주하는 사람들 틈에서 꼭 증명해내고 싶다. 죽어서 인정받는 것이 아닌, 살아서 인정받을 수 있는 사례를 만들고 싶다.

공허

나는 늘 혼자였다. 주변에 많은 사람이 있었지만 결국 난 혼자였다. 사건을 세상에 알리고 고소를 하고 재판을 시작한 후에는 내 주위에 사람이 많아지기 시작했다. 그런데 재판이 끝나고도 이분들이 내 곁에 계실까? 하는 생각에 닿자 순간 공허함이 밀려왔다. 진실의 승리를 위해 곁에 있어주시지만, 이 모든 게 끝나면 모두가 각자의 일상으로 다시 돌아가시겠지. 그 공백을 견뎌낼 수 있을까? 갑자기 덜컥 겁이 났다. 빈틈없이 빽빽하던 시간들이, 블록 조각처럼 하나씩 뽀끔뽀끔 떼어져 나가면 나는 그걸 무엇으로 채워야 할까? 일상의 바쁨으로 채우고 싶지만, 다시 바빠질 수 있을까?

예전에는 사람에 대한 공허함을 일로 채웠다. 앞으로 다시 일을 할 수 있을지 모르겠다. 마음의 상처가 옅어지면, 사람들의 기억도 옅어지면, 그때는 조금 나아질까? 나도 일상적인 생활을 할 수 있을까?

우선 고통과 마주한 경험을, 피해를 극복한 과정을 나보다 더 어려운 상황에 처해 있는 분들과 나누고 싶다. 이 고난의 시간들을 결코 허투루 버리고 싶지 않다. 나는 생존자이자 치유자로 남고 싶다. '단편적인 피해자다움'은 처음부터 존재하지 않는다. 말투, 표정, 행동은 사람마다 모두 다르다. 피해자다움의 형태도 물론 다를 수밖에 없다. 피해자는 자기의 언어로 표현한다. 각기 다른 형태의 자신다움을 갖고 있는 사람들에게 "당신의 잘못이 아니에요." "잘 고발하셨어요"라며 손잡아주고 싶다. 내가 받았던 관심과 도움의 빈자리를 채우려 애쓰기보다 어딘가에서 도움을 필요로하는 또 다른 사람의 어려움을 채워주는 게 공허함을 온전히 극복할 수 있는 유일한 방법이지 않을까 생각한다.

고양이 구원

미투 당일 내가 묵은 활동가의 집에는 고양이 구원이가 살고 있었다. 구원이는 처음 보는 내게 가까이 다가와서 친해지고 싶다는 표현을 했다. 나는 동물을 무서워했기에 평소 같으면 도망갔을 텐데, 그날은 이상하게도 고양이 옆에 그대로 앉아 있었다. 그런 행동이 싫지 않았고, 오히려 위로가 되었다. "냐옹~" 하고 자신의 언어로 내 고생을 위로해주는 것만 같았다. '응, 힘들었어. 알아줘서 고마워'라고 나는 속으로 대답하며 구원의 등을 쓰다듬었다. 따뜻하게 먼저 다가온 고양이에게 고마움을 느꼈다. 그게 첫 만남이었다. 고양이에 대한 애정을 갖게 해준 첫 친구다. 그날 이후 나는 고양이에 대한 경계를 풀었다.

2년 전이었다. 친구 집에 고양이가 여럿 있다고 놀러 오라고 했는데 나는 직접적으로 말하진 못했지만 그 친구 집에 갈 엄두도 내지 못했다. 동물이 무서웠다. 그런데 구원이를 만난 이후 갑자기 그 고양이들이 보고 싶어졌다. 친구 집까지 가는 길이 멀었지만 오랜만에 설렘을 느끼며 그 집에 놀러 갔다. 5마리의 고양이와 한참을 놀다 돌아왔다.

구원이와의 만남 이후로 동물은 아픈 영혼을 알아보는 것 같다는 생각을 하게 되었다. 그동안 내게 다가왔던 동물들을 나는 오해했었다. 지레 겁을 먼저 먹고 외면했었다. 피폐했던 날 구원이가 안아주었고, 이후 또 다른 고양이들이 날 위로해주었다. 구원이는 나를 공포로부터 벗어나게 해준 첫 번째이자 유일한 고양이다. 두려움으로부터 '구원'받았다. 맹수처럼 나를 공격한 사람들에게 받은 상처도 언젠가는 치료하고 싶다. 그런 날이 오긴 올까?

두근두근 첫 영화

여성학 전문가를 만나기로 했다. 여성학 분야의 교수님이셨고, 성평등·성폭력의 문제에 대해서도 전문 지식을 가지신 분이었다. 두근거렸다. 누군가와 연락을 하고 만날 약속을 한다는 자체가 내게는 아주 큰 도전이었다.

꽃을 심자고 하여 등산복 비슷한 차림으로 나갔다. 교수님이 보시더니 내게 "그렇게 입으니 이 동네 등산객 같네. 누군지 정말 모르겠어"라고 하셨다. 그리고 교수님과 함께 일하는 내 또래의 젊은 여성을 소개시켜주셨다. 걱정 반 설렘 반이었다. 새로운 사람과 인사를 나누어도 괜찮은 걸까. 교수님을 믿어보기로 했다. 우리 셋은 소고기 버섯국수를 먹고, 꽃시장에 갔다. 국화도 사고, 코로키아도 사고, 율마도 조금씩 샀다. 푸른 빛, 붉은 빛, 노란 빛을 구경하며 풀향기에 정신이 몽롱해졌다. 향기가 내 몸을 지나갈 때 머릿속이 깨끗하게 정화되는 기분이었다. 차에 한가득 꽃을 싣고 영화관을 향해 달렸다.

「미쓰백」을 보았다. 어린 등장인물의 이름이 '김지은'인데 아동폭력을 당하던 아이를 향해 "김지은! 김지은!" 하고 부르는 게 마치 나를 부르는 것 같았다. '김지은'을 향한 미쓰백이 내미는 연대의 손길이 지금 내 옆에 앉아 있는 두

분 같았다. 눈물이 멈추지를 않았다. 영화 속 '김지은'이 살기만을 간절히 바랐다. 폭력 가해자가 제대로 된 처벌을 받기를 두 손을 꼭 쥐고 기도했다. 영화에서 '김지은'은 일상을 찾았고 가해자는 감옥에 갔다. 같은 일이 내게도 일어나기를 간절히 소망했다. 영화를 보고 외진 곳에 가서 저녁을 함께 먹고, 커피를 마셨다. 그야말로 '데이트 풀코스'에 준하는 하루를 나와 지내주셨다. 내가 이런 하루를 보낼 수 있다는 것이 정말 감사했다. 그날의 완벽한 하루를 제안해준 교수님께 지금도 감사하다.

사실 이날 외출을 하고 돌아와 심각한 몸살에 걸렸다. 사람에 대한 기피 증상도 심해졌다. 이후 몇 주를 밖에 나가지 않았고, 휴대폰도 잘 보지 않았고, 연락도 받지 않았다. 장시간 외출은 여전히 내게 큰 무리였다. 행복했지만, 아직은 내 정신이 받아들일 수 있는 한계치 이상이었던 것 같다.

선물

오늘은 생일이다. 투명 망토, 마법 지팡이를 선물 받고 싶다. 마법 학교에 들어가서 마법을 배우고 싶다.

가끔 우울하거나 힘이 빠져 에너지를 채우고 싶을 때 몇몇 분의 SNS 계정에 들어가서 그들이 악성 댓글러들과 싸워주는 글을 보고 온다. 힘이 난다. 물론 안희정 지지자나 악플러들이 쓴 욕설, 비방 글을 보고 상처를 받긴 하는데 그 부분은 최대한 실눈을 뜨고 화면을 멀리 둬서 안 보려고 한다. 그런다고 글씨가 안 보이는 것도 아니지만, 그렇게 희뿌옇게 처리를 한다. '사실'을 가지고 싸워주는 글들을 보며, 나를 응원해주는 글들을 보며 눈물도 나고 힘도 얻는다. 온라인에는 악플러 말고도 너무너무 고마운 마음을 전하고 싶은 사람들이 존재한다. 감사함을 한 번도 제대로 전하지 못했다. 거짓 이야기들에도 흔들리지 않고 더욱 강하게 하나하나 짚어주는 사람들의 글을 보며 항상 마음 깊이 감사함을 느낀다.

생계가 막막한 내 현실을 걱정해 자기 월급을 쪼개어 돈을 부쳐준 후배도 있었다. 어쩌다 후배의 월급이 얼마인지 알게 되었다. 급여가 적다는 말이 참 미안하지만, 고급 노동에 비해 받는 급여가 너무 적다는 생각이 들었다. 후배는 그 작은 급여에서 일부를 떼어 내게 주었다. 아직도 그 돈을 갚지 못하고 있다. 얼른 노동 전선에 뛰어들어 갚고 싶다. 원금의 몇 배 넘는 삶의 이자를 빚졌다. 한 후배는 꾸준히 내게 책을 보내주었다. 어디도 나가지 못하는 상태에서, 보호시설에서도, 병원에서도, 그 책들이 있어서 견뎌낼 수 있었다. 책과 함께 인상 깊은 글귀를 체크해 촘촘히 붙여놓은 스티커와 전하고 싶은 이야기들을 적은 메모들을 보면서 어떤 긴 편지보다도 깊은 메시지를 전달 받았다.

그렇게 자신의 인생 비용을 나눠서 따뜻한 밥 한 끼의 힘을, 반찬을 직접 해서 보내주는 사랑을, 여성운동가들의 힘찬 마음을 응원받았다.

투명친구

대학 때 좋아했던 영화가 있다. 이나영과 조승우가 주연으로 나온 「후아유」. 그 영화에 '투명친구'라는 단어가 나온다. 만나는 것도 전화도 안 되지만 언제나 옆에 있는 친구. 그래서 힘이 되는 친구. 울고 싶거나 무언가를 말하고 싶을 땐 투명친구를 찾으라고. 당시 투명친구라는 말을 굉장히 좋아했다. 심심하거나 집에 있을 때면 투명친구 놀이를 한다며 떠들어댔다. 영화 속 의미와는 다르게 나만의 언어로 사용했던 것 같다. 뭔가 근사한 말처럼 보였다.

미투 이후 친구들이 대부분 투명친구가 되었다. 지인들과 만나지도 못한디. 전회도 잘 안 된다. 그맇시만 언제나 옆에 있다. 그래서 힘이 된다. 울고 싶고 뭔가 말하고 싶을 때 투명친구를 찾는다. 미투 이후 투명친구로 변해버린 이들과 연락할 때면, 연락만으로도 나는 힘을 얻는다. 이 친구들을 언젠가는 다시 색이 있는 현실 친구로 만들어야 하는데, 재판이 끝나면 색이 되돌아올까? 걱정이 든다. 모든 것이 끝나고도 여전히 투명일까 봐 겁이 난다. 나도 발끝부터 하나씩 제 빛깔을 찾고 싶다.

　　내가 무슨 색을 가진 사람이었는지, 어떤 색 몇 번째 크레파스였는지 기억나지 않는다.

밥에 대한 예의

수많은 분이 1심 판결 이후 십시일반 후원해주셔서 법률 지원과 공대위 활동, 피해자 의료 지원 등을 받을 수 있었다. 그러나 미투 직후에는 생활비가 없어 어려운 상황이었다. 한번은 돈이 똑 하고 떨어졌다. 주변 친구들이 사비로 반찬을 해서 보내주고, 생필품을 사다 주고, 자신의 물건을 살 때 1+1으로 구매해서 나눠주기도 하여 도움을 받았지만, 어느 날은 모든 게 동나버렸다. 어려운 상황에 처했다. 휴대폰 요

금과 학자금 대출이 연체되어 독촉이 왔고, 지역 건강보험료도 밀려 있었다. 기초적인 고정 지출만 해도 무시할 수 없는 상황이었다.

몇 날을 물만 마셨다. 생수를 사서 마시는 것도 아까워서 수돗물을 끓여서 마셨다. 배가 너무 고플 때는 남아 있던 치아시드를 입에 털어넣고 물을 들이부었다. 치아시드가 배 안에서 부풀길 바라면서. 슬프지는 않았다. 처음이 아니었다. 캠프 생활을 마치고 충남도청에 들어가기 전에 선배들은 내게 어디로 갈지 알려줄 테니 무작정 대기하라고 했다. 다른 직장을 알아볼 수도 없었다. 그때도 수입이 없어 비슷한 생활을 했었다. 미래는 예상할 수 없었고, 처분을 기다리라는 이야기만 계속 들었다.

생활고. 그런 이유 때문일까, 나는 밖에서 누군가 먹을 것을 사다 주면 아주 즐겁게 잘 먹는다. 그런 내 모습을 대부분 좋아한다. 사실 좋은 음식을 먹는다는 사실 자체가 마음으로 기쁘고 감사하다. 얼마나 기쁜가. "지은 씨는 정말 밥 잘 먹는다. 먹는 거는 잘 먹어. 보기 좋아." 집에서는 쫄쫄 굶으니까 누가 사주실 때 더 잘 먹으려 노력한다. 일단 잘 먹는다.

"며칠 전 준 빵 다 먹었어요?"

"네. 가시자마자 다 먹었어요. 누워서도 먹고 앉아서

도 먹고. 그날 다 먹었어요."

"아, 빵순이네. 엄청 많이 사 왔는데."

"네, 저 빵을 진짜 좋아해서요. 맛있었어요."

"그러다 그 집 빵 종류별로 다 먹겠네."

"그랬으면 좋겠어요."

물로만 배를 채우던 그 시간이 밥의 행복을 알게 해주었다.

하지만 이제는 생활고에서 벗어나고 싶다. 다시 자립하기까지 시간이 필요하겠지만, 직접 일해서 번 돈으로 생계를 해결하고, 나누며 살고 싶다. 제대로 된 직장에서 다시 노동자가 되어, 일정한 수입이 생기는 삶을 기대한다.

냉장고 앞 선인장

선인장이 뜨겁고 메마른 사막에 사는 것은 처음부터 그런 환경을 좋아해서만은 아닐 것이다. 그저 그곳에 그렇게 살게 되어 견딘 것이 아닐까 생각한다. 살아 있기 때문에 그런 삶으로, 사막을 좋아하는 식물로 굳어진 것이 아닐까? 내가 어느 순간부터 '피해자 김지은'으로 불리는 것처럼 말이다.

식물 중에서 선인장을 제일 좋아한다. 회사에 다닐 적에는 기분이 울적할 때면 선인장을 사곤 했다. 그렇게 사 온 선인장들이 어느새 수십 개가 되어 있었다. '내 기분이 흐린 날이 이렇게 많았단 말야?' 선인장 개수를 세면서 풀이 죽었다가도 그 작고 귀여운 모습을 보며 금세 기분이 좋아졌다. 선인장을 좋아하는 건 최소한의 빛과 물로도 살아가기 때문이다. 강인하고 씩씩해 보여서 좋다. 내 눈물 몇 방울 흘려주면, 그 물방울만으로도 살아갈 것 같다.

내 보물 1호도 선인장 캐릭터의 그림 액자다. 우연히 플리 마켓에서 선인장 그림을 만났고, 한 선배가 선물해주었다. 선인장이 발을 몸 쪽으로 당겨 팔로 감싸 안은 채 혼자 쪼그려 앉은 모습이 나와 비슷하다. 나는 매일 집 냉장고 앞에 그렇게 앉아 있다.

지금 내 삶은 선인장의 삶이다. 누군가의 취미가 되기고 하고, 누군가의 상품이 되기도 하고, 누군가의 눈요기가 되기도 한다. 페이스북, 블로그, 트위터, 유튜브에 나는 매일 매시간 진열된다. 악성 댓글로 스트레스를 푸는 대상이 되기도 하고, 낚시 글, 낚시 영상으로 광고 수익 요인이 되기도 한다. 희희낙락 웃음거리가 되기도 하고, 성적 대상화가 되어 외모며 몸매 품평을 당한다. 나를 보호해주던 가시조차 뽑혀 피가 뚝뚝 흘러내린다. 선인상을 그대로 나누어주었으면 좋겠다. 왜 사막에 사는지도 모른 채 열심히 살아왔는데, 그 삶마저 위협하는 행위들을 이제는 멈추어주었으면 좋겠다. 어느 날 폭행을 당했고, 살기 위해 도망쳤고, 살아내려 노력할 뿐이다. 그게 다.

지은이와 지은이의 친구들을 만나다

어딘가를 향해 가다 낯선 길에 접어들었다. 길을 찾으려 요리조리 부지런히 걷고 있는데 우연히 낯익은 빨간 포스터를 발견했다. '지은이'라는 이름이 너무 많아서 순간 숨이 턱 막혀버릴 것만 같았다. 쉽게 지나치지 못하고 잠깐을 서 있었다. 포스터를 살폈다. '아, 지은이연대가 성폭력 상담소로 보내주었던 그 포스터구나.' 이걸 여기서 발견하다니 신기하기도 했고, 감사한 마음에 짧은 환호를 지르고도 싶었다.

　　　나중에 또 그 길을 걸을 기회가 있었는데, 옆에 있던 친구가 서점에 들어가서 '제가 그 김지은이에요. 포스터 붙여주셔서 감사합니다. 연대의 힘을 얻었습니다'라고 말하라고 했다. 결국 서점에 들어가 인사를 드리지는 못했지만 그곳에 붙은 포스터를 떠올리는 것만으로도 마음이 든든했다.

노란 리본을 차고 다니던 그때에, 어디선가 그 리본을 우연히 보았을 희생자 가족 분들의 마음도 이랬을까?

그 길이 좋아졌다. 지금도 눈을 감으면 그 책방과 책방 유리창에 붙은 포스터가 살포시 그려진다.

보호격리

무죄 선고 그 이후

2018년 8월 14일, 안희정 무죄 선고가 났다. '안희정 무죄'라는 말을 듣고 나서 나는 억울하고 답답한 심정을 억누를 수밖에 없었다. 어딘가에 터트리지도 못하고, 그저 무죄를 선고한 재판정 문을 혼자 열고 나와 복도 바닥에 주저앉아 하염없이 눈물만 흘렸다. 눈물조차도 힘없이 흘러내렸다. 그렇게 맥없이 주룩주룩. "무죄 아닌데. 아닌데. 아닌데. 무죄 아닌데……"라고만 중얼거렸다. 눅눅하고 무거운 먹구름 속을 헤매는 기분이었다.

　　신뢰관계 동석인으로 함께한 활동가가 재판정 안에 없는 나를 찾다가 문 밖에 털퍼덕 앉아 있는 내 모습을 망연자실하여 쳐다보고 있었던 것 같다. 이후 비틀비틀 부축을 받아 걸었고, 어디로 걸어갔는지 기억나지 않는다. 블랙아웃처럼 기억이 통째로 없다. 그 직후의 시간은 싹둑 잘렸다.

　　주변 사람들 이야기로는 사흘간 밥을 먹지 못했고, 잠도 자지 못했다고 했다. 이후 병원에 입원하기로 결정했다. 혼자 있을 수 없는 상황이었다. 그 와중에 병원 입원을 위해 짐을 챙기면서 스킨답서스가 늘어져 있고 물고기 두 마리가 사는 작은 물 컵을 챙겼다. 내가 집에 없을 때 걱정되는 건 이 두 친구뿐이었다. 그들과 함께 나는 병원으로 향했다.

이후 활동가가 그날 내 모습을 회상하며 "퀭한 상태에서 한 손에는 물고기 물병을 든 모습이 마치 영화「레옹」에서 화분을 들고 선 마틸다 같았다"고 말해줬다. 영화 속 주인공처럼 멋진 모습은 아니었고, 그저 애처로웠다고 했다. 정신이 나간 사람 같았다고 했다. 몇 가지 검사를 거쳐 바로 입원하게 되었다.

못 먹고, 못 자고, 토하고를 반복했다. 겨우 겨우 수액을 맞으며 회복했지만 굉장히 힘들었다. 그저 수액 하나 맞으면 나아지겠지라는 생각으로 병원을 갔는데, 내 상태는 훨씬 심각했다. 평소 아파도 병원을 잘 찾지 않는 나였다. 하루 이틀 일에 집중하다 보면 나아지겠지 하며 넘기곤 했었다. 지금은 벌써 네 번이나 입원과 퇴원을 반복하고 있다.

병상일기

8개월 만에 다시 입원했다. 통원 치료를 꾸준히 받아왔지만, 그것만으로 도저히 감당이 되지 않아서였다. 최근 몇 달 새 체중이 9킬로그램이 늘었다. 병원에서는 폭식증이 너무 심해서 더 이상 살이 찌면 안 된다고 했다. 그전에는 영양실조라고 했는데, 이번에는 폭식증이라고 했다. 몸도 마음도 바스라진 상태였다. 추슬러서 살아야만 한다는 생각에 응급실을 경유해 전문의 진료를 받았고 의료진 판단에 따라 늦은 밤 긴급히 입원이 결정됐다.

2차 가해는 더 야멸차졌지만 수사는 진척이 없었다. 사람들이 모두 저 거짓 글들처럼 날 쳐다보는 것 같아서 견디기 힘들었다. 죽어야만 시선이 바뀔까? 그래야 나를 믿어줄까? 그들이 말하는 '가짜 미투'가 도대체 무엇일까? 우리 한국 사회에서 누가 대체 성폭력을 당했다며 제 인생을 그렇게 해체하면서까지 강간 경험을 내놓을까? 내가 살아 있는데도 저렇게 새빨갛게 거짓말을 하는데, 내가 죽는다면 더한 거짓말로 모든 게 새롭게 날조될 것이라 생각한다.

모두가 공범이다. 피고인이 낸 항고 이유서와는 관련도 없는 피고인 부인의 주장과 문자 캡처들이 기사를 한참 장식했다. 나는 매번 강제로 발가벗겨져 거리에 서 있다.

안희정 측 변호사는 내 결혼 경험과 학력, 나이가 왜 이번 사건에 영향이 있다고 생각하는 걸까? 성폭력 피해자의 조건을 만들어놓는 것이 옳은 일일까? 성폭력 가해자의 수단과 방법에 집중해서 그걸 예방하도록 노력하는 것이 맞지 않을까? 왜 모두가 피해자의 잘못이 되는 걸까?

안정제를 내려놓다

내가 있는 곳은 정신과 보호병동이다.

　　이른 새벽, 마실 물이 떨어지면 병실 문을 열고 몰래 주위를 살핀 후 바로 앞에 있는 배선실에 가서 물을 떠 오곤 한다. 길면 20초 정도 걸린다. 그렇게 아주 잠깐의 시간이지만 다른 사람의 인기척에 예의 주시하며 재빨리 물을 뜨러 움직인다. 그럼에도 물을 뜨고 병실로 되돌아올 때 가끔 다른 환자를 복도에서 마주칠 때가 있다.

　　어느 새벽, 다른 병실에 계신 할머니가 매우 천천히 걸어오고 계셨다. 그 사실을 모른 채 물을 뜨고 돌아오다 할머니와 딱 마주쳤다. 내가 나갈 때는 분명 안 계셨는데, 그 몇 초 사이에 찬찬한 걸음으로 내게 가까워지고 계셨다. 너무 놀라 온몸으로 어깨를 들썩이며 놀란 티를 내니 할머니도 놀라서 당신 뒤에 뭔가가 있을 거라고 생각하셨는지 뒤를 돌아보셨다. 순간 너무 죄송했다. 할머니는 내가 보기에도 왜소하고 연로하신, 누구에게도 위협적으로 보이는 분은 아니었다. 하지만 할머니가 뒤를 돌아보시는 사이 나는 서둘러 내 병실로 들어왔다. 무서워서 뛰어 들어왔다. 심장이 쿵쾅쿵쾅 뛰고, 목의 힘줄이 딱딱하게 굳어져왔다.

　　할머니도 놀라셨겠지……. 어쩌면 당신을 보고 내가

놀란 것에 마음 상하진 않으셨을지 내내 죄송했다. 문득 어
릴 적 내 곁을 느릿느릿 걸으시며 나를 아껴주시던 할머니
생각이 났다. 안정제를 먹어야 마음이 진정될 것 같아 안정
제를 찾아 들었다가 다시 내려놓았다. 조금만 견뎌내보자.
나는 할머니를 뵌 것뿐이니까.

시간이 너무 느리다

2019년 3월 21일, 안희정 부인의 세 번째 모욕이 내게 왔다.
참담했다. 나는 살해당했다. 당장 고소하고 싶었다. 그간 마
른 줄 알았던 눈물이 끊임없이 흘러내렸다. 머리 주변으로
온통 피가 쏠리는 고통 때문에 정수리를 탕탕 내리치고, 머
리칼을 쥐어뜯었다. 몸을 웅크린 채 그 행동을 반복했다.

　　　이내 마음을 단단히 추슬렀다. 반응하지 않기로 했
다. 법정에서 다툰 내용을 거짓으로 해석하여 유출하고, 그
것으로 다시 인격 모독을 하는 그의 글에 하나하나 팩트로
대응한다 한들 듣지 않을 것이 뻔했다. 그는 심각한 수준의
개인정보 침해와 유포, 자료 왜곡 심지어 의료 기록까지 무
단으로 유포했다.

관자놀이가 쿡쿡 지끈거리고, 숨이 잘 쉬어지지가 않았다. 머리는 괜찮을 거라고 하는데, 몸이 마음대로 움직여지지 않았다. 수면제 기운을 빌려 잠시 눈을 붙였다. 다시 눈을 뜰 적마다 한 시간 정도씩 지나가고 있었다. 염려와 달리 끔찍한 밤은 멈추지 않고 흘러가주고 있었다. 다행스럽게도.

약을 먹고 누웠다 일어나면 시간이 마구 지나가 있었으면 좋겠다. 하루, 이틀, 삼일이 지나 있었으면 좋겠다. 견뎌낼 자신이 없다. 마주할 수 없을 것 같다. 늘 괜찮다 말하는 내게 활동가는 말했다.

"참지 마요. 안 괜찮은 거 알아요. 너무 애쓰니까 마음이 너무 아파요. 소리 질러도 돼요. 감정은 뱉어야 해요. 울어요. 억누르지 마요. 모두 함께 분노하고 있어요."

"괜찮아요! 추스를게요."

걱정해주는 분들에게 괜찮다고 말했지만, 나는 절대 괜찮지 않았고 추스를 기운조차 없었다. 몽롱한 상태로 축 늘어졌다. 간호사가 약을 주러 와 문을 두드리면 예전에는 대답이라도 했는데, 똑똑 소리를 들어도 대답이 나오지 않았다. 그저 약 먹고 며칠 쭉 잤으면 하는 생각밖에 들지 않았다.

변호사와 활동가가 함께 논의해 나오는 결과를 믿고 따르는 것이 현재로서는 최선의 선택이라고 생각했다. 동요되면 안 된다. 다만 앞으로 또 더해질 거짓들에 내가 견뎌낼 수 있을지가 의문이었다.

힘들다. 괜찮지 않다. 컨디션이 최악이다. 성폭력이 신체와 정신에 가하는 살인이라면, 2차 가해는 현재의 삶, 과거와 미래, 자아, 인격에 대한 살인이었다. 성폭력이 비공개 살인이라면, 2차 가해는 공개적인 자리에서 칼로 난도질하는 살인 같았다. 옷이 산산이 찢기고 벗겨져 알몸인 채로 마구 채찍질당하는 기분이었다. 산 채로 죽음을 향해 내몰리는 상황이 고통스러웠다.

곡기를 끊었다. 끼니를 계속 거르다 겨우 죽을 한 수저 떠 넣었다, 숟가락을 내려놓았다. 그 이상은 먹을 수 없었다. 물김치 국물 한 모금을 마셨다.

어느 순간 일기에 이런 내용을 적고 있었다.

3.21. 살인당한 것 같다. 수면제를 먹고 죽고 싶다. 깨고 싶지 않다.

3.22. 수면제를 먹고 깨고 싶지 않다. 시간이 흘러가 있었으면 좋겠다.

상담 때 주치의가 말해주셨다. "죽지 않았다. 지금 살아 있다. 죽음을 시도하면 진짜 죽는 것이다."

시간을 견뎌내기가 힘들다. 1초, 1분, 1시간 지나가는 게, 또각또각 시곗바늘이 가는 게 이렇게 무거운 움직임이었다니. 시간의 균형은 존중할 만하다. 늘 한 치도 흐트러짐이 없다. 똑. 똑. 똑. 똑. 이제 겨우 15분이 지났다. 시간이 너무 안 간다. 길다. 힘들다. 괴롭다. 고통스럽다. 안정제를 먹었다. 여러 알 먹고 싶다.

Q. 뭐가 제일 힘들어요?

A. 시간이 안 가는 거요. 약 먹고 시간이 가 있었으면 좋겠어요.

Q. 얼마나요?

A. 일주일요. 하루가 지나고 다음 하루가 지나고 일주일은 지나야 좀 나아질 것 같아요.

Q. 지금 힘이 많이 드나요?

A. 네. 하루가 빨리 지나갔으면 좋겠어요.

저녁 6시경 식사가 나왔다. 죽 한술을 입에 겨우 넣었다. 더이상은 들어가지 않았다. 뚜껑을 그대로 닫았다. 저녁 7시경 활동가가 커피와 빵을 사서 병문안을 왔다. 빵을 뜯어주었고 야물야물 입에 물었다. 함께 나란히 앉아 먹으니 조금 넘어갔다. 따뜻한 커피도 한 모금 넘겼다. 그렇게 속을 모처럼 채웠다. 다른 활동가들도 곧이어 왔다. 여럿이 있으니 그래도 좀 견딜 만했다. 안정제를 맞은 것처럼 기분이 나아졌다.

하지만 모두가 가고 나면 다시 공허함이 밀려든다. 여러 감정이 휘몰아친다. 두 번째로 받은 안정제를 먹었다. 시간이 얼른 지나서 다음 주가 되고, 1년이 지나 있으면 좋겠다. 단기 기억상실증에 걸리거나, 기절이라도 하고 싶다. 의식을 잃거나 정말 긴 잠을 잤으면 좋겠다. 왜 그런 약은 없는 걸까. 죽음밖에 없을까.

3월 23일 토요일. 새벽 내내 잠을 설쳤다. 어젯밤 사람들을 만나 괜찮은 척한 게 화근이 된 것 같다. 온몸에 몸살 기운이 돈다. 밤새 자다 깨다 반복했다. 사람이 너무 많이 나오는 꿈을 꿨다. 정신이 하나도 없었다. 친구들, 선배, 후배, 동기, 또 다른 친구들, 낯선 이들……. 온몸이 아프다. 밤새 꿈이 나를 집어 삼켰다. 나는 무거운 돌에 짓눌려 눈을 떴다 감았다, 꿈인지 현실인지 확인하는 과정을 여러 번 거쳐야만 했다. 숱한 꿈에 짓이겨진 눈은 피곤이 쌓여 부어 있었고, 머릿속은 멍하고 몽롱했다. 지금 땅 위를 걷는 게 나인가? 눈을 뜨는 게 꿈속의 나인가? 사람이 정신이 나가면 고장 난 텔레비전에서 윙― 소리가 나면서 회색, 검정, 흰색 줄이 지지직거리는 것처럼 그렇게 전파가 나가는가 보다. 나는 고장 난 기계가 되었다.

몸이 좋지 않아 체온이 적정 온도를 유지하지 못한

다. 한참을 올라갔다 한참을 내려갔다 오락가락한다. 춥거나 덥거나. 몸이 건강하면 체온을 조절해 평균 체온을 유지한다는데, 나는 지금 그 반응이 더딘 상태다. 다시 병실 침대 위에 앉았다. 책을 들었다.

입원 날 가져온 책 두 권은 아끼는 후배가 소포로 보내준 것이다. 하나는 얇지만 빼곡한 글이 가득한 책, 또 하나는 오래도록 읽을 두툼한 책이었다. 책을 읽다 보니 어느새 창 바깥에 벚꽃이 피었다. '3월도 지나고, 곧 4월도 오겠지?' 따뜻한 날에 퇴원하게 된다면 나가서 산책을 하고 싶다.

우울의 구름이 내 머리 위에 비를 내린다. 한참을 맞다 우산이 필요할 것 같았다. 내리는 우울을 더 이상 견딜 수가 없어서 간호사 호출기를 눌렀다. "안정제 좀 부탁드릴게요." 약이 흡수되어 안정을 찾아갈 때까지는 엄마와 통화를 했다. 엄마 목소리만 들어도 마음이 좋다.

"엄마!"

"무슨 일 있어? 마음이 안 좋아?"

"아니, 무료 통화 시간이 남아서."

아프다고 말하지는 못했다. 씩씩한 딸, 밝은 딸이고 싶었다. 엄마의 목소리를 듣다 잠이 들었다.

마음을 다스리는 데 오랜 시간이 걸렸다. 저열한 공격에는 대응할 가치가 없다. 거짓말도 정도껏이지, 가까이

가기조차 싫었다. 눈과 귀를 씻는 게 고역일 것 같았다. 사람의 품격, 인격이라는 것을 기대할 수 없었다.

"When they go low, We go high.(저들이 저급하게 나올수록 우리는 격을 지킨다.)"

미투 이후 지금까지 함께해준 친구들과 내내 나눈 말이다. 거짓을 덮으려는 저급한 행위들에도 마음을 단단히 하며 그동안은 참고 또 참아왔다. 그러나 언젠가 처음 들었을 때는 힘 있게 느껴졌던 저 말이 지금의 내 상황에서는 씁쓸하고 무력한 말로 들렸다. 아직까지 한국 사회에 성폭행 가해자 가족에 대한 동정이 있기 때문에 아무리 내가 피해자라 하더라도 가해자의 부인에게는 맞서지 말라는 주변의 만류가 있었다. 결국 섞이지 않기로 했다.

어느 친구가 내게 말했다. "이런 사람들이 대통령이, 영부인이 되지 않아서 다행이다. 다시 한 번 고마워." 민망할 정도였다. 서글펐다. 내가 그들을 위해 진심을 다해 일한 시간들이 스쳐 갔다. 온 몸이 서늘하고 머릿속은 스산해졌다. 내가 죽을 때까지 이 고통은 계속될까? 벗어나고 싶다.

병실에서 부치지 못한 편지

병원에서 내 심경을 편지로 썼다. 치유를 위한 목적도 있었고, 실제로 세상에 내보려고도 했다. 하지만 끝내 부치지 못했다. 아무래도 내 회복에 집중하는 게 맞다고 판단했다.

그동안 여러 가지로 도움 주시고 지지해주신 많은 분께 감사드린다.

예전보다는 많이 나아졌지만 여전히 정상적인 생활

을 못 하고 있다. 나를 죽이고 싶다는 무수히 많은 증오의 댓글을 보았고, 내 범죄 사실을 떠올리며 성적 욕구를 해소한다는 사람들의 글도 읽었다. 그러한 글들을 보며 나는 세상에 나갈 수도, 일상을 누릴 수도 없다. 치료를 받으러 다니는 그 짧은 시간조차 두려움에 떨며 온몸을 꽁꽁 싸매고, 작은 안식처와 병원을 오가고 있다.

지난 2월부터 가해자 아내가 올린 세 번에 걸친 글을 본 이후로는 더 힘겨운 시간을 보내고 있다. 그럼에도 꼭 이 말씀만은 드리고 싶어 펜을 들었다.

부탁드린다. 제발 멈춰달라.

증오를 증오로 되갚고 싶지 않다. 거짓과 불신의 글에 밑줄 긋고 싶지 않다.

나는 가해자 가족과 싸우겠다고 하지 않았다.

세 번에 걸쳐 올리신 글에 대해 활동가 선생님(한국성폭력상담소 김혜정 부소장)께서 자신의 페이스북 등을 통해 답해주신 것으로 알고 있다. 그리고 1심과 2심 재판 중에 증거와 진술을 통해 세세히 말씀드렸다. 잘못된 주장과 증거들은 모두 탄핵되었다.

진단서는 허위로 밝혀진바 없고, 증거로 채택되었다 (항소심 판결문 124쪽).

나는 다낭성난소증후군을 앓고 있다. 그래서 오래전부터 그 약을 치료 목적으로 처방받아 복용해왔다. 성범죄 피해 이후 병원에 가서 상담받았고 있는 그대로 진료받았다. 병원에서 발급해주신 그 진단서를 수사 기관에 제출했다.

가해자는 휴대폰을 직접 파기하였다고 진술했다. 가해자 측 다른 증인들은 맥락을 알 수 없는 부분들을 캡처해서 제출했지만, 어느 누구도 수사 기관의 디지털포렌식을 거치지 않았다. 내가 떳떳이 제출한 증거들을 마치 무엇을 통해 밝혀진 것처럼 호도하지 말아주시길 바란다.

나는 가해자 가족들을 위해서도 일했다. 주말과 밤낮 구분 없이 일했다. 임용권자의 아내도 내게는 상사와 다름없었다. 시키는 업무에 최선을 다했다.

나는 안희정을 고소했다. 가해자의 아내에게 책임을 돌리지 않았다. 또 다른 범행을 막기 위해, 그 힘든 지옥에서 벗어나기 위해 미투를 했을 뿐이다. 그리고 1년을 고통 속에 살았다. 그게 전부다.

가해자에게 지켜야 할 가족이 있듯이 내게도 가족이 있다. 거짓과 증오의 글은 당신들의 지지자만 읽는 것이 아니다. 내 가족들도 읽고 있다.

제발 멈춰달라.

인간의 존엄을 지켜달라.

간곡하게 부탁드린다.

봄에 용기를

3월 27일 수요일. 새벽 2시부터 4시 사이에 잠이 들었다. 자는 동안도 기도가 좁아지는 듯한 고통을 느꼈다. 목 근육이 땅기고, 조이고, 아팠다. 머리도 아프고, 뒤통수도 아팠다. 링거를 맞아야 할 것 같아 간호사 호출 버튼을 눌렀다. 그 사이 다시 잠깐 잠이 들었다.

이튿날 상태가 나아졌고, 감사한 마음에 활동가에게 메시지를 보냈다. "한 분 한 분의 도움이 없었다면 나는 아마 바스러져 모래알이 되어 휩쓸려 사라졌을 것이다." 그리고 "바스러져 모래알이 되는 것이 아니라, 하나하나 모여 언덕을 이루고 산을 이룬다"라는 답을 받았다.

나는 고통을 통해 소멸이 아니라 생성의 과정을 향해 가고 있다고 다시 생각하기로 했다. 그렇게 생각하기로 했다. 지금의 시간이, 고통으로 인한 해체, 죽음이 아니라, 새로운 탄생이기를 기대해보고자 한다. 조금씩 조금씩 봄빛 기운이 돈다. 봄에 용기를 낸다. 아프지만 나아지는 것에 감사함을 느낀다.

　　죽은 나무처럼 보였다. 겨울 내내 움츠렸던 나무가 말라비틀어져 잎은 틔울 수 있을까, 걱정스러웠다. 그렇게 거칠고 꺼무튀튀한 나무 기둥과 앙상하고 애처로운 나뭇가지 사이로 손톱보다 작은 망울이 올라온다. 아주 잠깐 비추는 따뜻한 태양의 온기에 나무는 있는 힘을 다해 그 빛을 끌어모아 에너지를 만들어냈다. 그리고 아주 연한 초록빛 잎사귀를 만들어냈다. 힘없이 보이지만, 살짝 고개를 내민 용기가 가상하다. 봄빛 기운이 가득한 아침을 느꼈다. 약을 바꿔봤고, 수액도 맞고, 봄 내음 가득한 반찬도 적당히 먹었다. 하지만 노력과 달리 이내 우울증 스트레스는 두통, 근육통, 관절염으로까지 번졌다.

　　입에 가시를 물고, 손끝에 독을 묻힌 사람들이 있다. 가시 돋친 말들과 죽음을 부르는 글들에 나는 임상실험을 당하는 것 같다. 텔레비전에서 채널을 휙 돌리고, 뉴스의 댓글들에 눈을 감아보지만 그 짧은 시간에 이미 내 몸 곳곳에는 갈기갈기 가시 자국이 나 있다.

　　산산조각 난 삶의 조각들을 여전히 이어 붙이지 못하고 있다. 깨진 채 살아가고 있다. 아직 내게도 희망은 있다.

깨어졌을 뿐, 없어지지 않았다. 자국이 남더라도 이어 붙이고 싶다.

퇴원을 연기하다

4월 3일. 퇴원 예정일이었지만, 지난밤 소동이 있어 퇴원을 하지 못했다. 의사가 미뤄야 한다고 했다. 퇴원하는 줄 알았던 엄마에게는 "약이 아직 맞지 않아서 약 조절을 조금 더 해야 한대"라고 이야기했다.

　　의사가 면담 때 "부모님은 안 오세요?" 물어보면 "지난번에 오셨다 가셨어요" 하고 답했다. 아픈 엄마가 병원에 와서 쪽잠을 자고 힘들게 날 간호하고, 고통스러워하는 내 모습을 보는 게 싫었다. 엄마에게도 의사에게도 그저 괜찮다고 말하는 수밖에 없었다. 의사는 그 후로 보호자 없이 혼자 병원에 있는 것에 대해 묻지 않았다.

　　어릴 때부터 그랬다. 장녀니까, 엄마의 버팀목이 되어주고 싶었다. 엄마에게 짐이 되거나 돌봄을 받는 존재가 되면 안 된다고 생각했다. 사고 쳐서도 안 되고, 아프거나 속을 썩여도 안 된다고 다짐했다. 나와 동생이 있고, 아빠가 있

고, 할머니 할아버지, 외할머니 외할아버지 등 엄마가 챙겨
야 할 사람이 너무 많으니까 나라도 홀로 잘 버텨야 한다고
여겼던 것 같다. 대학교 입학을 할 때도 가족과 상의하지 않
았다. 대학원을 갈 때도, 직장에 들어갈 때도 한 번도 시시콜
콜 논의를 안 했다. 가족들이 나를 걱정하는 게 싫었다. 어쩌
면 핑계일지도 모르겠다. 나도 모르는 내 불안한 미래를 들
킬까 봐 철저하게 가림막을 치고, 좋은 것만 짜잔 하고 선물
처럼 드리고 싶었던 게 아닐까 싶기도 하다. 잘 해내지 못했
지만 그래도 부모님은 늘 나를 믿어주셨다.

　　미투 이후로 지금은 작은 것도 하나둘씩 이야기하려
노력한다. 그래도 아프다는 것만큼은 쉽게 이야기할 수 없다.

　　아침 면담 때 의사에게, "지금 자살은 안 돼, 자해도
안 돼"라는 말을 들었다. 이런 내 상황을 엄마에게 말할 수는
없다. 해맑게 웃으며 전화를 끊는 엄마의 목소리에 간밤에
한숨도 자지 못해 쌓인 졸음이 한순간에 밀려오는 것 같다.
잠깐 눈 붙일 수 있을 것 같다.

세상의 온도

퇴원을 하고, 집에 오자마자 서늘한 기운이 들었다. 병원의
온도와 바깥 온도는 달랐다. 집은 오랫동안 비워두어 한기가
돌았다. 가볍게 씻고 담요에 몸을 돌돌 말아 누웠다. 애초에
걱정하는 엄마에게 얼굴을 보이고자 고향집에 가는 시간 약
속을 미리 했는데, 제시간에 일어나지 못했다. 한참이 지나

서야 출발했다. 가는 내내 더웠다 추웠다를 반복했다. 체온 유지가 잘 되지 않았다.

　　집에 도착하자마자 엄마가 안아주셨다. 마스크를 쓰고 있어서 엄마는 내 얼굴을 잘 보지 못했다. 씻고 한상에서 밥을 먹는데 얼굴이 왜 그렇게 울긋불긋하냐고 엄마가 물었다. 거울을 보니 얼굴 여기저기 가을 단풍 같았다. 엄마 옆을 맴돌다 잠이 들었다. 일어나 거울을 보니 열꽃이 핀 것처럼 아까보다 더 심하게 부풀어 있었다. 엄마가 해열제를 하나 꺼내어주었다. 병실에 있다 나와서 세상의 온도에 적응하지 못하고 있었다.

　　다 괜찮을 줄 알았다. 퇴원하기 전에도 불안감은 있었지만, 병원에 평생 살 수는 없다. 우울하지만 퇴원해야 했다. 견뎌내면서 통원하기로 마음을 굳혔다. 병실 밖을 나가지 못했기에 근육이 사라지고 있었고, 홀로 서 있기가 버거운 상황이 되었다. 무리해서라도 퇴원을 강행했다. 다 나은 줄 알았다. 약도 꼬박 먹었고, 이만하면 되었다고 생각했다.

　　그런데 막상 병실 밖으로 나오니 나는 사시나무 떨듯 두려움을 잔뜩 가진 채, 온몸으로 찬기 위에 서 있었다. 세찬 기운을 이겨내지 못하고 둘러싸여 얼어붙었다. 얼굴엔 붉은 반점과 열꽃이 피었다. 왼쪽 머리에서 쥐가 나는 것 같았다. 어디든 톡 치면 깨질 것 같았다. 실존적 두려움에 맞닥뜨렸다.

세상과 단절　　　　　289

하루하루가 지날수록 두려움은 조금씩 커져갔고, 이내 먹구름이 되어 머리 위에 둥둥 떠 있었다. 수면제를 먹으면 잠이 오지만, 잠깐 동안 기억을 잃는 블랙아웃 현상이 너무 싫었다. 나를 잃어가는 것만 같았다. 억지로 약을 멀리하게 되었고 우울증은 점점 더 심해졌다. 병원 밖 생활에 적응할 수 있을까? 평생 병원에만 있어야 하는 걸까? 실존적 두려움이 몰려왔다.

떨어지는 꽃잎에도 눈물이 났다

아름다운 벚꽃나무에, 한들한들 떨어지는 꽃잎에 하염없이 눈물만 난다.

'너도 일 년을 살아와줬구나.'

일 년 전인 2018년 4월 15일 밤 나는 한강에 서 있었다. 그날도 꽃나무들을 봤다. 누군가에게는 가장 아름다운 봄날이 내게는 한없이 잔인한 날들이었다. 다리 위에서 뛰어내릴까, 저 외진 곳에 가서 손목을 그을까, 아님 수면제를 먹고 강물에 뛰어들까, 극단적인 선택에 도움이 될 도구라는 도구를 잔뜩 주머니에 넣고 집을 나와 서 있었다. 흘러가는 물을 한참 바라봤다. 밤공기는 겨울처럼 차디찼다. 눈물이 나다 멈췄다 멍했다 정신이 돌아왔다를 반복했다. 연락이 닿은 친구에게 나는 이상한 소리를 늘어놓았다. 죽을 테니 찾지 말아달라는 이야기였다.

그날이 지나고 들은 이야기로는 친구가 나와 연락을 한 직후 다른 활동가들과 상의를 했다고 했다. 경찰에 실종 신고를 하려다가 혹시라도 이후에 더 어려움이 많을 수 있으니 주변을 나누어 찾아보기로 했다. 그러다 도저히 찾을 수 없어서 119 신고를 했고, 거주지의 문을 열고 들어가는 소동까지 있었다고 들었다. 그날 나는 죽지 못하고 돌아왔다. 그리고 일 년을 더 살아왔다.

죽으려 했지만 마지막 순간에 주검으로 돌아온 나를 보고 가슴 찢어질 부모님이 생각났다. 그리고 내 죽음에 안도할 사람들을 떠올렸다. 내가 죽으면 진실도 함께 사라질 것이라 생각했다. 내가 죽는다고 재판은 끝나지 않는다. 죽을 수 없었다.

일 년이 지났지만 크게 달라진 건 없다. 작년에 고발한 2차 가해 수사 중에서도 안희정 측근들이자 현직 정치인의 보좌진에 대한 기소 건은 해결되지 않고 그대로 남아 있

세상과 단절

다. 안희정 측 주변 사람들의 허위와 악성 글들이 계속 만들어지고 일부 극렬 지지자들에 의해 퍼 날라지는 것 역시 변함이 없다. 사는 것보다 죽는 게 더 낫지 않을까 하는 생각을 여전히 하루에도 여러 번 한다.

스산한 기운에 비가 우둑우둑 떨어질 것 같은 안개 낀 새벽, 꽃잎이 다 떨어져 앙상하게 남은 벚나무 아래를 걸었다. 세상은 여전히 아름다운데 죽음에 대한 고민은 나를 아직 떠나지 않았다. 희망을 노래하려 하지만 버퍼링이 끝나지 않는다.

5장 그래도
살아간다

미투 이후의 현실

1심 재판부는 "업무상 수직적, 권력적 관계로 인하여 피해자의 자유의사를 제압하기에 충분한 정도의 지위·직책·영향력 등 위력이 존재했지만 행사는 하지 않았다"고 말했다.

하지만 위력의 존재와 행사는 동시에 이루어지는 것이다. 업무상 위력에 의한 간음은 특별하지 않다. 우리의 일상 속에 사람을 가리지 않고 수시로 일어나는 폭력의 또 다른 형태일 뿐이다. 지금도 수많은 노동자, 수직 관계의 약자들이 느끼고 있는 일상적 위력은 눈에 보이는 폭행과 협박뿐만이 아니다. 침묵과 눈빛만으로 상대를 제압하는 것, 직장에서 술을 강요당하고, 달갑지 않은 농담을 참고 들어야 하는 것, 회식 자리에서 술 수발을 들어야 하는 것 모두가 일반적인 노동자 다수가 겪는 위력의 문제다.

24시간 업무 중인 수행비서에게 상사의 지위는 24시간 그대로 유지된다. 그것을 고의적으로 성범죄에 이용한 가해자는 마땅히 처벌받아야 한다. 하지만 내가 마주한 현실은 이 중요한 판단을 기피하였다.

나는 더 이상 노동자가 아니다. 일도 하지 못하고 수입도 없다. 생계를 늘 걱정한다. 고소 이후 일 년이 넘게 재판에만 임했다. 노동자로서 성실히 살아왔던 내 인생 전체가 한 노동자의 삶으로서 인정받기 이전에 피해자다움과 배치되는 행동으로 평가받았다. 안정적으로 일할 수 있기를 바라며 대학원에 간 것은 '범죄를 거절했어야 마땅한 판단력 있는 고학력 여성'이라는 가해자의 논리에 사용되었다. 이전 일을 그만두고 선거 캠프에 들어간 것은 팬심에 의한 것이 되었고, 근무 시간 제한 없이 일에 매진했던 것은 피고인을 좋아해서였다고 매도되었다.

만약 당시 정상적인 노동자로서의 삶을 보장해달라고 더 강하게 요구했다면 이런 일이 일어나지 않았을까? 일을 외면하고 현실에서 도망치면 피해자다운가? 생계를 유지하기 위해 직장이 절실했던 내가 당장 관두고 다른 일을 찾았다면 피해자다운가? 이미 안희정 사단으로 꼬리표가 붙은 내가 오도가도 못 한다는 건 함께 일했던 이들이 가장 잘 알았다. "본인이 관뒀대." "일도 잘 못해." 평판조회 한두 번이면 끝이다.

'안희정 무죄'라는 판결문을 받아 든 날도 있었다. 끝내는 '안희정 유죄'라는 정당한 판결문을 손에 쥐었지만 여전히 내 삶은 쏟아지는 2차 가해 속에, 기울어지고 삐딱한 시선 속에, 일하지 못하는 처참한 비(非)노동자의 그것이다.

직장 내 성폭력과 권력형 성폭력 피해자는 고발 후 그 살길이 막막하다. 나만의 이야기가 아니다. 다른 피해자들도 비슷하다. 재취업 노동을 위한 도움과 관심이 진심으로 필요하다.

성폭력 신고는 쉽지 않다. 얼굴과 이름을 내놓고 자신의 인생을 걸어야 한다. 비공개로 신고를 하더라도 피해자가 속한 조직 내에서는 신고자가 누구인지 금세 알아낸다.

그래도 살아간다　　　295

알음알음 피해자의 신상이 퍼지는 것은 순식간이다. 대부분의 성폭력은 권력의 차이에서 비롯되기에 가해자들은 여전히 조직의 핵심에서 영향력을 발휘하고, 피해자를 향한 조직적인 공격을 시작한다. 2차 가해다. 가해자는 여전히 해당 분야에서 영향력 있는 사람으로서 피해자를 비롯한 주변 사람들에게 영향을 끼친다. 피해자가 그 힘 밖으로 나오려면 그 분야에서 쌓아온 자신의 미래도 함께 버려야 한다.

미투를 한 이후 다른 사건의 피해자를 만나 이야기를 나누었다. 피해자 대부분이 직장을 잃었거나 되돌아가지 못했다. 해당 직종에 남지 못했고 전향을 하거나 프리랜서가 되었다. 그 프리랜서 직업마저도 갖는 데 아주 오랜 시간이 걸렸다고 했다. 가해자의 영향력이 미치지 않는 해외에 거주하며 활동하고 있는 사람도 여럿 있었다. 가해자에 대한 두려움을 쉽게 떨쳐버리지도 못했다. 가해자가 감옥에 가 분리되어 있는 시간은 잠깐뿐이라고 했다. 출소 이후 맞닥뜨리는 공포를 경험했고 실제 가해자로부터 위협을 받은 이도 있다. 가해자에 대한 공포는 평생 따라다닌다고 했다. 살아 있는 동안에는 절대 없어지는 감정이 아니라고 했다. 암울했다. 재판을 진행하며 2차 피해를 심하게 당했다. 가해자 측과 가해자 변호인으로부터, 직장 동료들로부터, 그리고 사회의 숱한 편견으로부터 공격당했다. 가해자 측의 피해자를 공격하는 논리와 패턴은 대부분이 흡사했다. '피해자다움'. 피해자가, 피해자답지 못하다는 것이었다.

피해자의 SNS를 모두 털어서는 왜 이날 이렇게 웃었

냐며, 왜 아무렇지 않게 일했냐며 공격했다. 피해자의 삶은 잘게 분절되어 해체당했다. 성폭력을 겪었고, 문제를 제기했을 뿐인데도, 그 문제를 해결하기까지 겪는 부당함은 온전히 피해자의 몫이었다. 오랜 시간이 걸려 피해 사실을 인정받은 이후에도 피해자는 회사와 학교로 되돌아가지 못했다. 이게 내가 만난 미투 이후 피해자들이 겪는 진짜 현실이다.

대한민국의 수많은 여성이
'김지은'으로 살고 있다

도청에 들어간 지 얼마 안 되어 안희정의 운전비서에게 성희롱과 성추행을 당했다. 이에 대해 조직에 호소했지만 아무도 귀담아 들어주지 않았다. 조직이 제대로 굴러가야 한다는 이유로, 외부에 알려지면 더 큰 문제가 될 수 있다는 핑계로 내 피해는 감내되어야만 했다. 그런 조직인 것을 알았기에 나 역시 참고 참다 고심 끝에 시정을 요청한 것이었지만 결과는 같았다. 일말의 기대는 산산조각 났고, 자존심은 무너졌다.

　　가해자가 사과했다는 이유로 나는 다시 가해자와 같은 공간으로 돌아가 일을 해야 했다. 모두 그게 순리인 것처럼 이야기했다. 이미 자신들의 논리대로 해결된 문제에 내가 더 이야기하는 것은 그들에게 용납 불가능한 일이었다. 피해자였지만 더 이상 피해자처럼 행동해서는 안 된다고 종용받았다. 미칠 것 같은 혼란이 내 안에 들어와 소용돌이쳤다. 더 하고 싶은 말들은 가슴 깊이 삼켜야만 했다. 그렇지 않으면 내가 잘린다고 했다. 하루하루 생계를 걱정하며 직장에 다니는 내가, 내 잘못이 아닌 일로 일자리를 잃을 수는 없었다.

　　그 이후 안희정의 성폭력이 시작되었다. 나는 어찌할 바를 몰랐다. 안희정은 운전비서와 비교도 할 수 없는 위치에 있었으며, 조직을 총괄하는 사람이었다. 첫 범죄가 있던 러시아 출장 당시 나는 수행비서 업무에 익숙하지 않은 신입

직원이었다. 처음 맡게 된 업무의 부담감으로 고열과 몸살, 구토에 시달렸다. 러시아로 가는 비행기 안에서는 계속 구토를 하며 한시도 자리에 앉아 있지를 못했다. 러시아 출장을 가기 며칠 전에는 아버지가 큰 수술을 받으셨고, 병원에 가보지 못한 죄송한 마음에 정신적으로 내내 불안한 상태였다. 막중한 책임감과 부담감을 안은 채 러시아에 도착해 일정을 수행하던 도중 안희정에게 처음 성추행을 당했다. 그리고 얼마 지나지 않아 업무 지시 연락을 받아 방에 가게 되었고, 그 자리에서 성폭행을 당했다. 곧이어 안희정은 어린 참모에게 미안한 짓을 했다며 즉시 사과했다.

나는 내게 무슨 일이 일어난 것인지 채 깨닫기도 전에 내 앞에 주어진 일들을 처리하기에 급급했다. 죽고 싶고 인정하고 싶지 않은 현실이었지만, 상황 파악과 대책을 마련할 때까지 그 누구에게도 말할 수 없었다. 두려웠다. 아무도 믿을 수 없었고, 안희정을 제어해줄 더 높은 사람을 쉽게 떠올리지 못했다. 오히려 나의 대응으로 인해 어떤 인사상 불이익을 받을지 모른다는 두려움이 컸다. 충남도청의 성 고충 전담 직원은 6급 주무관이었다. 안희정은 수시로 충남경찰청장과 지역 검사장들과 통화했다. 대체 누구에게 신고를 해야 해결해줄 것인가? 아무도 떠올릴 수 없었다. 이후 수행비서로서의 직장 생활은 고통의 연속이었다. 10건의 강제 추행과 성폭행 중 8건이 도청 신입이던 초반에 이루어졌다. 통상두 달 정도 걸린다는 수행비서 인수인계를 일주일여 만에 마친 이후 업무가 채 익숙해지기도 전인 그 두 달 사이에 순식간에 발생했다.

한참을 주저하다 직전의 수행비서에게 피해 사실을 털어놨다. 돌아온 대답은 "네가 조심하라"였다. 밤에 일로 불러도 가지 말라고 했다. 수행비서 위치상 그렇게 하지 못할 것임을 누구보다 잘 아는 전임자가 그렇게 말했다.

마지막 성폭행은 세 번째 성폭행 이후 6개월이 지난, 미투 이슈가 한창이던 2018년 2월에 일어났다. 미투로 세상의 민낯이 드러나던 시기에 나는 흔들리고 있었다. 나와 같이 피해를 당하고도 말하지 못하는 사람들이 세상에 많다는 것을 알게 되었다. 동질감을 느꼈다. 하지만 두려웠다. 대부분의 피해자에게 가해자는 누구와도 비교할 수 없이 무서운 대상일 것이다. 하물며 내가 고발할 대상은 대한민국의 다음 대통령으로 거론되는 사람이었다. 미투를 상상하는 것만으로 두려웠다.

미투를 하고, 강제로 퇴사를 당했다. 미투를 하며 아무것도 바라지 않았다. 생계를 내던져가면서까지 끝내 말할 수밖에 없었던 이유는 그저 인간답게 살고 싶었기 때문이다. 범죄 피해와 사과로 이어지는 이 사슬이 영원히 끝나지 않을 것임을 뒤늦게 깨달았기 때문이다. 오랫동안 외면했던 그 고통을, 늦었지만 나는 진심으로 멈추고 싶었다. 미투를 했고, 삶을 포기하지 않았다.

결과적으로 나는 이후 2년 가까이를 직장도 없이 재판에만 매진하며 정신과 진료를 받고 있다.

치유, 피해자들의 연대

요가를 하기로 했다. 십수 년 전 미투를 하신 선생님을 만나 마음의 안정을 취하는 요가를 배웠다. 재판정에 오래 앉아서 증언을 해야 하는데 그 긴장된 상태일 때 어떻게 이완하고 편안하게 진술할 수 있는지, 앉아 있는 상태에서 할 수 있는 간단한 동작을 배웠다. 그리고 휴정 시간 동안 피로를 풀 수 있는 스트레칭과 평소 일상에서 손쉽게 할 수 있는 호흡 자세도 가르쳐줬다.

　　선생님은 식당을 찾는 방법도 가르쳐줬다. 외국인이 운영하거나 외국인이 많이 찾는 해외 음식 전문 식당에 가면 한국인 손님이 별로 없어서 밥 먹기에 편하다고 했다. 그 이야기를 듣고 함께 인도 카레 전문점에 가기도 했는데 밥 먹기가 정말 수월했다. 대부분의 손님이 외국인이라 눈치 볼 일이 적었다. 마음이 한결 놓였다.

　　그 선생님을 보면 지금으로부터 19년 전에 어떻게 미투를 하셨는지 너무나 존경스럽다.[1] 선생님의 생활에서 내가 겪고 있는 어려움들을 비슷하게 찾을 수 있었고, 수시로 조언을 구하고 있다. 내게는 존재만으로도 힘이 되는 어질고 슬기로운 스승님이다. 이런 일로 만나 스승님처럼 여긴다는 사실이 한편으로는 씁쓸하지만, 내가 겪는 무수한 어려움을 모두 겪어보셨기에 큰 도움을 받고 있다.

　　선생님이 기획한 어느 작은 모임에 피해자 몇몇이 참

석하게 되었고 그곳에서 자신이 피해자이거나 피해자의 조력자임을 밝히는 시간을 가졌다. 나중에 그 자리에서 느꼈던 소감을 전해온 피해자의 글을 인용한다.[2]

끝이 없는 고통의 시간, 죽음만이 유일한 구원이라는 믿음을 가졌던 때가 내게도 있었다. 나는 10년이 넘는 시간을 아버지로부터 성폭행을 당해온 친족성폭력 생존자다. (…) 생존자를 불행하고 연약한 피해자로 보는 사회 분위기 속에서 그들이 원하는 생존자의 모습을 연기해야 하나 고민되는 마음과 내가 성폭력 생존자임이 드러나지 않았으면 하는 마음이 공존했다. 오늘 이 자리에서 스스로 생존자임을 밝히는 피해자와 지지를 보내는 연대자들의 모습을 보면서 비로소 그때서야 진정한 의미의 '미투' '위드유'의 힘을 이해했다. (…) 내 삶은 나의 존엄과 권리, 자유가 없는, 말 그대로 죽음 자체였고, 자연스럽게 매일 죽는 것만 생각했었다. 가족 중 누구도 나를 존중하지 않았다. 특히 어릴 때 집을 나간 어머니 대신에 살림을 맡으신 할머니와는 사이가 매우 좋지 않아 객식구처럼 먹는 것 하나도 눈치를 봐야 했다. 나는 계란으로 만든 요리를 좋아하는데, 계란프라이 하나도 할머니 몰래 숨어서 먹어야 할 때면 살고 싶지 않았다. 먹는 걸로 눈치 보는 게 맞는 것보다 더 서러웠다. 차라리 죽는 게 나았다. 간절하게 죽고 싶었으나, 살고 싶었

다. 살고 싶어서 죽지 못하는 내가 밉고 원망스러웠
다. 어쩌면 나를 포함한 많은 생존자들이 사실은 죽
고 싶은 게 아니라, 가해자를 피해서, 잊히지 않는 지
옥과도 같았던 기억이 주는 고통과 절망을 피해 평온
함을 얻고 싶은 게 아닐까? 살아 있는 한 계속 마주해
야 하는 고통으로부터 가장 안전한 곳으로 도망치고
싶은 게 아닐까? 그러나 삶보다 죽음이 더 가까운 우
리는 그럼에도 살아야 한다. (…) 언젠가 많은 생존자
에게 하나의 예시와 선택지가 되어줄 수 있다.

그 모임에서 만난 다른 피해자와는 지금도 따로 만남을 갖고
있다. 내가 가장 쓸쓸하고 암울하던 어떤 날에, 죽음을 결심
하고 세상과의 단절을 생각하던 어떤 날에, 그는 나를 살렸
다. 뒤엉킨 감정과 상황들을 정리하고 다독이는 데 함께해주
었다. 퀴퀴했던 시간들을 하나둘 벗겨내고 나를 더 단단하게
만드는 시간이 될 수 있도록 옆에서 같이 노력해주었다. 그
도 나와 있는 시간을 통해 점차 씩씩해지고 있다고 들었다.
내가 받은 도움을 오래도록 보답하기 위해서라도 각자 건강
히 오래 살기로 서로 약속했다.

　　하루는 편지를 받았다. 내가 잠깐 캠프에 있을 때 알
게 된 후배가 보내왔다. 한때는 정치권에 만연한 성폭력에
무기력했지만 이제는 그렇게 살지 않겠다고, 나의 목소리로
이후 용기를 얻었다고, 꿋꿋이 버티고 있다고 했다. 그 말을
통해 지난 용기에 다시 위안을 얻었다. 미투 이후 비록 산산

이 조각난 시간 속에 살고 있지만, 단 한 사람의 피해자라도 더 생기지 않는다면 그걸로 내게는 다행이었다.

피해자끼리 나누는 치유의 기적은 일어나고 있었다. 그 연대를 통해 서로가 서로를 위로하고, 그 힘으로 치유받는다. 비 온 후 하늘에 펼쳐진 커다란 무지개를 보고 있었다.

후배가 보낸 편지

추스르고 있다니 다행이다.

옆에 있었다면 꼬옥 안아주고 싶어.

요즘 『미투의 정치학』 읽고 있어. 술술 읽힐 줄 알았는데 한 문장에도 몇 번씩 곱씹으면서 읽고 있어. 책장이 잘 넘어가질 않더라. 정치권에 만연했던 성폭력과 일상적인 성희롱에 물들어가던 내게 언니는 용기 그 자체야.

그래서 나도 이제는 과거처럼 살지 않기로 했어. 적당히 묻어두고, 적당히 모른 척하면서 살지 않으려고. 아직도 많은 사람은 과거가 좋았다면서 과거로 돌아가고 싶어하지만, 언니로부터 힘을 얻은 많은 이들은 다시는 그 과거로 돌아가지 않으려고 버티고 있어. 각자 자리에서 꿋꿋하게 버티고 있어. 나도 가끔은 너무 힘들어서 약으로 버텨. 이 버팀의 끝에는 무엇이 있을까.

적당한 자기 합리화로 덮어둘까 생각하다가도 덮어두던 과거 때문에 발목이 잡히고 얼마나 아팠는지를 생각해보면 정신이 번쩍 들어.

내 성격이 뒤에서 따로 잘 챙기거나 연락을 자주하는 편이 아니라서 항상 미안해. 나는 언니 덕분에 용기를 얻었는데 언니한테 힘이 되어주질 못해서 미안해.

그럼에도 내가 확신할 수 있는 한 가지는, 난 언니랑 끝까지 같은 길을 걸을 거야. 세상 사람들의 모진 소리 같이 들을 거고, 상처받고 우는 언니 옆에서 나도 같이 울 거고, 언니가 다시 힘내서 일어날 때면 같이 손잡을 거야.

언니가 있어서 얼마나 감사한지 몰라. 언니는 그 자체만으로 소중한 사람이야. 우리 같이 힘내자. 사랑해.

2019.03.21.

일상 회복 프로젝트

성폭력 피해 생존자가 다시 일상을 살아가기 위해 필요한 것을 직접 기획하고 실행하는 프로그램 '일상 회복 프로젝트'라는 것을 발견했다. 새로운 것을 배우거나 여행을 가거나 함께하고 싶은 사람과 문화생활을 즐기는 등 무너진 일상을 회복하기 위한 활동을 지원해주는 프로그램이다. 성폭력 피해자로서 스스로 삶을 변화시키고자 하는 의지가 있다면 누구나 지원 대상이 된다.

스스로에게 용기를 주고 싶었다. 그동안 일상에 변화를 주다가 늘 제풀에 주저앉았기 때문에 반 강제로라도 해보고 싶었다. 잘한다고 칭찬을 받으면 늘어나는 포도알 스티커처럼 일상으로 돌아가는 노력을 격려해줄 무언가가 필요했다. 어쩌면 이 '일상 회복 프로젝트'가 그 무언가가 될지도 모른다고 생각했다.

이전에도 성폭력 상담소에서는 일상 회복 프로젝트가 진행되었다. 개인 회원의 후원으로 총 9명의 참여자가 함께했다고 한다. 참여자들은 이후의 삶을 준비하고 좀 더 단단해지기 위해 새로운 것을 배웠다. 그 과정에서 치유의 한 걸음을 내딛기도 했다.

한 참여자는 피해 당시 도움을 받았던 친구에게 고마움의 선물을 주기도 했고, 다른 참여자는 친구와 둘만의 시간을 보내며 진솔한 대화를 시도했다. 책을 읽으며 위로를 받는 참여자는 책을 여러 권 샀다. 여유가 없어 돌아보지 못했던 소중한 사람들을 보듬어주는 시간을 가지기도 했다.

나도 지원서를 썼다. 성폭력으로 겪은 어려움에 대해서, 외부 생활을 하지 못하는 상황에 대해 적었다. 살아낼 수 있게 내게 힘을 준, 함께해준 사람들과 일상을 회복하고 싶다고 기재했다. 건강이 모두 회복되면, 그렇게 작은 하루를 시작하기로, 하나씩 해내보기로 했다. 먼저 나를 지탱해줬던 가족과 함께 시간을 보내고 싶었다. 언젠가 가족과 같이 밖으로 나가보기로 마음먹었다.

밖으로 나가봅시다

하루는 멀리 있는 활동가가 걱정이 되었는지 괜찮으냐며 구례에서 메시지를 보내왔다.

지은 괜찮아요. 외국에 가고 싶어요.

활동가 봄이에요. 망설이지 말고 다녀와요. 외국 가면 알아보는 사람도 없을 것이고.

지은 재판은 어떻게 해요.

활동가 며칠 없다고 재판이 어떻게 되나요.

지은 그럼 저 계속 없고 싶어요. 엉엉.

활동가 엉엉.

지은 영화 속에 살고 싶어요.

활동가 지금이 영화지.

지은 이런 영화 너무 싫어요.

지은 여행 가면 괜찮아질까요. 비우고 싶어요, 다.

활동가 무엇을 해서 괜찮다기보다 분위기를 전환해보는 거죠. 집, 병원을 넘어서.

지은 꽁꽁 추운 곳. 눈이 많은 곳. 아니면 진짜 진짜 더운 곳.

활동가 제주도라도 다녀오면 어때요. 지금 걷기도 좋고.

지은 한국말 듣기가 싫어요. 이상한 나라에

떨어지고 싶어요.

활동가   여기보다 이상한 나라가 있을까요?

지은   여기는 괴로운 나라.

활동가   맞네.

지은   정말 고민해봐야겠어요. 머리가 꽉 찼어요.

나는 집에서, 병원에서 나가보기로 했다. "밖으로 나가보
자." 어딘가로 꼭 떠나보기로 마음먹었다. 가방에는 김밥도,
물도, 꼬마 젤리도 가득 넣고, 마음 통하는 사람들과 마냥 떠
들며 걷고 싶다. 서오릉으로 아이들과 한나절의 답청을 떠나
던 신영복 선생님처럼 민들레의 가벼운 마음을 안고 소풍 가
고 싶다.

한 걸음 나아가다

가족들과 외출을 시도했다. 목적지 없이 차로 떠났다. 테이크아웃으로 커피도 한 잔씩 손에 들었다. 차는 도시 근교 강이 보이는 곳으로 향했다. 벚꽃이 흐드러지게 핀 길이 나왔다. 아름다웠다. 식당에 들어가 맨 안쪽 끝자리에서 밥도 먹었다. 조용한 카페에 앉아 30여 분가량 이야기도 나눴다. 자리를 잡는 데 애를 먹었다. 식당과 마찬가지로 가게 끝 쪽, 모든 이를 등지고 앉을 수 있는 곳에 나를 앉혀야 했기 때문에 들어가자마자 자리를 살피는 게 가족들의 일이었다. 공원도 걸었다.

다음 날엔 동네 수족관에도 갔다. 물론 어제도 오늘도 모자에 안경에 후드 티 그리고 큼직한 마스크를 늘 착용하고 있었다. 동생은 나와 같이 마스크를 써주었다. 물론 답답하다며 이내 턱 밑에 걸친 채로 차고 다녔다. 수족관에서 내 마스크가 조금 내려가자, 갑자기 다가와서는 올려줬다. 차에 타면서 물었다.

"마스크 내려간 거 몰랐어? 계속 내리고 있었어?"

"아니, 잠깐 내려가 있었던 것 같아. 계속 쓰고 있었어."

물고기를 보느라 정신이 없어 보였던 동생이 사실은 나를 계속 지켜봐주고 있었다.

봉사를 시작하던 날

4월 어느 날, 햇살이 너무 좋은 아침이었다. 작년 이날에 나는 한강을 보며 자살을 시도했었다. 결국 죽지 못하고 다시 살아내기로 다짐했던 날이다. 일 년이 지난 오늘 나는 흐무러지게 핀 꽃나무와 한강, 하늘, 고운 봄의 색깔들을 보며 아름답다는 생각을 하고 있다. 살아내길 잘했다는 생각이 불현듯 스쳤다. 고발하길 잘했다는 생각도 했다. 힘든 나날이지만 후회하지 않겠다고 다시 생각했다.

해외에서 잘 지내는 옛 동료 생각이 났다. '내가 아끼는 그 후배를 내가 지켰어. 그래, 고발 잘 한 거야.' 생각하며 가슴이 아렸다. 내가 좋아하는 나의 동료이자 동생인 그에게도 무슨 일이 있었다면, 나는 정말 스스로를 놓아버렸을지도 모른다. 후회라는 말만으로는 표현할 수 없는 죄책감을 느꼈을 것이다. 축축해진 마음을 꺼내어 햇볕에 말려도 결코 마르지 않았을 것이다.

가끔은 나의 삶이 너무 끈질긴 건 아닐까 하는 생각을 하기도 하지만 내게는 작은 숨결만 있으면 되었다. 메마른 겨울나무처럼 소리 없이 죽어가다가도, 아주 작은 봄의 기운만 느끼면 새순을 피워내는 그런 삶. 손톱만큼의 희망만 있으면 되었다. 미투를 하기까지, 거대한 두려움을 극복하기까지 오랜 시간이 걸렸지만 그래도 그 작은 희망을 보고 말할 수 있었다.

아주 오래된 친구는 내게 말했다. "너는 독립유공자의 피를 물려받은 게 확실해. 인정!" 고조할아버지는 독립운동을 하다 체포되어 옥고를 치르셨다. 이어 증조할아버지도 독립운동을 하셨다. 선조의 기질을 물려받았다는 이야기가 어쩌면 과할 수도 있지만, 그런 말로 위로해주는 친구가 한없이 고마웠다. 더한 고통, 또 다른 형태의 아픔을 겪은 분들이 이전에도 그리고 지금도 많이 계시겠지, 그저 그렇게 생각하며 스스로를 위로했다.

마음을 다잡고, 성폭력 관련 기관에서 봉사를 시작했다.

다시 세상에 나갈 수 있을까

보통의 삶을 살고 싶다. 평범한 일상에서 누리던 소소한 일들을 다시 경험하며 하루하루를 살아내고 싶다. 비에 젖은 나비였다면 햇볕에 날개를 말리고 다시 날면 그만일 텐데, 한쪽 날개가 찢겨 사라져버린 지금은 아무것도 할 수 없을 것만 같다. 그럼에도 불구하고 다시 첫발을 내딛기로 했다.

성폭력 상담소의 일을 돕기 시작했다. '자원봉사'라고 부르기에는 소일거리였다. 사무실에서 행사 준비를 돕거나 홈페이지의 콘텐츠를 업로드하고 그날 상황에 따라 데이터 자료를 정리한다. 때론 전화 응대를 하는데, 성폭력 피해자의 전화를 받기도 한다. 상담전화가 아니라 사무전화로 건 분들이다. 상담 대기 중에 잠깐 받는 일이지만, 처음에는 당황스러웠다. 비슷한 경험을 한 피해자로서 공감할 수는 있었지만, 전문적인 대응을 하는 데는 어려움이 컸다. 어렵게 전화를 걸었을 텐데, 내 작은 말과 숨소리 하나가 피해자에게 의도하지 않은 어떤 감정을 주게 될지 예상할 수 없었다. 제대로 배워 온전히 돕고 싶다는 소망을 갖게 되었다.

활동가의 제안으로 성폭력전문상담원 교육을 듣기로 결심했다. 교육 접수가 시작되는 날을 손꼽아 기다려 접수를 하고, 마음을 다잡았다. 처음으로 낯선 사람들과 함께 매일 같은 공간에서 수강해야 한다는 부담감이 컸다. 게다가 약 4주간 꽉 짜여 있는 커리큘럼으로 100시간을 공부하는 일이, 일상조차 어려워 병원을 오가던 내게는 벅찬 일정이기도 했다. 그래도 마음을 굳게 먹고 교육에 참가했다.

뜨거운 여름 시작된 교육 첫날에는 강한 긴장으로 몸이 너무 아팠다. 온몸이 굳은 채로 수업을 들었다. 사실 교육 일주일 전부터 걱정에 내내 잠을 못 자기도 했다. 둘째 날에는 수업을 듣는데 눈물이 계속 났다. 내가 무언가를 시작했다니, 내가 공부를 하고 있다니. 눈물이 왈칵 쏟아졌다. 내가 다시 나로 살고 있는 기분이 처음으로 들었다. 피해자가 아닌 학생으로 살 수 있다는 사실이 너무나 감사했다. 한편으로는 재판 중인 피해자가 이렇게 살아도 될까? 피해자답지 않다는 공격을 또 받지는 않을까 걱정이 들기도 했다. 진심으로 '피해자'라는 수식어를 떼고 싶었지만, 깊은 트라우마를 남긴 이 말은 내 생각 속에서도 쉽게 사라지지 않았다. 이후 교육을 받으면서 내 사례가 중간 중간 성폭력 피해 사례에 대한 교보재로 사용되는 것도 볼 수 있었다. 견디기 힘들었지만, 이를 악물고 공부했다.

여러 가지를 배우면서 내가 겪은 일은 나만의 일이 아니라는 사실을 다시금 알게 되었다. 수많은 사람이 권력과 관계에 의해 인권을 유린당하고 고통받아왔다. 김복동 할머니부터 권인숙 선생님, 이외에 수많은 사람이 그 고통을 겪고 당당히 세상에 대항해왔다. 그분들이 처음 말하기 당시에 얼마나 많은 고통과 차가운 시선을 받으셨는지, 그 시선이 어떤 투쟁을 통해 변해왔는지 배울 수 있었다. 특히 일본군 성노예제 문제 해결을 위해 노력하신 김복동 할머니가 전시 성폭력 생존자들을 위해 연대하신 삶의 이야기를 들으면서 깊은 울림을 받았다. '세상을 향해 나아갈 수 있을까'라는 말조차, 한 번의 발걸음조차 겁이 나는 내게, 저 멀리서 반갑게 손 내밀어주시는 것만 같았다. 찢어진 날개를 가지고 웅크리고 있던 내게 수많은 나비가 날아와 날갯짓해주는 느낌이었다.

　　100여 시간의 교육을 모두 받았을 때 이제는 또 다른 고통을 받고 있을 피해자들에게 여전히 부족하지만 작은 손 하나 내밀어줄 수 있으리라는 소망을 갖게 되었다. 보통의 삶을 향한 소망의 첫 걸음이 또 다른 연대를 위한 배움이었음에 감사했다.

성폭력, 보통의 경험

여성의 40퍼센트가 성폭력을 경험한다고 한다.[3] 내 주변만 해도 그렇다. 친구는 모르는 누군가에게 강간 미수를, 후배의 친구는 친오빠로부터 성폭행을, 자원봉사를 통해 알게 된 친구는 직장 상사에게 준강간을, 그 외 숱한 성추행과 성희롱에 시달려왔다.

성적 폭력이 만연한 세상이다. 고통이 난무한다. 그런데도 성폭력에 대해 무지하다. 성폭력에 대한 언론의 기사는 어떠한가? 대부분이 그 피해가 일어난 상황에 주목하기보다는 자극적인 상황 묘사에 집중한다. 자극적이다. 차마, 이것이 성폭력 피해자의 기사인지 그저 지라시인지 구분이 어려울 정도다. 성폭력 피해자는 이 사회에서 약자 중에 가장 약자다. 사회가 그런 인식으로 만들어왔다. 불평등한 권력 관계에서 이뤄지는 폭력의 피해자이고, 그 폭력의 종류가 성적인 학대인 것일 뿐 다른 폭력과 다를 바가 없다. 일본의 미투 상징 이토 시오리는 '나는 그날 죽임을 당했다'라고 표현했다. 그 정도로 성폭행은 육체와 영혼을 갈아먹는 살인적인 폭력이다.

이 글을 쓰는 것은 나의 경험을 피해자의 언어로 있는 그대로 기록하고 싶었기 때문이다. 그동안 성폭력 피해자들이 말하지 못했던, 감춰야만 했던 이야기를 하고 싶었다. 숱한 사연과 깊은 시간을 모두 함축할 수는 없겠지만, 적어도 피해자가 겪어야 하는 고통의 삶을 간접적으로나마 전하고 싶었다. 나라는 작은 사람이 모든 피해자의 마음을 담을 수 없다는 걸 안다. 다만, 성폭력 피해자는 당신과 다르지 않다. 그저 잠깐 교통사고를 당했을 뿐, 그 사고가 깊어 후유증을 극복하는 데 어려움이 따를 뿐, 결코 이상한 사람이 아니다. 우리는 겪지 말아야 할 끔찍한 경험을 했을 뿐이고, 보통의 사람으로 보통의 일상을 살아간다.

나는 몇 개월간 글을 쓰고, 생각하고, 읽고, 다시 썼다. 2차 가해에 대한 심정을 글로 써 내려갈 때는 두통과 몸살이 너무 심하게 와서 몇 번이고 멈춰야 했다. 약으로도 쉬이 해소되지 않았다. 지난 기억을 떠올리며 글을 쓰는 것조차 내겐 고통스러웠다. 정면으로 과거의 아픔을 응시하고 견뎌내는 일은 나 같은 사람이 해낼 수 있는 수준의 것이 아니었다. 그럼에도 기억을 끄집어내어 한 단어, 한 문장으로 표현함으로써 고통을 뭉개지 않고 가지런한 언어로 기록하고 싶었다.[4] 피해와 고통을 말하는 그 과정 속에서 스스로의 사건을 객관적으로 보게 되었고, 타인의 시선을 들여놓게 되면서 조금은 평온한 상태가 되는 경험을 했다.

그래도 살아간다

내일의 용기

'용감한 반성폭력 운동상'과 '성평등디딤돌 미투 특별상' '2019 의인상' '2019 특별상'을 많은 분을 대신하여 받았다. '미투 특별상'은 천을 댄 세로형 작은 깃발로 만들어져 있다. 제일 위에 적힌 "성평등이 민주주의의 완성이다"라는 문구가 인상적이다. 깃이 펄럭일 때마다 덤덤히 위로를 전하는 바람까지도 느껴질 것만 같다. 단 몇 문장이 주는 위안으로 내일의 용기를 채운다.

최선을 다해 살아왔던 당신은 다른 피해자가 또 나오지 않도록 제대로 처벌되고 정의롭게 해결되도록 지난 3월 세상의 문을 열었습니다. 당신이 시작한 고발로 재판에 많은 피해자와 약자들이 자기 일처럼 서명하고 방청하고 후원하고 행진하고 있습니다. 이 싸움 끝에서 권력과 지위로 타인의 인권을 침해하는 일이 용납되지 않는 사회가 시작될 것이기 때문입니다.

　　1년간 힘겨운 날들 속에서도 늘 주변을 챙기며, 다른 피해자를 위로하고 함께 회의하고 글쓰고 모니터링하고 주체적인 운동가로 살아온 당신에게 감사와 연대의 마음을 담아 지금처럼 계속 함께 걸어갈 상담소에서 이 상을 드립니다.

—2019.01.24. 한국성폭력상담소

위력에 의한 성폭력을 사회적 의제로 만들어내어 변화의 디딤돌이 된 김지은 님. 용기 있게 성폭력 피해 경험을 폭로하고 무수한 2차 피해에도 굴하지 않고 적극적으로 싸워 위력에 의한 성폭력 문제를 사회적 의제로 만들어내었기에 이 상을 드립니다.

—2019.03.08. 3·8 세계여성의 날 기념 제35회 한국여성대회, 한국여성단체연합

거짓과 불의 앞에서 용기 있게 정의와 양심의 목소리를 낸 김지은 님께 깊이 감사하고 존경하는 마음으로 이 상을 드립니다.

—2019.12.06. 참여연대

김지은 님은 위력에 의한 성폭력 문제를 세상에 고발하고 거대한 권력의 힘 앞에서 그들의 거짓과 세상의 비난에 맞서 싸워왔습니다. 진실이 권력과 거짓에 묻히지 않도록 피해 당사자의 목소리를 내어준 당신의 값진 용기는 미투운동의 물결 속에서 같은 피해를 경험한 여성들이 자기 목소리를 내도록 하는 또 하나의 용기가 되어주었습니다. 소소한 일상의 기쁨을 온전히 느끼는 소중한 나날이 늘 함께하기를 바라며 전국성폭력상담소협의회 모든 회원의 지지와 감사의 마음을 담아 이 상을 드립니다.

—2020.01.21. 전국성폭력상담소협의회

6장 위드유:
연대의 마음이
모이다

위드유(With you)는 미투로 자신의 피해를 고발한 성폭력
피해자들을 지지하고 연대하는 의미로서 소셜 미디어
해시태그(#WithYou)로 확산되었다.

안희정 성폭력 사건 공동대책위원회

2018년 3월 5일 자정이 다 되어가던 시간, 지금까지 나를 도와주고 안희정 성폭력 사건 공동대책위원회(이하 '공대위')를 꾸려준 성폭력 상담소 활동가들을 처음 만났다.

내가 생방송 인터뷰를 하는 동안, 여성단체 측에서도 빨리 공대위를 꾸려야 한다는 이야기가 나왔다고 한다. 그리고 곳곳에 흩어져 있던 각 단체 활동가들이 하나둘, 자정이 넘은 시간 내가 하루 기거하기로 한 활동가의 집으로 모이기 시작했다. 그 모임이 공대위를 위한 자리인 것은 나중에서야 알았다. 활동가가 내게 "우리가 회의를 할 텐데 인사를 나눠도 괜찮겠어요?"라고 물었고, 나는 그저 보호시설 때문인 줄 알았다. 너무 피곤한 하루를 보냈고, 평소 낯을 심하게 가리는 편이라 한쪽 구석에서 이불을 무릎 위에 덮고 조용히 앉았다. 한 분 한 분 들어와서는 날 보며 반원으로 앉아서 각자 소개를 했다. 살짝 어리둥절했다. 나를 보는 표정이 너무 밝았다. 처음 들었던 말이 인상적이었다. "잘하셨어요." 놀라웠고 한편으로 너무 감사했다. 가슴이 먹먹했다.

그것도 잠시, 정신을 차리기로 했다. 기거할 곳을 제공해준 활동가와는 같이 차도 타고 어묵도 먹고 이야기도 나누며 잠깐 경계를 풀 수 있었지만, 다른 분들에 대한 경계심을 늦출 수 없었다. 긴장하며 연신 주위를 살폈다. 하지만 내가 기댈 곳은 여기밖에 없었다. 선한 마음들을 있는 그대로, 느껴지는 그대로 믿기로 했다. 따뜻한 차를 나눴고, 귤을 건네받았다.

나중에 들었지만 그 자리에 오기 전에 '지금의 세상에 선 쉽지 않은 싸움'이라며 활동가의 주변인들도 말렸다고 했다. 어떤 다른 미투 자문 변호사는 안희정이 얼마나 점잖은 사람인데, 피해자가 누군지 잘 알아는 보고 하는 거냐고 반문하기도 했다고 들었다.

이전까지 한 번도 본 적 없는 분들이 아무런 조건 없이 내게 손 내밀어주었다. 그 짧았던 밤이 공대위의 시작이다. 그때의 인연이 지금의 나를 있게 했고, 그들이 모아준 마음은 오늘까지 나를 지탱해주고 있다.

처음 공대위는 김미순, 김혜정, 남성아, 배복주, 이미경 총 5명의 활동가였다. 이후 연대의 마음은 설탕가루를 넣은 기계에서 만들어지는 솜사탕처럼 풍성하게 커졌다. 솜사탕 구름을 만들어 연대해준 분들은, 153개의 여성단체다. 특히 몇 곳의 단체는 정기적으로 또는 긴급 상황이 생기면 즉각 회의를 열어 매 사태에 대한 대처 방안을 논의해주었다.

피해자 혼자 어찌할 수 없는 것들을 많은 활동가가 도와주었다. 안전하게 지낼 수 있는 공간을 마련해주었고, 의료 환경과 기초 생활을 지원해주었다. 기자회견, 재판 방청, 토론회, 연서명 등으로 힘을 모아주었고, 검찰, 법원 이동 시에는 신변 보호를 위해 동행을 해주었다. 언론이나 온라인을 통한 2차 피해에 대해 비판과 고발을 해주었다. 1심의 무죄 판결에는 같이 슬퍼하고 분노해주었다. '보통의 김지은'과 함께 거리로 나왔고, 억울한 내 목소리를 세상에 전해주었다.

미투 이후 많은 것을 잃었지만 좋은 분들을 많이 알

게 되었다. 사람의 아픔에 진정으로 공감하고, 아무런 조건 없이 도움 주시는 분들이다. 고마움을 전하고자 인사를 하면 오히려 그들은 내게 피해자가 힘겨울 수밖에 없는 이 현실에 미안함을 전했다. 용기 내주고 버텨줘서 고맙다, 우리는 우리 일을 하는 것뿐이다, 지은 씨가 있기에 우리도 있다, 라며 내가 부담 갖지 않도록 격려하고, 심신 안정에 힘쓰라며 보듬어주었다.

변호인단

든든한 변호인단이 있다. 처음 변호인단은 장윤정, 정혜선, 최윤정 세 분의 변호사였다. 1심은 매주 3번 공판기일이 잡혀서 시간이 턱없이 부족했다. 힘든 싸움이었다. 자신의 생활을 뒤로한 채 이 사건을 먼저 생각해주었다. 검찰 조사부터 재판 진술, 의견서 제출, 증거 제출 등 모든 과정에 함께해주었다. 검찰부터 법원까지 밤을 새는 날이 많았고, 수많은 시간을 함께했다.

모두에게 고생스러운 시간이었다. 변호사의 옆에 가면 파스 냄새가 가득했다. 변호사를 만나면 손목 또는 손가락 어딘가에 대일밴드가, 파스가, 깁스가 있는지 살피곤 했다. 코를 킁킁하고 냄새를 맡고는 파스 냄새가 나지 않으면 일단은 안심하고 빙긋 웃었다. 변호사는 내가 왜 그날 살짝 웃었는지 잘 모를 것이다. 손을 에는 추위를 나눈 시간만큼,

쪼그려 앉아서 힘들다며 괴롬을 토로했던 만큼, 특히 변호사들과 검찰, 법원에서의 함께한 시간, 힘들었던 마음과 위로 받았던 마음이 차곡차곡 빼곡하게 기억을 채우며, 담뿍담뿍 정이 들었다. 그동안 함께했던, 깊은 늪 같고 야생의 정글 같던 시간을, 차디찬 서리가 내리던 그 회색빛 공간에서의 끔찍한 기억을 같이 나누었다. 잊으려야 잊을 수도 없는 기억이 돼버렸다. 상황은 고달팠지만 그들이 준 연대에 언제나 감사했다.

진심으로 최선을 다했지만 무력하게도 1심 무죄가 나왔고, 그 결과에 분노한 다른 변호사들이 2심에 합류했다. 첫 시작은 소라미 변호사와 2차 가해와 관련해서 변호를 맡았던 서혜진 변호사였다. 그리고 김두나, 김혜겸, 문은영, 장경아 변호사까지 총 9명의 변호인단이 구성되었다.

이후 누가 먼저라고 할 것도 없이 각자의 역할을 나눠 맡았고, 총 10개의 공소사실을 개별로 나눠 분석하기 시작했다. 변호사들은 각 사건의 피해자가 되어, 시간과 장소에 기반한 상황을 확인하고 나와 소통하기 시작했다. 변호인단을 믿었고, 물어보는 질문들에 구체적으로 진실하게 답했다. 온전히 상황을 파악해주었고, 논리적으로 정리해주었다. 변호인단은 목구멍까지 차오르던 괴로움을 정화시켜주는 숲이 되어주었다. 마치 비자나무가 촘촘한 숲을 걷는 것 같았다. 걷고 있으면 마음이 차분해지고 스스로의 에너지가 정화되는 기분이었다. 변호인단은 내게 지혜로운 언니들 같았다. 고마운 인연이다.

김지은과 함께하는 사람들

처음 미투를 하고 밥을 제대로 먹지 못해서 30kg 후반까지 살이 빠졌고 입술이 다 찢어졌다. 오랜만에 본 친구들이 나를 보자마자 눈물을 흘렸다. "왜 이렇게 말랐어. 밥은 먹어?" 하고 물어봐주었다. 먹는 건 족족 다 토하던 때였다. 숨이 붙어 있는 게 다행이었다. 잠도 밥도 걷는 것도 숨 쉬는 것도 사치인 날들이었다.

'김지은과 함께하는 사람들'이 이후 내게 해준 일은 가끔 나를 불러내어 밥을 같이 먹어주는 일이었다. 신기하게도 그들과 함께 있으면 밥이 넘어갔다. 친구들에게 풀이 먹고 싶다고 했다. 통조림을 가까이하다 보니 채소가 먹고 싶었다. 친구들은 샐러드가 듬뿍 있는 월남쌈을 준비해줬다. 땅콩 소스까지 직접 만들어서 왔다. 밥을 먹고 나서는 집에 가서 먹으라며 만들어온 반찬도 챙겨주었다. 시금치두부무침, 표고버섯계란장조림, 꽈리고추멸치볶음, 생야채 과일 박스 등 반찬통마다 포스트잇에 쓴 편지가 있었다. 밥을 절대 거르지 말라는 내용이었다. 밥 먹고 이야기를 나누면서 내게 대나무숲이 되어주기도 했다. 마음껏 수다 떨고, 일상을 나누는 그 시간이 감사하고 또 감사했다.

그들은 내가 없을 때 따로 모여 성명문도 냈고, 2차 가해를 하는 악플러들을 찾아내어 캡처하고, 온라인에서 싸워주기도 했다. 법원에 탄원서를 내주었고, 집회 때 발언을 해주었고, 1심 선고일, 2심, 3심 선고일에도 늘 함께해주었다. 혼자 있기 힘들 때면 어김없이 나타나 항상 곁에 있어주었다.

사랑하는 동료들이자, 앞날이 창창한 어린 청년들이다. 그들이 성명문을 발표하거나 또는 인터뷰가 나간 후, 캠프 선배들로부터 압력이 있었다고 들었다. 누구냐, 너냐, 삭제하라, 내려라 등의 전화를 받았다고 한다. 그러한 색출과 압박의 작업이 있었고, 압력을 이기지 못해 몇몇 게시물을 지우기도 했다. 지금은 여러 개의 작은 우산을 펼쳐서 우리만의 보호막을 만들고 있다. 그렇게 오밀조밀 둥지를 틀어 살아가고 있다.

첫 조력자, 문 선배

선배의 성(姓)을 쓰기까지도 오랜 고민을 했다. 무엇이 선배를 위한 일인지 판단이 서지 않았다. 선량한 마음이 꼭 맑게만 투영되지 않는다는 것을 이번 사건을 통해 알게 되었다. 그래서 지금도 어떤 빛깔로 왜곡될지 모르지만, 있는 그대로 기록하고 싶다. 그래야 앞으로도 피해자 곁에 정의로운 증인들이 나타나주지 않을까 생각한다.

선배는 범죄 피해 사실을 이야기했을 때 처음으로 내게 "도와줄게" "함께해줄게"라고 했던 사람이다. 조직의 무기력에 꽁꽁 갇혀 있었던 나를, 얼음 속에 박제되어 있던 나를 망치로 깨 꺼내줬다. 반대로 말하면 내 이야기를 듣고 사건을 완전히 아래로 수장시킬 수도 있었던 사람이다. 안희정의 신뢰를 받고 있던 핵심 참모로, 대선 경선 때는 후보 수행 팀장으로 조직 대부분의 사람과 깊은 관계를 유지하고 있었다. 평소에도 안희정은 일을 하다 궁금한 게 있으면 문 선배에게 수시로 물어보라고 지시하기도 했다. 만약 선배가 내 이야기를 듣고 조직이나 안희정과 먼저 상의했다면 지금의 나는 존재하지 않았을지도 모른다.

하지만 선배는 자신의 인간관계와 안락한 미래보다 '정의'를 봤다. 안희정 측 변호사가 법정에서 선배에게 물었다. "왜 안희정 지사와 그렇게 친밀하고 오래된 관계였는데도, 알고 지낸 지 얼마 안 된 후배의 이야기를 믿었느냐? 그 이야기를 듣고 안희정 지사와 상의할 생각은 하지 않았느냐?" 선배는 아래와 같은 맥락으로 답했다고 들었다.

"제가 GOP에서 소대장으로 복무할 때 일입니다. 아침에 철책을 점검하고 오는 길에 전입 온 지 얼마 안 된 이병이 입 주변에 피를 흘리는 걸 보고 왜 그러냐고 물어봤습니다. 이병은 한참을 머뭇거리다 부소대장에게 맞았다고 조심스레 이야기했습니다. 그때 부소대장은 제 방에 찾아와 이병과 셋이 이야기할 수 있게 해달라고 말했습니다. 저는 부소대장이 못 들어오게 문을 잠그고, 헌병대에 연락해서 연행해가도록 조치했습니다. 사실 관계는 그곳에서 판단하도록 했습니다. 부소대장은 저와 1년을 넘게 근무한 사람이었고, 이병은 부대에 들어온 지 얼마 안 됐습니다. 부소대장이 저와 훨씬 친했지만, 계급과 권력의 차이가 확실한 둘을 동일 선상에 놓고 사실 관계를 물어본다는 것은 공정하지도 않고,

피해자에게도 가혹한 처사라고 생각했습니다. 그런 맥락에서 김지은 씨의 이야기를 듣고 신고를 통해 수사 기관의 정확한 판단을 받으라고 조언했습니다."

문 선배는 검찰 조사와 재판에 여러 번 나와 증언해주었다. 그 과정에 다양한 회유와 압박이 많았다고 들었다. 평소 선배가 퇴근 후 나에게 일적으로 도움을 주기 위해 걸었던 전화나 갑자기 연락이 안 되는 나를 걱정해주었던 일들은 음모론으로 포장되어 지라시에 등장했다. 안희정은 재판에 나와 직접 문 선배에 대한 신뢰의 표현을 했지만, 몇몇 정치인과 지지자들은 여전히 그 음모론을 주장하고 안 좋은 이야기를 하고 다닌다고 들었다.

그간 선배가 받았을 압박과 고통은 상상할 수 없다. 그리고 그 외압과 힘겨움은 현재 진행형인 것으로 알고 있다. 그저 고마우면서도 미안하다. 내 사건으로 인해 잃은 것들, 포기한 것들을 언젠가는 다시 찾을 수 있기를 소망한다.

캠프 동료이자 증인, 구자준

캠프에서 함께 자원봉사활동을 했던 동료이자 후배다. 또한 모해위증으로 안희정에게 고소된 증인이기도 하다.

공판 중에 검찰 측 증인을 그냥 위증도 아니고 모해위증 죄로 고소하는 것 자체가 흔히 있는 일이 아니었다. 이 고소 건 자체가 안희정의 위력을 보여주는 것이었다. 증인을 위증한 사람으로 몰아가는 것은 다른 증인들에게 안희정에게 불리한 증언을 하면 고소당할 수 있다는 암시를 주는 '전형적인 입막음'처럼 보였다.[1]

구자준은 증인으로 나와서 회유와 압박에 맞서 자신이 보고 경험한 사실대로 증언했다. 증인이 알고 있는 그대로 말한 것이 피해자를 위한 증언이 되었다는 이유만으로 고소를 당했고, 안희정 측 지지자들에 의해 악성 댓글의 타깃이 되었다. 실명과 직장이 공개되었고, 일부는 그 직장에 메시지를 보내기도 했다. 모해위증 고소 건은 '혐의 없음'으로 처분 났고, 항고도 기각되었다. 사실 그대로의 결과였다.

그는 '김지은과 함께하는 사람들'의 활동을 중심적으로 해주었고, 내가 입원해 있을 때면 바쁜 시간을 쪼개어 병문안을 와주기도 했다. 자신이 받고 있는 압박과 공격이 엄청날 텐데도 힘든 내색조차 하지 않으며 지금도 나를 도와주고 있다. 내 곁에 있어주는 사람들을 향해 안희정 측 지지자들 중 일부는 '남자는 특별한 관계여서, 여자는 아무것도 몰라서 돕는 것'이라는 논리를 폈다. 그중 일부는 명예훼손으로 법적 처벌을 받기도 했지만, 악랄한 공격은 여전히 멈추지 않고 있다.

사회 초년생으로 자신의 바쁜 일상이 있음에도 변함없이 곁에 있어주는 구자준에게 평생을 갚아도 다 갚을 수 없는 큰 빚을 졌다.

직장 동료이자 증인, 정연실

수행비서 업무 당시 종종 나와 함께 있어준 유일한 여자 동료였다. 한편으론 안희정의 그 '범죄적 눈빛'을 아는 같은 경험자이기도 하다. 재판에 나와 자신이 겪은 일들을 있는 그대로 증언해주었다. 회사를 그만둔 지금은 동료가 아닌 좋은 친구이자 동생이 되었다. 사건 이후 그에게 여러 일이 있었고, 지금은 한국에 있지 않다.

"무작정 여기 오기로 한 거고 오기 직전에 유죄가 나서 이제 괜찮겠다 싶었는데, 언니한테 안 좋은 일들이 계속 생기니까 옆에 있어주지 못하고 괜히 왔다 싶네. 미안해."

그는 외국에 가 있지만, 물리적 거리는 느껴지지 않는다. 존재만으로도 내게 '동행'인 사람이다. 언제나 옆에 있는 것 같다. 예전에 한강을 걸으며 그에게 나는 말했다.

"나는 힘도 없고, 돈도 없고, 아무것도 없어. 그저 네 옆에 있어주는 것밖에 못해. 하지만 나는 네가 기쁘거나 슬프거나 힘들 때 항상 곁에 있어주는 거, 그거 하나만큼은 변치 않고 해줄 수 있어."

내게 가장 큰 도움을 준 사람들에게 인생의 동행인이 되어주고 싶다.

직장 선배이자 증인, 신용우

어려운 상황에서도 끝까지 증언을 해주었다. 내가 처음 방송을 통해 미투를 하고 며칠 지나지 않아 신용우 선배의 인터뷰가 텔레비전에 나왔던 것으로 기억한다. '범죄 사실을 처음 들었을 때 도움 주지 못해 미안했다'는 내용이었다. 고마웠지만, 한편으로는 놀랍고 걱정스럽기도 했다.

선배는 내가 안희정의 범죄 사실을 처음 이야기하고 도움을 요청했던 사람이다. 선배는 당시 그 거대한 힘에 맞서 대적할 수 없다는 것을 알았기에 그저 피해 다니라는 조언을 해주었다. 어렵게 꺼낸 SOS에도 도움을 받지 못해 원망스럽기도 했지만, 지금은 실명으로 인터뷰를 하며 나를 도와주고 있다는 사실에 고마움이 앞선다. 안전하지 않을 텐데 괜찮을까 하는 걱정도 들었다. 선배의 아이에게 어떠한 신변의 위협이 생겨 경찰서에 신고를 했던 일은 나중에야 들었다. 배후는 정확히 밝혀지지 않았지만, 그런 일이 있었다는 사실만으로도 미안했다. 나를 돕겠다는 사람들에게 이런 식의 위협이 계속될까 걱정했고, 한편으론 나를 향한 경고같이 느껴졌다.

남자 증인들을 향해 가해자 측이 주장하는 연인 프레임은 선배에게도 어김없이 적용됐다. 두 아이의 아버지이고 한 가정의 가장인 그에게 그 억지스러운 소문 자체가 압박이 됐을 것이다.

증인으로 나선 분들이 겪은 어려움을 다 담을 수 없다. 여러 일이 있었다. 그럼에도 흔들리지 않고 증언대에서 진실을 말해준 분들이 계셨다. 선배는 법정에서 마지막으로 이런 말을 했다.

"조직의 배신자로 낙인찍혔지만, 피해자의 일에 함께 하는 것에 후회하지 않는다."

그저 감사하다는 말밖에 드릴 게 없다.

가족

가족은 내 마지막 버팀목이다. 한없이 믿어주고 지지해준다.

아빠와 1심 때는 전화로 목소리조차 나누지 못했다. 2심 선고 직전에는 "부재중 전화가 온 것 같아서 전화했다. 전화했었니?" 하고 물으셨다. 내가 전화 건 적은 없었는데, 아빠는 통화하는 게 어색해서 서두를 그렇게 꺼내셨다. "결과는 반반이다. 혹시라도 실망하지 마라. 세상이 아직 그런 거다. 어떤 결과든 너는 내 사랑하는 딸이다" 하고 끊으셨다. 선고 결과가 나오고 나서 다시 전화하셔서는 "보고 싶다"고 한마디만 하셨다.

엄마는 내가 모자와 안경, 마스크를 쓰고도 어깨를 움츠린 채 고개를 푹 숙이며 걸으니, "고개 들고 어깨 펴. 당당해라. 지은아. 너는 잘못한 거 없어"라고 나직이 이야기해 주셨다. 엄마는 평소 화를 내거나 나를 혼내지 않았다. 다른 사람을 향해 나쁜 말도 하지 않는다. 그런 엄마 품에 안겨서 나는 엄마를 다독이고 엄마는 나를 다독인다. 서로 그렇게 단짝친구처럼 조용조용 이야기를 나눈다.

가족은 내 삶의 근원이다.

고마운 분들께 드리는 글

이곳에는 재판과 관련된 분들만 제한적으로 썼다. 하지만 여기에 인사드리지 못한 더 많은 은인이 계시다. 세상의 작은 천사들인 그분들의 사랑과 나눔은 두고두고 이야기할 수 있으리라고 생각한다.

나를 살게 한 당신들께 온 마음을 담아 감사함을 전한다.

살아서 증명할 것이다

어둡고 추웠던 긴 밤을 지나 여기까지 왔다. 여전히 무섭고 두렵다. 침묵과 거짓으로 진실을 짓밟으려던 사람들과 안희정의 반성 없는 태도에 지독히도 아프고 괴롭다. 그리고 그들 중 많은 사람이 나와 교류했던 동료이기도 했다. 인간에 대한 깊은 회의를 느꼈다. 그럼에도 지금 내가 생존해 있는 건, 나와 함께해주는 사람들이 있어서다.

진심으로 감사하다. 그분들에게 말할 기회조차 없었다. 폭풍처럼 휘몰아치는 시간들 속에 있었다. 정신을 온전히 부여잡기에도 버거웠다. 언제든 또다시 그 폭풍의 한가운데로 들어갈 수 있다. 두렵다.

내가 받은 도움을 나와 비슷한 피해를 입고 힘들어하는 다른 사람들에게 돌려주고 싶다. 그들의 두려움을 함께 나누고 싶다. 결코 주저앉지 않고, 굳건히 살고 살아 권력형 성폭력이 법에 의해 정당하게 심판받을 수 있도록 끝까지 싸울 것이다. 그래서 말하지 못하고 숨죽여 지내는 다른 피해자들에게 작은 희망을 주고 싶다.

말을 하기까지 더 오랜 시간이 걸리는 사람들은 여전히 많다. 내가 만난 분의 피해는 장기간에 걸쳐 이어졌다. "다들 안 믿어줄 것 같아서 말하지 못했다. 이 조직 내에서 절대 말할 수 없었다. 말했다면 아마 내가 죽었을 거다. 지금도 너무 두렵고 무섭다. 안희정의 사람들에게 계속 감시당하는 것 같다. 숨 막힌다." 피해자에게 들은 말이다.

나는 안희정의 다른 피해자들에게 고소나 미투를 권유하지 않는다. 그 어려움을 누구보다 잘 알기 때문이다.

2018년 3월 전국 성폭력상담소 협의회가 고발한 2차 가해 악성 댓글러들은 10개월이 지나서야 검찰로 송치되었고 모욕, 명예훼손죄로 벌금 처분을 받았다. 이제 2년이 되어가지만, 처분 결과가 아직 나오지 않은 사건도 있다. 담당 검사가 고발자와 피고발자의 대질조사를 2018년 12월에 진행했지만 이후 수사가 제대로 이루어지지 않다가 기존 담당 검사는 인사발령을 받아 다른 곳으로 갔다. 새로운 검사로 바뀌었고, 다시 처음부터 반복이 이루어지고 있다. 지쳐 포기하고 싶어질 때쯤 항상 다시 시작되는 것이 성폭력 재판 같다.

그동안 항상 펜을 가지고 다녔다. 누워 있다가 쓰고, 걷다가 쓰고, 누구를 만나다가도 썼다. 휴대폰에, 손에, 광고지에도 썼다. 힘들었지만 내가 할 수 있는 것이 유일한 일이 이 이야기를 글로 쓰는 것이었다. 나를 지탱해준 것도, 숨 쉬게 해준 것도 '글'이었다.

지난 기억을 떠올리고 아픔을 회상하는 건 쉬운 일이 아니었다. 그럼에도 기록하고 또 기록했다. 기록을 남기는 것이 내가 할 수 있는 싸움이라고 생각했다. 거칠고, 가지런하지 못할지 모른다. 부족한 글이지만 파도에 휩쓸려 마모되어 작아진 조약돌의 흔적으로 생각해주시길 바란다. 작고 투박한 조약돌 안에 지난 힘겨운 시간을 그대로 기록했다.

완결을 바랐다. 기록을 모두 마치면 책이 끝나듯 이 힘겨운 싸움도 끝이 나길 소망했다. 여전히 끝나지 않았고, 여전히 미결이다. 새로운 삶을 살고 싶다. 이 문장의 마침표가 그 시작이었으면 좋겠다.

에필로그

부록1

세상에 외친 목소리

2018.03.05. JTBC 「뉴스룸」 인터뷰 ☞ 본문 31쪽

2018.03.11. 2차 가해 심정 손편지 ☞ 본문 60쪽

2018.07.27. 1심 결심공판 최후진술

발언의 기회를 주신 재판부께 감사를 드립니다. 지난 3월 6일 검찰에 고소장을 제출하고 5개월이 지났습니다. 그간 어찌 살아왔는지 모르겠습니다. 통조림 속의 음식처럼 늘 갇혀 죽어 있는 기분이었습니다. 검찰 조사부터 재판 진술까지 괴로운 날들의 연속이었습니다. 8개월간 범죄를 당했던 악몽 같은 시간들, 도려내고 싶은 피해의 기억들을 떠올려야 했고, 반복되는 진술을 위해 계속해서 그 기억을 유지해야 했습니다. 매일 매일이 피해를 당하는 날 같았습니다. 살아도 산 것 같지 않았습니다. 더욱이 피고인과 피고인을 위해 이 법정에 나온 그 사람들의 의도적인 거짓 진술들로 인해 더없이 괴로웠고, 그들의 허위 주장은 여과 없이 편향되어 언론에 실렸습니다. 유무형으로 몰아쳐오는 피고인의 힘 앞에 저와 함께해주던 사람들은 두려움에 떨었고, 저는 힘에 겨워 쓰러지기도 했습니다. 모든 것을 미투 이전으로 되돌리고 싶었습니다. 저 혼자 입을 닫는다면 모두 다 제자리를 찾을 수 있지 않을까, 저 하나만 사라진다면 없던 일이 되지 않을까, 피해 사실을 호소하지 않았더라면 제 가족들이 겪는 이 고통들이 모두 사라지지 않을까, 8개월 참았던 것 조금만 더 참아볼 걸, 나만

아팠으면 되는데 지금은 모두가 아픈 이 시간들……. 스스로에 대한 후회도, 자책도, 원망도 했습니다. 그런 마음으로 밤에 한강에 가서 뛰어내리려고도 했습니다. 그런데 밤을 지새우고 가족들이, 친구들이, 저를 도와주는 분들의 얼굴이 떠올랐습니다. '제가 유일한 증거인데, 제가 사라지면 피고인이 더 말도 안 되는 거짓말을 하겠구나.' '그런 시도를 방치하는 것이 부모님께 더 큰 죄를 짓는 것이겠구나'라는 생각이 들었습니다. 꿋꿋하게 진실을 증명하고, 진심으로 끝까지 최선을 다하는 것이 파괴된 이 모든 것들을 제자리로 돌리는 유일한 길이라 생각하였습니다.

살고자 지금까지 노력했습니다. 스스로도 어쩔 수 없는 몇 번의 고비가 있었지만, 생존하려고 부단히 애썼습니다. 그렇지만 지난 7월 6일 법원에서의 진술 이후 다시 무너져 내렸습니다. 미투 이후 지난 4개월 중에서 가장 괴로웠던 기억은 그날 재판정에서의 16시간이었습니다.

피고인은 제가 답변을 할 때마다 의도적인 기침 소리를 내며 본인의 존재를 내내 드러냈습니다. 차폐막이 있었어도 피고인의 헛기침 소리와 움직임 소리가 들릴 때마다 의식하지 않으려 해도 자꾸만 움츠러들었습니다.

피고인의 변호인 5인은 마치 저에게는 안희정이 5명인 것처럼 느껴졌습니다. 계속 저를 이상한 사람처럼 몰아가며 질문하였고, 제가 검찰에서 한 진술을 다르게 왜곡하거나 전혀 다른 단어로 질문하여서 제가 피고인 측 변호사님께 "그렇게 기존 제 진술과 다르게 말씀하시면 더 이상 믿고 질의에 답변하기가 어렵다"고 말씀도 드렸습니다. 그러자 당시 변호사님은 "저 믿지 마세요. 피고인 변호사는 유도신문할 수 있어요"라고 하셨습니다. '너의 감정을 흔드는 게 우리의 전략'이라는 듯 저를 보며 피식 웃으며 말씀하셨습니다. 그때의 표정과 음성이 아직도 잊히지 않습니다.

피고인 측의 한 변호사는 피고인 경선 캠프에 지지 선언을 한 변호인 119명 중 핵심적인 인물로 지사와 매우 친밀한 관계에 있는 사람이었고, 저와도 지사의 행사장에서 자주 만나며 교류가 있었던 안 지사의 열혈 지지자입니다. 아는 사람에게 심문을 받는 것은 제게 굉장한 스트레스였고 그것도 진실이 아닌 내용으로 심문당하는 것은 이루 말할 수 없는 큰 충격이자 상처였습니다.

피고인의 변호를 위해, 아닌 걸 알면서도 그렇게 말하는 변호인들을 이해하려 노력도 했지만, 한편으로는 이 재판정에서 무수히 많은 다른 성폭행 피해자도 나와 같은 상황을 겪었겠구나 하는 생각에 가슴이 더 아렸습니다. 지사로부터 성폭력과 숱한 성추행을 당했던 지난 8개월을 몇 배로 압축한 듯한 고통이 16시간 동안 지속되었고, 말로 표현할 수 없는 수치심과 괴로움을 느꼈습니다.

저는 피고인의 존재만으로도 두려운 사람입니다. 피고인의 기침 소리만으로 심장이 얼어붙고, 머리도 굳어버렸습니다. 지난 범행을 압축한 듯한 16시간을 덜덜 떨면서 재판정에 있었습니다. 사건과 관련 없는 개인사를 파헤침당했습니다. 그럼에도 겨우 힘을 내서 하나하나 이야기하고 있는 제 개인사를 이해할 수 없다며 혀를 차거나 고개를 좌우로 흔들며 어깨를 들썩이는 변호사들의 행위들을 바로 옆에서 보며 견뎌야만 했습니다. 심지어 정조라는 말을 들었을 때는 제가 긴 시간 진술한 증언들까지 모두 한순간에 수치스럽게 만들어 정말로 그 자리에서 그대로 죽고만 싶었습니다. 그게 어떤 심정인지 당해보지 않은 사람은 그 누구도 모를 것입니다.

재판장님. 이 사건의 본질은 피고인이 자신의 권력과 힘을 이용하여 제 의사를 무시한 채 성폭력하였다는 것입니다. 피고인의 행위는 지사와 수행비서의 힘의 차이에서 오는 강압, 압박, 권력을 가지고 일방적으로 한 성폭행이었습니다. 피고인은 합의에 의한 관계가 아니었다고 잘못을 시인했다가, 남녀 간의 애정을 기반으로 한 합의에 의한 성관계였다고 번복하고 연애고 사랑이었다 주장합니다. 피고인 측의 증인들은 저와 피고인이 마치 애인 관계였고, 제가 더 좋아해서 유혹하고 따라다닌 것처럼 '마누라비서'라는 처음 들어보는 별명까지 붙여 사건을 불륜으로 몰아가고, 사건의 본질을 흩뜨리려 하였습니다.

저는 단 한 번도 피고인에게 이성적인 감정을 느껴본 적이 없습니다. 저한테 피고인은 처음부터 끝까지 지사님이었습니다. 누구보다 피고인 스스로 더 잘 알고 있을 것입니다. 수행비서는 지사님 옆에서 지사님이 업무하는 데 조금의 불편함도 없게 하는 역할입니다. 그것이 바로 저의 임무라고 인수인계받았고, 최선을 다해 일했습니다. 그때는 저의 이러한 열심을 성실하다고 칭찬하였던 주변 동료들이 이제는 법정에서 저의 그런 성실과 열의의 마음을 피고인에 대한 사랑인 양, 애정인 양 몰아가는 것에 다시 한 번 좌절하였습니다.

피고인과 주변의 측근들은 법적 책임만 피하면 재기할 수 있다고 생각하는 것 같습니다. 그렇게 서로 말을 맞춘 듯 상식적이지도 않은 이야기들로 저를 음해하는 증언들을 쏟아내고, 대선 경선을 하듯 일부 언론을 선동해 저의 마지막 남은 숨까지도 끊어버리려 하고 있습니다. 마지막 희망으로 피고인의 진심이 담긴 사과를 원했지만,

이젠 더 이상 기대의 마음도 없고 용서할 마음도 없습니다.

피고인은 본인이 가진 권세가 얼마나 큰지 아는 사람이었습니다. 피고인 주변의 모두가 피고인의 말에 반문하지 못하고 따를 수밖에 없었으며, 피고인이 원하는 것은 뭐든지 진행해서 피고인 앞에 대령해 놓았습니다. 피고인은 그러한 떠받들어짐을 오랜 시간 경험하며 조직 내에서 제왕적 리더로, 추앙받는 종교인처럼 살아왔습니다.

자신의 얼굴이 외부에 노출되어 있다면서 호텔이나 차량, 오피스텔에서 나오지 않고 직원에게 지시하여 술이나 담배 간식 빵 등을 사 오게 시켰습니다. 좋아하는 품목이 세세하게 정해져 있습니다. 피고인은 그것을 늘 당연한 지시라고 생각했습니다. 피고인의 측근들도 오히려 "피고인 정도 되는 사람을 모시는 너희들은 영광으로 알아라"라며 개인의 희생을 강요하였습니다. 민주적인 조직 아닙니다.

제가 피고인의 수행을 하며 가장 힘들었던 부분은 피고인의 이중성이었습니다. 피고인은 외부의 이미지를 중요시하며 민주주의와 인권, 젠더, 소통을 말해왔지만, 피고인 지지자의 접촉 또한 극도로 피곤해했고, 차량에서 내리기 전에는 항상 인상을 찌푸리고 한숨을 쉬며 "행사는 시간 내에 꼭 끝내라" "더 피곤해지지 않게 네가 적당히 봐서 팬들 차단해라"고 지시했고, 행사 중에도 자신이 내키지 않으면 "가자" "끝"이라고 메시지를 보내어 행사를 중간에 끊게끔 시켰습니다.

행사 중에는 팬들에게 한없이 친절한 모습을 보였지만, 행사장을 빠져나오면 수행비서가 팬들 하나 제대로 막아내지 못했다며 짜증내며 질책하였고, 충남에 홍수로 수해가 있었던 날에는 현장 방문을 10여 분 만에 서둘러 마치고 당일 저녁에는 평소 자주 연락하던 여성과 식사를 하며 술에 취해 그 여성의 몸을 더듬기도 하였습니다.

심지어 수행비서인 저에게까지 첫 해외 출장지에서 성폭력을 가하였습니다. 그 후에도 여성을 상대로 한 희롱의 말이나 원치 않는 성적 접촉들이 지속적으로 있었습니다.

피고인이 그럴 때마다 수치스럽고 괴로웠지만 저는 쉽게 피고인에 대해 터놓을 수 없었습니다. 피고인으로부터 늘 "함구하라"고 지시받았고, "너는 나의 그림자다" "너의 의견을 달지 말라. 너는 나의 마지막 방어선이다. 끝까지 나를 지켜라"라는 말을 반복적으로 세뇌되듯이 들었습니다.

피고인은 제 생사여탈권을 쥐고 있는 조직의 수장이었고, 세상 모든 사람이 아는 정치인이었는데 실제로 그런 이중성을 말하기가 두려웠습니다. 제 주변에 있던 대부분의 사람이 피고인의 직간접인 영향을 받는 부하 직원이었습니다.

그렇게 저는 수행비서를 하는 동안 점점 피폐해져갔고, 고민하고 주저하고를 반복하다 주변에 SOS를 쳐도 어느 누구 하나 알아차려주거나 관심 가져주지 않았습니다. 피고인의 실체를 제일 잘 알고 있는 전임 수행비서에게 용기를 내어 피해 사실을 얘기했을 때에도 실질적인 도움을 받지 못하고, 결국 그냥 참고 견딜 수밖에 없었습니다.

서지현 검사의 미투 보도를 보고 고민하던 차에 피고인이 저를 불러 미투 언급을 하였는데, 그날에도 또다시 저를 상대로 범행을 하였습니다. 더 이상 이 범죄에서 빠져나올 수 없겠구나, 그날 저는 절망했고 무너졌습니다. 죽고 싶다라는 생각밖에 없던 그때에 대선 경선 당시 피고인의 수행팀장을 했던 선배에게 피해 사실을 털어놓게 되었고, 함께해주겠다는 말에 용기를 내어 고소할 결심을 하게 되었습니다.

저는 피고인의 경선 캠프에 오기 전 계약직 공무원으로 일했고 상사의 평가에 의존해 계약이 연장되는 불안정한 직업을 가지고 있었습니다. 정치권에 오면서 꼬리표가 얼마나 중요하고, 이력서나 경력이 아닌 평판조회가 앞으로 일을 계속할 수 있느냐 없느냐를 판단하는 거의 유일한 기준이라는 이야기도 많이 들었습니다. 힘든 개인사들을 겪으면서도 일에 집중하며 견뎌냈고, 일에 파묻혀 살았습니다.

저는 안희정의 팬으로서가 아니라 세상을 바꾸기 위해, 약자를 위한 세상을 만들기 위해 캠프에 자원하여 갔습니다. 저 이외의 캠프원들도 대부분 안희정의 팬이어서가 아니라 변화에 대한 작은 희망을 품고 그곳에 갔습니다. 그러나 선배에게 머리를 맞거나 껴안고 볼에 입술을 갖다 붙이는 등 여러 폭행과 성추행이 안에서 있었음에도, 그걸 보고도 어느 누구 하나 제지해주지 않았습니다. 다만 정치권은 원래 그렇다며, 그냥 참으라고 하였고, 그런 부당함에도 말 못하고 조직에 순응해야 한다는 것을 반복적으로 들었습니다.

삶의 목표가 오로지 일밖에 없었던 제게 직장에서 뛰쳐나온다는 것은 자멸하는 것과 같았습니다. 엄두도 내지 못했습니다. 피고인의 범죄 행위에 쉽게 뛰쳐나오지 못하고 참아야만 했습니다. 사람들이 제게 묻습니다. 왜 네 번이나 당했냐고. 제가 피고인에게 묻고 싶습니다. 제가 괜찮다고 할 때까지 계속 잊어라 잊어라 이젠 그러지 않겠노라 하더니 왜 한 번 더, 폭력까지 써가며. 다음 날엔 너무 부끄럽고 미안하다, 잊어라 하고, 또 한 번 더, 최대한의 거절 의사를 표현한 저를 결국 제압하고 성폭행하고, 그리고는 아름다운 스위스의 풍경만 기억하고 다 잊어라 잊어라 잊어라 하고, 그때마다 모든 걸 다 없는 기억으로 없애고 잊고 살아보려 했는데, 다시 한 번 더 불러서, 혹시 너 미투할 거냐 압박을 가하면서 성폭행하고……. 왜 그렇게 네 번이나 제게 왜 그랬냐고 피고인에게 묻고 싶습니다. 제게는 네 번이 아니라 각각이 한 번 한 번 다 다르게 갑자기 당한 성폭행이었습니다.

저는 일반적인 비서가 아니라 시간, 장소, 내용을 불문하고 업무를 시키면 24시간 언제든 달려가야만 하는 피고인의 수행비서였습니다. 지사가 술과 담배 심부름을 시키거나, 심지어 어떤 일로 부르는지 말하지 않아도 부르면 부리나케 달려가야만 했습니다. 2월 25일 마지막 범행일에도 저는 피고인의 지시에 오피스텔로 갈 수밖에 없었습니다. 당시 정무비서였지만, 여전히 피고인의 지시를 따라야 하는, 지사의 영향권 안에 있는 부하 직원이었습니다. 모든 참모진은 지사가 부르면 갑니다. 특히 저는 근접수행만 하지 않을 뿐 피고인의 개인 이메일이나 일정 및 교류 인물을 관리하는, 안희정 DB(데이터베이스)를 관리하고 만드는 일을 하고 있었고, 수행은 아니지만 그 일정에서 있었던 일과 사람을 고스란히 기록으로 만드는 일이었고 지사가 직접 지시했습니다. 너는 나의 보조 기억 장치라고 지사가 말했습니다. 정무비서가 되었지만 일의 내용으로 보면 이전과 다름없이 공·사적 영역을 아울러 수행하고 지사의 분부를 그대로 이행하는 비서였습니다.

그날 저는 상황이 어려워 현재 약속 중에 있다, 많이 늦을 것 같다. 말씀하신 시간 안에 가기 어려운데 꼭 가야 되는 상황인지를 에둘러 물으며 갈 수 없는 여건임을 밝혔지만 피고인은 계속 연락하고 재촉했습니다. 그것은 지사의 강요였고, 저는 어쩔 수 없이 그곳에 가야 했습니다. 다른 비서라면 다르게 했을까요? 저는 다른 비서라도 저처럼 거기에 갔을 거라고 생각합니다. 평소에도 피고인이 부르면 가족과 저녁을 먹다가도 달려갔고, 자려고 누웠다가도 피고인 사모가 술을 마셔 운전할 사람이 필요하다 연락이 오면 대리운전을 하러 달려 나갔고, 한밤중에도 제 휴대폰에 착신되어 수시로 울리는 전화에 응해야 했습니다. 그러지 않으면 다음 날 심한 짜증과 꾸중을 들어야 했기 때문입니다. 항상 안절부절못하며 휴대폰만 들여다보는 것이 제 일상이었습니다.

미투 이후 힘들지 않느냐고 묻는 분들이 많이 있습니다. 하지만 제게 있어 가장 힘든 날은 미투를 한 3월 5일이 아닙니다. 제게 가장 괴로웠던 날은 2월 25일 지사의 마지막 범행이 있었던 날입니다. 피고인은 당시 미투를 언급하며 "네게 상처가 되는 것을 알았다, 그때 괜찮았느냐, 미안하다"며 사과하듯 처음에 말을 꺼냈지만, 결국 제게 미투하지 말라는 압박을 드러내며 그날 또다시 성폭행을 가하였습니다. 어지럼증과 두통, 출혈이 왔고 몸도 너무나 아팠습니다. 참혹했습니다.

그렇게 제 입을 막았다고 생각한 피고인은 그 다음 주인 3월 5일 오전에 미투를 지지한다는 발언을 태연히 하였습니다. 추악한 진짜 모습과 달리 외부에는 민주주의, 젠더, 소통을 말하며 꾸며진 이미지로 정치를 하는 피고인은 괴물처럼 보였고 무서웠습니다. 참담했습니다.

3월 5일, 저는 한 언론사를 통해 피고인의 범죄를 세상에 알리게 되었습니다. 그 이후에 숱한 2차 피해가 있었고 고통을 겪었지만, 그날은 저를 피고인의 범죄로부터 해방시켜준, 지옥에서 벗어나게 해준 고마운 날이기도 합니다.

재판장님.

피고인은 자신이 가지고 있는 권력이, 자신의 존재가 어떤 위력을 가지고 있는지 누구보다 잘 알았던 사람입니다. 그걸 통해서 갖고 싶은 것, 자기가 원하는 것을 갖는 사람이었고, 자기가 하고자 하는 건 무조건 하는 사람입니다. 피고인은 차기 대통령으로 추앙받는 그 위세와 권력을 이용해 그동안 연약하고 유약한 사람들의 노동도 착취했고, 성도 착취했고, 영혼까지 파괴했습니다. 실제로 그의 범행을 당한 피해자들은 피고인 아래 있던 직원이자 약자였고, 피고인의 힘에 대항할 수 없는 위치에 있습니다. 피고인은 누구보다 그 위계 서열을 잘 알고 있고, 그걸 이용해온 것입니다.

어쩌면 그는 정신적인 문제가 있는지도 모르겠습니다. 그가 저한테 했던 말들, "나는 어떤 여자와도 잘 수 있다" "모든 여자들은 나를 좋아한다" "나는 섹스가 좋다" "내가 그렇게 잘생겼니?"라는 말, 그건 왕자병이 아니라 치료받지 못한 비정상적인 성적 욕구를 숨기지 못한 게 아닐까라는 생각도 듭니다.

피고인은 말로는 민주주의라고 이야기했지만 그 방식은 굉장히 폭력적이었습니다. 여성, 인권, 젠더 감수성이 중요하고, 이 사회에 대화가 없는 불통을 척결해야 한다면서 실제로 피고인은 폭력과 불통을 행하고 있는 무자비한 사람이었습니다.

저도 매번 '아닐 거야, 아닐 거야'라며 스스로를 부정했습니다. '실수셨겠지, 아니 술에 조금 취하신 거겠지, 앞으로는 안 그러시겠지.' 그런데 피고인은 알고 있었을 것입니다. 자신이 부르면 직원들이 올 것이고, 자신은 언제든 원하는 것을 얻을 수 있고, 자신을 교주처럼 추앙하는 사람들이 많음을. 스스로도 매우 잘 알고 있었습니다.

저는 한 번도 피고인을 상사 그 이상, 이하로 생각해본 적이 없습니다. 피고인과 교감을 하거나 그를 이성으로 보거나 동경해본 적이 없습니다. 처음부터 끝까지 지사님이었고 제가 모시는 상사였을 뿐입니다. 피해를 당할 당시에도 저는 제 위치에서 할 수 있는 최선의 거절을 표현했습니다. 피고인이 누구보다 잘 알고 있을 것입니다. 제가 피고인을 상사로만 대해왔었다는 것을 분명히 알고 있었고, 피고인도 저를 참모로, 직원으로 생각하였습니다.

범행 이후 항상 사과할 때마다 "내가 어린 너를 가져서 미안하다, 내가 너무 외롭고 힘들어서 너를 가졌다. 내 직원에게 부끄러운 짓을 해서 미안하다. 듬직한 참모로 나는 너를 신뢰하고 의지한다. 다시는 그러지 않겠다. 씩씩하게 일하자"며 상사와 부하직원으로서 미안함을 표현했습니다. 이성 관계로서가 아니었습니다. 저는 그 사과를 들을 때마다 범죄의 기억을 잊으려 노력했고, 스스로 다시는 이런 일이 일어나지 않을 거야, 라고 되뇌기도 했습니다.

목석같이 누워 있던 제게 피고인이 행했던 폭행들은 모두 이루 말할 수 없습니다. 피고인이 저를 범했을 때의 그 두려움은 지금도 소스라치게 괴로우며 치욕스럽습니다. 다시는 떠올리고 싶지도 않지만, 그럼에도 불구하고 만약 다시 직원으로서 그 시간과 그 장소로 돌아가게 된다면, 저는 여전히 소리 지르지 못했을 것이고, 도망쳐 나오지 못했을 것입니다.

겪어보지 못한 사람들은 제가 거절하면 되는 거 아니냐며 쉽게 말합니다. 하지만 피고인의 무서운 눈빛에 제압당하고, 꼼짝달싹 못 하고 얼어붙게 되고, 피고인이 시키는 대로 할 수밖에 없었습니다. 그때 제가 어떻게 했어야 할까요. 소리치고, 두 손으로 팔로 지사를 세게 밀쳐내고 문을 어떻게든 열어서 막 뛰어나와, 복도에서 뛰면서 다른 방 문을 두드려서 "지사님이 저를 성폭행해요" 외치면서 신고해달라고 소동을 일으켰어야 할까요. 위력이 있는 관계에서 그런 일이 있었을 때 어떤 피해자가 그렇게 할 수 있을까요. 저는 지사가 지금 하라고 강요하는 것, 본인이 저에게 하려는 행동을 당하지 않으면 거기를 빠져나갈 수 없고 더 큰 불행이나 폭력이 올 것 같은 공포였던 상황이었습니다.

제가 아는 정치권의 사람들은 지사와 지사 사단의 사람들이 전부였습니다. 누구는 캠프에서 일하다 다른 대선 캠프로, 청와대로, 지사의 연구소로, 국회의원실로 갑니다. 그들이 모두 저를 낙인찍어 버리면 어느 곳에도 갈 수 없을 것이라는 두려움이 컸습니다. 지사님은 제 고용인이었고, 정무직은 다른 도청 공무원이랑 다른 고용이었습니다. 게다가 평판조회가 가장 중요시되는 정치권에서 저는 지사님의 말 한마디로 평생 절대 일을 못 구할 수도 있고, 계속 추천받으며 재취업할 수도 있습니다. 지사님의 한마디로 다 되는 일입니다. 피고인은 이런 영향력을 가지고 있었습니다.

거대했던 피고인을 멈출 수 있는 유일한 방법은 범죄를 공론화하고 세상에 저를 알리는 것이었습니다. 저를 드러냄으로써 오히려 저를 보호할 수 있었습니다. 이후로 일상이 파괴되고, 저도 가족들도 정상적인 생활을 하지 못하지만, 그것 말고 어떤 선택이 가능했을지 모르겠습니다. 최선의 선택이었습니다. 그렇게 하지 않았다면 저는 지금 이 자리에 없는 사람이 되었을지도 모릅니다.

정말 피고인을 막고 싶었고 더 이상 피해자가 생기지 않게 하고 싶었고, 무엇보다 그 지옥 같은 소굴에, 피고인에게 다시는 가고 싶지 않았습니다. 한번은 제가 피고인 눈빛에 대해 후배에게 말한 적이 있었는데, 제가 정무비서가 된 이후에 그 후배가 제게 "언니가 그때 말했던 지사님 눈빛이 뭔지 알 것 같아요. 지사님이 저를 자꾸 불러요. 저를 찾아요"라고 말해왔습니다. 그때 심장이 덜컹 내려앉았습니다. 저는 정무로 가서 지사의 소굴에서 벗어난 건가 생각했는데, 제가 아닌 다른 피해자가 생길 수도 있겠구나 싶었습니다. 너무 끔찍한 경험이었는데, 그렇게 제가 겪었던 아픔을, 거기서 나오지 못했던 족쇄를 다른 누군가에게 혹시라도 채우게 되는 것 같아서, 제가 그걸 누군가에게 채우게 두는 방관자가 될까 봐 겁이 났고 그게 제 후배가 될까 봐 너무 무서웠습니다. 무조건 막아야만 했고, 그게 저의 마지막 역할이라고 생각했습니다. 지사가 어떤 사람인지 누구보다 잘 알기 때문에 제가 꼭 해야만 하는 일이라 생각했습니다. 직전까지도 고심하다 결국 용기를 내어 피고인의 범죄를 세상에 말하게 되었습니다.

피고인은 지금 스스로는 그게 범죄였음을 알겠지만, 인정을 조금도 하지 않고 있습니다. 그런데 피해자는 분명히 저 혼자만이 아닙니다. 숨죽이고 말 못 하는 여러 명의 피해자가 있습니다. 그간 숨겨져 있던 비참한 피해자들이 여럿 있다는 것을 알게 되었습니다. 아직도 피고인의 힘이 두려워 말하지 못하고 참고 숨기며 사는 사람들이 있습니다. 저는 피고인 안희정의 성폭행 피해자들 제일 앞줄에 선 한 사람일 뿐입니다. 제가 쓰러지면 다른 이들도 함께 다칩니다.

지금 이 자리에서 듣고 있는 피고인 안희정에게 꼭 말하고 싶습니다. "당신의 행동은 잘못된 것이고, 법적으로 처벌받아야 하는 것이다. 당신은 명백한 범죄자다. 당신이 가진 권력은 그렇게 악용하라고 주는 힘이나 지위가 아니다. 세상을 좀더 아름답고 정의롭게, 약자 편에서 행복한 세상 만들라고 내가 힘을 보탰던 거지, 당신의 성 욕구를 풀라고 내가 그 조직에 있었던 게 아니다. 당신은 나에게 단 한 번도 남자인 적 없다. 처음부터 끝까지 상사였고, 수직관계였다. 피고인은 나를 불러 성적 도구로 삼고 쾌락을 즐긴 것이다. 당신 스스로의 감정도 쌍방의 합의 같은 관계나 감정이 아님을 누구보다 잘 알 것이다. 이제라도 나와 다른 피해자들에게 잘못을 사죄하고 마땅한 벌을 꼭 받으라."

재판장님 그리고 대한민국의 사법부에 간절히 청합니다. 이 사건은 정의 앞에, 법 앞에 바로 서야 합니다. 우리 사회의 한계로 인해 이런 사건을 제대로 처벌하지 못한다면 피고인은, 피고인과 같은 또 다른 권력자들은 그 누구도 막을 수 없는 더 큰 괴물이 될 것입니다. 피고인과 같은 괴물들은 계속해서 속속들이 나올 것이고 대한민국을 갉아먹을 것입니다. 이것은 권력, 힘의 차이에 의한 범죄입니다. 처음부터 피고인과 저는 상호 동등하거나 평등하고 자유롭게 합의할 수 있는 관계가 성립되지 않는 고용주와 피고용주 관계였습니다. 평소 위력적인 지시, 일거수일투족 수행, 틈 없는 공적 사적 일정을 수발하면서 저의 공무원으로서의 노동권은 애초에 없었으면서도 또 매번 침해당했습니다. 업무의 연장선에서 갑작스럽게 저의 성적 자기결정권도 제압당했습니다. 지금 사회가 말하는 갑의 횡포 연장선상에 제가 있었습니다. 피고인 안희정의 행위는 권력에 의한 폭행이었습니다.

이 사건을 지켜보고 계신 재판장님. 저는 이제 일도 없고, 갈 곳도 없습니다. 잘못된 걸 바로잡을 수 있다는 희망만이 지금 저를 살게 해주는 유일한 힘입니다. 부디 사회의 정의가 살아 있음을 보여주시기를 바랍니다. 힘 있고 빽 있는 사람은 무엇을 해도 용서받을 수 있다는 사회의 통념을 깨주십시오. 공정한 법의 판결을 간곡히 부탁드립니다.

2018.08.14. 1심 무죄 선고 입장문

어둡고 추웠던 긴 밤을 지나 여기까지 왔습니다. 무서웠고 두려웠습니다. 침묵과 거짓으로 진실을 짓밟으려던 사람들과 피고인의 반성 없는 태도에 지독히도 아프고 괴로웠습니다. 그럼에도 지금 제가 생존해 있는 건, 미약한 저와 함께해주는 분들이 있어서였습니다. 숱한 외압과 어려움에도 불구하고 진실한 목소리를 내주셨고, 함께해주셨습니다. 진심으로 감사드립니다. 평생 감사함 간직하며 저보다 더 어려운 분들께 보답하며 살겠습니다.

어쩌면 미리 예고되었던 결과였을지도 모르겠습니다. 재판정에서 피해자다움과 정조를 말씀하실 때, 결과는 이미 예견되었을지도 모르겠습니다. 하지만 지금 이 부당한 결과에 주저앉지 않을 것입니다. 제가 굳건히 살고 살아서, 안희정의 범죄 행위를 법적으로 증명할 것입니다. 권력자의 권력형 성폭력이 법에 의해 정당하게 심판받을 수 있도록 끝까지 싸울 것입니다.

저를 지독히 괴롭혔던 시간이었지만 다시 또 견뎌낼 것입니다. 약자가 힘에 겨워 스스로 죽음을 선택하는 세상이 아니라, 당당히 끝까지 살아남아 진실을 밝혀 범죄자는 감옥으로, 피해자는 일상으로 돌아가는 초석이 되도록 다시 힘을 낼 것입니다.

끝까지 함께해주십시오. 간절히 부탁드립니다.

2018.08.18. 미투운동과 함께하는 시민행동 긴급 집회 입장문

안녕하세요. 김지은입니다. 이 자리에 함께해주셔서 정말 감사드립니다. 여러분과 함께여서 오늘도 힘을 냅니다. 살아내겠다고 했지만 건강이 온전치 못합니다. 지난 3월 이후 지금까지 제대로 잠들지 못했습니다. 8월14일 이후에는 여러 차례 슬픔과 분노에 휩쓸렸습니다. 살아내겠다고 했지만 살아내기가 너무나 힘겹습니다. 죽어야 제대로 된 미투로 인정받을 수 있다면 지금 당장 죽어야 할까? 하는 생각도 수도 없이 했습니다.

큰 모자, 뿔테 안경, 마스크 뒤에 숨어 얼마나 더 사람들을 피해 다녀야 할까. 이 악몽이 언제쯤 끝날까. 일상은 언제 찾아올까. 늘 생각합니다. 저는 그날 안희정에게 물리적 폭력과 성적 폭력을 당한 것입니다. 저는 그날 제가 할 수 있는 최대의 거절을 분명히 표시했습니다. 저는 그날 직장에서 잘릴 것 같아 도망치지 못했습니다. 저는 그날 일을 망치지 않으려고 티 내지 않고 업무를 했습니다. 저는 그날 안희정의 미안하다, 다시는 그러지 않겠다는 말을 믿었습니다. 저는 그날 안희정의 범죄들을 잊기 위해 일에만 매진했습니다. 검찰의 집요한 수사와 법원의 이상한 질문에도 성실히 대답했습니다. 일관되게 답했고, 많은 증거를 제출했습니다.

세 분의 판사님. 제 목소리 들으셨습니까? 당신들이 물은 질문에 답한 제 답변 들으셨습니까? 검찰이 재차, 3차 검증하고 확인한 증거들 읽어보셨습니까? 듣지 않고, 확인하지 않으실 거면서 제게 왜 물으셨습니까?

세 분의 판사님. 안희정에게 물으셨습니까? 왜 김지은에게 미안하다 말하며 그렇게 여러 차례 농락하였느냐 물으셨습니까? 왜 페이스북에 합의에 의한 관계가 아니었다고 썼느냐 물으셨습니까? 왜 검찰 출두 직후 자신의 휴대폰을 파기했느냐 물으셨습니까? 왜 가해자에게는 묻지 않으셨나요? 가해자의 증인들이 하는 말과 그들이 낸 증거는 왜 다 들으면서, 왜 저의 이야기나 어렵게 진실을 말한 사람들의 목소리는 듣지 않으셨나요?

왜 제게는 물으시고, 가해자에게는 묻지 않으십니까? 왜 제 답변은 듣지 않으시고, 답하지 않은 가해자의 말은 귀담아 들으십니까? 그동안 정말 성실히, 악착같이 마음을 다잡고, 수사받고 재판받았습니다. 무수히 많은 그 질문 앞에 다 답했습니다.

이제 제게 또 무슨 질문을 하실 건가요? 이제 제가 또 무슨 답변을 해야 할까요? 지금 제가 할 수 있는 거라곤, 합리적이고 상식적인 판결을 해줄 수 있는 판사님들을 만나게 해달라고 간절히 바라는 것밖에 없습니다. 이제 더 이상 대한민국에서 제가 기댈 곳은 아무 곳도 없습니다. 그저 가만히 있는 것밖에 없습니다. 이게 지금 제가 겪고 있는 현실입니다.

오늘 함께해주신 분들 정말 감사드립니다. 있는 그대로의 진실을 밝히기 위해 증언해주신 분들 정말 감사드립니다. 정치적인 압박을 받으면서도 의견 표명해주신 분들께도 정말 감사드립니다.

저는 아는 전관 법조인도 없고, 저는 아는 유력 정치인도 없습니다. 저는 아는 높은 언론인도 없고, 지는 아는 고위 경찰도 없습니다. 저는 하루하루 열심히 살았던 노동자이자, 평범한 시민일 뿐입니다.

지금 듣고 계신 수많은 평범한 시민 분들께 부탁드립니다. 여러분이 권력자와 상사에게 받는 그 위력과 폭력, 제가 당한 것과 같습니다. 판사님들은 '성폭력만은 다르다'고 하십니다. 무엇이 다릅니까? 우리가 일상생활에서 접하는 무수히 많은 그 폭력과 무엇이 다릅니까?

제발 함께해주십시오. 관심 가져주십시오. 자극적인 제목과 거짓 이야기들만 보지 마시고, 한번만 더 진실에 관심 가져주십시오.

여전히 만연한 2차 피해에도 수사는 더디기만 합니다. 저들은 지난 5개월간 그랬듯, 앞으로도 저열하게 온갖 거짓을 유포할 것입니다. 그 유포에 앞장서는 사람들 중에는 정치인의 보좌진도 있고, 여론 전문가도 있습니다. 강한 저들의 힘 앞에 대적할 수 있는 건 여러분의 관심밖에 없습니다. 제발 관심 갖고 진실을 지켜주십시오.

위력은 있지만 위력은 아니다.

거절은 했지만 유죄는 아니다.

합의하지 않은 관계이나 강간은 아니다.

원치 않는 성관계는 있었으나 성폭력은 아니다.

그때는 미안했지만 지금은 아니다.

뭐가 아니라는 것인가요?

바로잡을 때까지 이 악물고 살아 내겠습니다. 여러분 도와주세요. 감사합니다.

2018.09.20. 민주노총 「노동과 세계」 기고문
ㅡ'노동자 김지은'이고 싶습니다.

노동자였던 김지은입니다. 현재는 안희정 성폭력 피해 생존자입니다. 불편하실지 모르지만 제 이야기를 들려드리고 싶습니다.

저는 정부 부처의 계약직 공무원이었습니다. 시작은 10개월 단기간 행정인턴이었습니다. 당시 계약직들은 근무 기간이 다 되면 평가를 통해 일부 기간을 재연장하는 식이었습니다. 계약 연장에서 살아남기 위해 일밖에 모른다고 할 정도로 열심히 일했습니다.

학위를 따야 더 오래 살아남을 수 있다는 조언에 학자금 대출을 받아 대학원을 졸업했습니다. 그렇게 기간제 근로자, 연구직을 거쳐 계약직 공무원이 되었고 공공기관에서 6년 정도 일했습니다. 금융 채무자이자, 병환의 가족을 부양하는 실질적 가장이었으며, 성과로 평가받는 비정규직 노동자였습니다.

노동자 김지은의 모습이지만, 제 또래 많은 친구들이 비슷하게 살았습니다. 그러던 중 선배로부터 세상의 부조리를 또 다른 일로써 해결할 수 있다며 선거 캠프 일을 제안받았습니다. 세상을 바꿀 수 있다는, 의미 있는 일이었습니다.

근무 중인 곳의 계약 기간이 다 되어 월급도, 미래의 보장도 없는 캠프에 들어갔습니다. 누구도 시키지 않았지만 매일 새벽 사무실에 출근해서 동료들의 책상을 닦고 쓰레기통을 비웠고, 최선을 다해 일했습니다.

캠프 안의 분위기는 기대했던 것과 달랐습니다. 모두가 후보 앞에서는 경직되었습니다. 후보의 말에 대들지 말고 심기를 잘 살펴야 한다는 이야기를 선배들로부터 수없이 들었습니다. 정치권에 온 이상 한번 눈 밖에 나면 다시는 어느 직장도 쉽게 잡지 못한다는 말도 늘 함께였습니다. 이력서보다 선배들의 추천과 험담이 채용에 절대적으로 영향을 끼치는 정치권 특유의 '평판조회'였습니다. 살아남으려면 일만 열심히 하는 것이 아니라 선배들의 눈치도 봐야 했습니다.

이후 별정직 공무원으로 도청에 들어가게 되었습니다. 갑작스러운 채용이라서 짐도 제대로 챙기지 못한 채 충남 홍성에 내려갔습니다. 저에게 인수인계를 해주던 전임 비서는 지사를 8년 가까이 모셨지만, 해고 일주일 전에 통보를 받았습니다. 별정직 공무원의 임면 권한은 절대적으로 기관의 장인 도지사에게 있었습니다.

도청에 들어와 가장 힘들었던 건 안희정 지사의 이중성이었습니다. 민주주의자이자 세상을 바꿀 수 있는 지도자라는 이미지와 실제는 달랐습니다. 안희정의 수행비서는 새벽에 출근해서 밤늦게 퇴근하는 것이 일상이었고, 휴일은 거의 대부분 보장받지 못했습니다. 메시지에 답이 잠깐이라도 늦으면 호된 꾸중을 들어야 했고, 24시간 자신의 전화 착신, 아들과의 요트 강습 예약, 개인 기호품 구매, 안희정 부부가 음주했을 때 개인 차량 대리운전 등 일반 노동자로서 해서는 안 되는 일들이 비일비재하게 주어졌습니다.

가끔 선배들에게 어려움을 토로했지만 비서는 업무의 범위가 정해져있지 않기 때문에 지사가 지시하는 것이라면 뭐든 해내야 한다고 교육받았습니다. 부모님의 수술에도, 친척의 장례에도, 제 몸이 아플 때도 챙기지 못했습니다.

새벽부터 주말까지 이어진 업무에 저를 돌볼 시간은 없었고,

생각할 시간조차도 없었습니다. 괜찮지 않지만 괜찮다고 되뇌며 살았습니다. 스스로에게 잔인한 말 '괜찮아'라는 문장으로 저의 아픔을 무시하며 살았습니다. 점차 주변 사람들에게 어려움을 호소하는 건 내 평판만 깎아 먹는 일이라는 생각이 들었습니다. 늘 괜찮은 척 웃으며 이야기했습니다. 지사 험담을 하면 혹여나 일에서 잘릴까 주변에 좋은 이야기들만 했습니다.

그러다 거절의 의사를 분명히 밝혔음에도 성폭력 피해를 당했고, 다음날 지사가 바로 사과하는 것을 듣고 잊으려 했습니다. 아니 잊어야만 했습니다. 여러 차례 피해가 이어졌지만 더 주변에 아무 말도 할 수 없었습니다. 도망칠 수도 없었습니다. 아무도 믿어주지 않을 것 같았고 아무도 도와주지 않을 것이라 생각했습니다. 제가 할 수 있는 일이라고는 그저 눈 밖에 벗어나지 않도록 더 일에 집중하는 것뿐이었습니다. 비참하고 참담했지만, 그게 살 길이었습니다. 지사의 덫에서 헤어 나오지 못하고 일만 했습니다. 노동권 침해와 성폭력 범죄 안에 갇혀 살았습니다.

저는 최초의 여성 수행 비서였기 때문에 이전 선배들이 겪었던 노동권 침해뿐 아니라 성적 폭력에까지 이르게 된 것입니다. 미투운동이 한창 일어나던 올 2월, 안희정 지사는 미투운동을 언급하며 제게 사과했습니다. 그리고 다시 범행을 가했습니다. 저는 그 자리에서 무너질 수밖에 없었습니다. 여기서 벗어나지 않으면 계속 안희정의 노예로밖에 살 수 없겠구나 생각했습니다. 도망치고 싶었습니다. 또 다른 피해자가 생기지 않도록 막고 싶었습니다. 이후 검찰 수사와 재판이 이루어졌고, 여러 존재의 압박이 가해진 상황에서 '안희정 무죄'라는 기울어진 판결문을 받아 든 채, 지금은 항소심 중에 있습니다.

1심 재판부는 업무상 수직적, 권력적 관계로 인하여 의사를 제압하기에 충분한 지위·직책·영향력 등 위력이 존재하지만 행사는 하지 않았다고 말했습니다. 위력의 존재와 행사는 동시에 이루어지는 것이라 생각합니다. 업무상 위력에 의한 간음은 특별한 것이 아닙니다. 지금도 수많은 노동자가 느끼고 있는 일상적 위력은 눈에 보이는 폭행과 협박뿐만이 아닙니다. 침묵과 눈빛만으로도 상대를 제압하는 것, 직장에서 술을 강요당하고 달갑지 않은 농담을 듣는 것, 회식자리에서의 추행도 노동자들이 겪는 위력의 문제이며, 심하게는 갑질로 나타납니다.

　　24시간 업무 중인 수행비서에게 상사의 지위는 24시간 그대로 유지되었습니다. 그것을 고의적으로 성범죄에 이용한 가해자는 마땅히 처벌받아야 하지만, 제가 마주한 현실은 이 중요한 판단을 기피하였습니다. 씁쓸하고 괴로웠습니다.

　　저는 더 이상 노동자 김지은이 아닙니다. 아무런 일도 하지 못하고 아무런 수입도 벌지 못합니다. 고소 이후로 반년 넘게 재판에만 임하고 있습니다. 재판 중에 노동자로서 성실히 일했던 제 인생은 모두가 가해자의 논리를 뒷받침하는 데 좋은 근거로 사용되었습니다. 피해자답지 않게 열심히 일을 해왔다는 이유였습니다.

　　그렇게 수년간의 제 노력은 일반적인 노동자의 삶으로 인정받기 이전에 피해자다움과 배치되는 인생으로 평가받았습니다. 저는 이제 노동자가 아닙니다. 제가 만약 정상적인 노동자로서의 삶을 보장받기를 요구했다면 이런 일이 일어나지 않았을까요? 피해자다운 것이 업무를 외면하고 현실을 부정하며 사는 것인가요? 하루하루의 업무가 절실했던 제가 당장 관두고 다른 일을 찾을 수 있었을까요?

다시 노동자가 되고 싶습니다. 평범한 일상으로 돌아가고 싶습니다. 부당한 지시를 하지 않는 상사와 함께하고 싶고, 어려움을 자신의 일처럼 도와주는 동료들과 일하고 싶습니다. 제가 다시 노동자가 되려면 한참의 시간이 필요하겠지요? 어쩌면 다시는 돌아갈 수 없을지도 모릅니다. 그래도 언젠가 꼭 다시 불리고 싶습니다. 노동자 김지은이고 싶습니다.

2019.01.09. 항소심 결심공판 최후진술서

피해자 김지은입니다. 마지막 발언의 기회를 허락해주신 재판부께 감사드립니다.

피고인에게 당한 피해 사실을 고발하고, 11개월이 지났습니다. 살아 있는 권력 앞에 '진실'을 말하기까지 저는 오랜 시간 두려움에 떨었습니다. 안희정은 유력한 차기 대선주자였고 미래 권력이었습니다. 미래 권력은 현재진행형의 영향력을 가지고 있기에 그 힘의 크기를 가늠할 수 없었습니다. 정재계에 이르기까지 안희정과 관계를 맺고 있는 대부분의 사람들은 그를 당연히 차기 대통령이라 여겼습니다. 사람들은 안희정을 그렇게 대했습니다. 안희정의 곁에 있는 사람들은 이미 그 유명세를 함께 누렸고, 외부의 많은 사람은 그와 알고 지내기를 바랐습니다. 사회 곳곳에 관계 맺어 다각도로 생물처럼 뻗어 나가는 살아 움직이는 거대 조직, 그 자체가 안희정이었습니다.

그런 안희정을 향해 미투를 한다는 것, "지금 당신이 잘못된 행동을 하고 있다"라고 말하는 것은 안희정 개인에게만 한정된 외침이 아니었습니다. 그가 가진 정치적 지위와 관계 맺은 수많은 이들에 맞서 대항하는 것이었습니다. 저에게 미투는 단순한 고발이 아니라 가늠할 수 없는 힘과의 싸움을 시작하는 것이었습니다. 말하고 나서 쥐도 새도 모르게 매장당할지 모를, 그리고 살더라도 죽은 것 같이 살아가야 할 자살 행위와도 같은 것이었습니다.

하지만 죽게 되더라도 다시 그 소굴로 돌아가고 싶지 않았습니다. 피고인의 사과를 듣고 한 번으로 끝날 것 같던 성폭행 피해는 반복되었고, 지난해 2월이 되어서야 저는 영원히 도망쳐 나올 수 없다는 것을 깨닫게 되었습니다. 매번의 피해는 제게 처음과 같았습니다. 신에게 제물 바쳐지듯 성폭력을 당하며 생계를 연명하고, 주변의 사람들은 폭력을 묵인하는 그런 조직에서 도망치고 싶었습니다.

미투를 한 직후 제 가족들까지 언급하며 허위 사실들이 유포되었습니다. 수많은 악플들이 달렸고, 거짓 사진과 글들이 마치 사실인 양 급속도로 퍼져 나갔습니다. 허위 사실을 유포한 이들 중에는 안희정 지사의 측근들도 있었고, 정당의 주요직을 맡은 사람도 있었으며, 팬클럽 회원들도 있었습니다. 최근 한명 두명 유죄 판결을 받아 벌금형에 처해지고 있지만, 2차 피해로 인한 제 삶은 이미 망가져 버렸습니다. 어쩌면 고발할 때부터 예견되어 있었던 것인지도 모르겠습니다.

검찰 조사가 시작되었습니다. 검찰 진술에 성실하게 임했습니다. 마치 제가 가해자인 것 같은 착각이 들 정도로 꼼꼼하고, 치밀하게 심문받고 답했습니다. 다양한 방식으로 제 진술의 진실성을 검증받았습니다. 며칠에 걸쳐 제 휴대폰과 주변 모든 내역들까지 조사받았습니다. 제 진술이 진실하다는 결론에 이르렀고, 검찰이 피고인을 기소하게 되었습니다.

피고인은 자신의 휴대폰을 파기했습니다. 피고인 조사 준비가 되지도 않은 검찰에 기습출두하였습니다. 안희정 지사와 관련된 일부 사람들은, 어느 참고인이 검찰 조사를 받는 동안 검찰 밖에서 기다리고 있다는 사실을 참고인에게 알렸습니다. 참고인이 조사를 마치고 나오면 조사 내용을 확인했고, 신문 내용을 문서로 작성하여 제출하도록 하기까지 했습니다. 왜 검찰이 조사하는 내용을 급히 알아내려 했을까요? 왜 진술 중인 참고인에게 피고인과 관련된 사람들이 오랜 시간 검찰 밖에서 기다리고 있다는 사실을 알렸을까요? 아무리 거대한 손이라도 인간의 손으로 하늘을 가릴 수는 없다고 생각합니다.

1심 재판정에서의 진술은 16시간이 걸렸습니다. 숨이 막힐 정도로 고통스러웠습니다. 재판정 안에 가득했던 혐오와 의심의 눈빛, 유도신문과 다그치는 말들에 무엇을 해야 할지 알 수 없었습니다. 갈기갈기 옷이 찢겨 벌거벗은 채로 앉아 있는 듯한 기분이었습니다. 도망쳐 나오고 싶었습니다. 재판 내내 피고인의 또렷한 기침 소리는 끊이지 않았습니다. 심장이 요동치고 정신은 혼미했습니다.

하지만 이를 악물고 견뎌냈습니다. 피고인의 범죄 사실을 밝혀낼 수 있다면 무엇이든 참아내겠다 다짐하고 또 다짐했습니다. 장시간 오한을 견뎌가며 경험한 그대로를 말씀드렸습니다. 피고인 측 증인으로 나온 사람들 중 일부는 명백한 위증을 하기도 했습니다. 추후 꼭 위증에 대해 바로잡아 재판정에서까지 거짓이 횡행하는 것을 꼭 바로잡고 싶습니다.

1심이 끝났고, 수개월이 지났습니다. 매일 악몽에 시달렸습니다. 피해 사실을 모두 잊어버리고 고통을 이겨내고 싶었지만, 2심에서 다시 진술해야 했기에 기억조차 지워버릴 수 없었습니다. 2심 본 항소심의 진술을 위해 지난 12월 21일 법원으로 오기까지 차라리 제게 무슨 일이 일어나 이 세상을 외면할 수 있다면 편하지 않을까 하고 바라기도 했습니다.

2심 재판부에서 진술하였습니다. 제가 보호받고 있다는 생각을 가질 수 있도록 재판부에서 배려해주셨습니다. 피고인과 같은 공간에 있지 않도록 분리해주셨고, 기억에 의존해 말씀드릴 수 있도록 조치해주셨습니다. 정상적인 재판을 받을 수 있다는 것을 처음 알게 되었습니다. 다시 한 번 감사드립니다.

존경하는 재판장님, 24시간 업무 중인 비서에게 상사의 지위는 24시간 그대로 유지되었습니다. 그것을 고의적으로 성범죄에 이용한 가해자는 마땅히 처벌받아야 합니다. 성실히 살아왔던 제 인생은 모두가 재판 중 가해자의 논리를 뒷받침하는 데 사용되었습니다. 피해자답지 않게 열심히 일해왔다는 이유였습니다. 살아가기 위해 들인 저의 성실함은 일반적인 노동자의 삶으로 인정받기 이전에, 피해자다움과 배치되는 모습으로 평가받았습니다.

일을 그만두고 캠프에 간 것은 팬심에 의한 것이었고, 근무시간의 제한 없이 일에만 매진해야 했던 것은 피고인이 좋아서였다는 근거로 사용되었습니다. 주변에 이야기해도 도움받지 못해 이후 전혀 티 내지 못했던 것은 피해자다움과 어긋난다는 이야기로 해석되었습니다. 전임 남자 수행비서들이 꾸준히 일상적으로 해왔고 수행비서의 기존 업무 중 하나였던 숙소 예약은 관계를 원해 한 셀프 호텔 예약으로, 피고인이 갑자기 기존 일정을 취소하고 식당에 가겠다고 하여 급히 통역인 부부와 함께 동행한 레스토랑은 단둘이 간 와인 바로 바뀌었습니다.

만약 당시 정상적인 노동자로서의 삶을 보장받기를 요구했다면 이런 일이 일어나지 않았을까요? 피해자다운 것이 업무를 외면하고 현실을 부정하며 사는 것일까요? 생계를 유지하기 위해 하루하루의 업무가 절실했던 제가 당장 관두고 다른 일을 찾을 수 있었을까요? 평판이 존재하는 정치 영역에서 이미 안희정 사단으로 꼬리표가 붙은 제가 어디에 가서 직장을 구할 수 있었을까요?

피고인 측이 쏟아내는 거짓된 주장들에 이쯤이면 익숙해질 때도 된 것 같은데, 매번 새롭게 상처받고 찢깁니다. 그동안 지독히도 무섭고 두려웠습니다. 침묵과 거짓으로 진실을 짓밟으려던 안희정과 주변 사람들의 반성 없는 태도에 괴로웠습니다. 그들 중 많은 사람들은 저와 잘 지내던 동료이기도 했습니다.

피고인 안희정이 제게 했던 성폭행 직후의 사과는 진정한 사과가 아니었습니다. 항상 다음 범죄를 위한 수단이었습니다. 피고인이 자신의 페이스북에 쓴 '합의에 의한 관계가 아니었다. 죄송하다'는 말은 이후 부인하였습니다. 아직까지 피고인에게 진심이 담긴 사과를 받지 못했습니다.

제게 피고인은 처음부터 일을 그만두는 순간까지 직장 상사였습니다. 한 번도 이성의 감정과 대화를 나누지 않았습니다. 일반 직장인들이 가지는 회사에 대한 충성심, 애사심 그 이상도 그 이하도 아니었습니다. 하지만 피고인은 저와 이성적인 관계였다고 말합니다. 언론에 이런 관계를 입증할 사진이라고 언급한 사진은 수행 업무 중 뒤에 서 있던 모습이었습니다. 업무상 가까이 서 있던 모습을 연인 관계라고 주장하는 근거로 사용하였습니다. 피고인에게 연인 관계는 무엇을 의미하는 것인지 모르겠습니다.

존경하는 재판장님. 누가 제게 미투를 상담한다면 저는 선뜻 권유할 수 없을 것입니다. 아니 어쩌면 미투를 말릴지도 모르겠습니다. 제가 경험했던 지난 11개월의 고통이 너무나 컸기 때문입니다. 그리고 함께 진실을 말해주는 분들이 겪은 수많은 어려움을 보아왔기에 이 과정의 고통을 있는 그대로 전해줄 것입니다. 제가 그 고통 속 다행히도 생존해 있을 수 있는 건, 미약한 저와 함께해주는 사람들이 있어서였습니다. 숱한 외압과 어려움에도 불구하고 진실된 목소리를 내주는 분들이 계셨기에 극단적인 선택을 하지 않을 수 있었습니다. 미투를 고민하는 분께 제가 겪은 그동안의 일을 모두 말씀드릴 것입니다. 그리고 다시 생각해보라고 할지도 모르겠습니다.

재판장님. 부디 사건의 내용을 꼼꼼하게 검토해주시어 실체적 진실에 입각한 판단을 해주실 것을 간곡히 요청드립니다. 아무리 힘센 권력자라도 자신이 가진 위력으로 인간이 인간을 착취하는 일이 두 번 다시 일어나지 않도록 해주십시오. 막대한 관계와 권력으로 진실을 숨기는 행위가 반복되지 않도록 법의 지엄함을 보여주십시오. 그래서 다시는 미투를 고민해야 하는 사람이 이 땅 위에 나오지 않도록 하여주십시오. 간절히 간절히 부탁드립니다.

2019.02.01. 항소심 유죄 선고 입장문 ☞ 본문 166쪽

2019.02.01. 『미투의 정치학』 추천사

직장 생활을 하면서 개인도 조직도 모두 이기적일 뿐, 정의로움을 찾기 어렵다고 느꼈다. 조직을 앞세워 개인을 희생하거나, 오로지 개인만 남게 될 뿐이었다. 내가 원한 건 이타적인 예민함이었다. 마지막 희망을 품고, 좋은 세상을 만들고 싶어 대선 캠프에 들어갔다. 그러나 성폭력을 당하고, 사람과 세상으로부터 스스로 격리됐다. '미투'는 마지막 희망이었다. 이 싸움의 끝에는 정의가 있기를 바란다.

이 책에서는 미투 사건의 본질인 '위력'이 무엇인지를 다루고 있다. 집필 작업에 함께 참여했지만 끝내 원고를 담을 수 없었다. 내가 이야기할 수 있는 장소는 아직까지 법원이어야 한다는 사실을 다시금 깨달았다. 하지만 이 책에서 위력에 의한 성폭력 사건의 본질과 맥락, 사실을 잘 다루고 있어 큰 위로가 된다. 이 책을 통해 우리 사회가 만들어낸 성범죄, '위력'에 의한 성폭력을 함께 이해하고 변화되었으면 좋겠다. 『미투의 정치학』을 계기로 또 다른 가해자를 막고, 현재의 피해자를 위로할 수 있는 마법이 일어나기를 소망한다.

2019.09.09. 상고심 유죄 확정 선고 입장문

세상에 안희정의 범죄 사실을 알리고 554일이 지난 오늘, 법의 최종 판결을 받았습니다. 마땅한 결과를 받아 들기까지 얼마나 오랜 시간을 아파하며 지냈는지 모릅니다. 진실이 권력과 거짓에 의해 묻혀 버리는 일이 또다시 일어날까 너무나도 무서웠습니다.

하지만 수많은 증거와 사실 관계를 꼼꼼히 파악해주신 재판부의 고명하고 정의로운 판단을 통해 진실이 제자리를 찾을 수 있게 되었습니다. 올바른 판결을 내려주신 재판부께 감사드립니다.

고통스러운 순간순간마다 함께해주시는 수많은 분들과 여러 압박과 어려움 속에서도 진실을 증언해주신 증인들께 깊은 존경의 마음을 전합니다.

이제는 일상으로 돌아가고 싶습니다. 2차 가해로 거리에 나뒹구는 온갖 거짓들을 정리하고, 평범한 노동자의 삶으로 정말 돌아가고 싶습니다. 제발 이제는 거짓의 비난에서 저를 놓아주십시오. 간절히 부탁드립니다.

앞으로 세상 곳곳에서 숨죽여 살고 있는 성폭력 피해자 분들의 곁에 서겠습니다. 그분들의 용기에 함께하겠습니다. 감사합니다.

2019.11.04. '보통의 승리: 안희정 위력 성폭력 사건 의미와 과제' 토론회 편지글

안녕하세요. 성폭력 피해 생존자 김지은입니다. 직접 토론회에 참석해 인사드리고 싶었지만, 서면으로 인사드리게 되어 죄송합니다. 정말 감사드립니다. 이 자리에 계신 선생님 한 분 한 분이 함께해주시지 않았다면, 저는 여전히 더 큰 고통 속에 있었을지 모르겠습니다. 시작은 혼자였지만, 끝에는 수많은 분들과 함께였습니다. 진심으로 감사드립니다.

제게는 재판이 끝이 아니라는 걸 새삼 알게 되었습니다. 진실을 법정에서 밝히고, 위력의 존재를 세상에 알리면 모든 건 정상으로 돌아가리라 생각했습니다. 하지만 550여 일의 시간 뒤에 남겨진 건 막막한 현실에 대한 어려움이었습니다. 일상에 켜켜이 쌓인 먼지는 아무리 바람을 불어도 쉬이 사라지지 않고, 세상에 흩뿌려진 거짓들은 쓰레기 봉투에조차 잘 담기지 않았습니다. 악성 댓글로 유명을 달리하신 어느 유명 연예인의 죽음이 다른 사람의 이야기가 아닌 꼭 저의 부고 뉴스처럼 느껴졌습니다. 모두가 이제는 일상으로 돌아가라 말씀하시지만, 가해자의 일부 지지자들로부터 위협을 받고, 심신의 미약으로 치료를 받으며, 오랜 기간 직장의 커리어가 끊긴 제가 돌아갈 곳이 많지 않다는 것 또한 알게 되었습니다.

하지만 살아내고 싶습니다. 하루하루를 보내는 생의 고통이 너무나 크고 두렵지만, 그래도 살아내고 싶습니다. 故김학순 할머님께서 세상에 처음으로 피해 사실을 알리시고, 오랜 세월 그 고통과 멸시를 이겨내어 세상을 바꾸셨듯, 성폭력 피해자의 한 사람으로서 또 다른 피해자가 나오지 않는 세상을 위해 미약한 힘이나마 보태고 싶습니다. 피해자의 잘못이 아닌 사회의 문제이고, 가해자의 잘못임을 삶으로 증명해내고 싶습니다.

노력하겠습니다. 부디 관심 가져주시고, 연대해주시길 간절히 간절히 부탁드립니다. 감사합니다.

2019.12.06. '2019 참여연대 의인상' 수상 소감문

의미 있는 상을 주셔서 감사드립니다. 이 상은 저 혼자만의 상이 아니라 이 상을 대신 받고 있는 한현규 씨를 비롯한 '김지은과 함께하는 사람들' 그리고 재판에 용기 있게 나서 진실을 증언해주신 증인들이 함께 받으시는 상이라 생각합니다. 수많은 외압과 사회적 편견 앞에서도 끝까지 함께해주셔서 마음 깊이 감사드립니다.

수상 소식에 달린 거짓과 혐오의 댓글들을 대부분 읽어보았습니다. 너무나 모질다는 생각이 듭니다. 저는 당신들에게 아무런 피해를 끼치지 않았습니다. 피해 사실을 알리고, 더 많은 피해를 막았을 뿐입니다. 직장을 잃었고, 마음의 병을 얻었습니다. 의인이 되고 싶어서가 아니라 잘못을 바로 잡고 싶었습니다. 단지 폭력에서 벗어나고 싶었을 뿐인데, 지금 저는 또 다른 폭력에 갇혀 있습니다. 1년 9개월 전 고발한 현직 의원의 보좌진을 비롯한 몇 명에 대한 처벌은 아직도 검찰에서 나오지 않았습니다. 악성 댓글을 단 사람들은 여전히 처벌받지 않았고, 거짓을 이용한 수많은 악플은 반복해서 생겨나고 있습니다. 이 자리를 빌려 부디 멈춰주시길 간곡히 부탁드립니다.

오늘 상을 받고 다시 힘내어 그 편견과 싸워 나가겠습니다. 살고 또 살아내서 죽음만이 변화의 계기가 되는 불의의 반복을 막고 싶습니다.

그래서 아직도 어딘가에 웅크리고 앉아 말조차 꺼내지 못하는 고통받는 피해자들의 곁에 서고 싶습니다. 손을 잡아 저의 온기를 나누어드리고 싶습니다. 제가 받은 오늘 이 연대의 은혜를 그렇게라도 갚아가겠습니다.

상을 주신 여러분께 다시 한 번 감사드립니다.

2020.01.21. '전국성폭력상담소협의회 2019년 특별상' 감사 인사

안녕하세요. 성폭력 피해 생존자 김지은입니다. 건강 상태가 좋지 않아 부득이 편지로 인사를 대신 드립니다.

오늘 주시는 이 상은 지금 이 시간에도 권력과 사회 불평등의 부당함에 맞서 싸우고 계신 수많은 피해자와 활동가 선생님들께 용기를 더해주는 상이라고 생각합니다. 전국성폭력상담소협의회와 함께해주시는 선생님들이 계셨기에 제가 존재할 수 있었습니다. 이 자리를 빌려 전국의 성폭력상담소 선생님 한 분 한 분께 감사 인사를 올립니다.

특별히 오늘 총회에 배복주 상임대표님의 연임을 비롯해 김혜정, 남성아 선생님과 변호사님들의 수상 소식이 있다고 알고 있습니다.

저의 든든한 버팀목이 되어주셨고, 깊은 조력자이셨던 활동가 선생님들과 변호사님들께 이 상의 영광을 드립니다. 제가 칠흑 같은 어둠 속에서 길을 헤맬 때 한 줄기 빛이 되어주신 분들입니다. 2018년부터 지금까지 인연을 맺어오며 선생님들과 참 많은 일을 해올 수 있었습니다. 미투 이후 세상이 조금씩 바뀌어가고 있다면 그 중심에는 분명 선생님들이 계셨다고 생각합니다.

더불어 지금 이 자리에 계신 다른 선생님들께서 함께해주셨기에 저는 진실을 법정에서 밝히고, 우리의 연대로 충분히 사회의 부조리를 바꿔나갈 수 있음을 알릴 수 있었습니다. 변화는 먼 훗날 이야기가 아닌 우리가 발 딛고 선 이곳에서부터 시작할 수 있음을 모든 분께 말씀드릴 수 있었습니다.

그럼에도 불구하고 성폭력 피해자들은 시간과의 싸움을 이어가고 있습니다. 2년 전 전국성폭력상담소협의회에서 현역 국회의원의 보좌진을 비롯한 악성 댓글러들을 고발해주셔서 경찰이 기소

의견으로 검찰에 넘겼지만, 검찰은 2년 가까이 기소조차 하지 않고 있습니다. 결국 힘이 있는 사람들은 법과 체계도 거부하며 저항하고 있습니다. 우리의 연대와 관심이 이어져야 하는 이유라고 생각합니다. 끝까지 도와주시길 부탁드립니다. 2차 가해자들과의 남은 싸움도 꼭 이겨내겠습니다.

그 동안 받은 지지와 사랑, 늘 나누며 살겠습니다. 이 상을 통해 주시는 따뜻한 격려를 지금도 사회의 어두운 곳에 있을 또 다른 피해자들에게 밝은 빛으로 나누겠습니다.

내년 모임에는 건강한 모습으로 직접 인사드리고 싶습니다. 추운 계절 잘 버티고 일어나 따뜻한 어느 날에 선생님들을 다시 뵐 수 있기를 소망합니다. 늘 건강하세요. 감사합니다.

재판 기록

「안희정 성폭력 사건」수사 및 재판 경과

- **2018.03.05.** 피해자 JTBC 「뉴스룸」생방송 출연. 안희정 지사에 의한 성폭력 피해사실 알림
- **2018.03.06.** 서울서부지검에 고소장 제출
- **2018.03.08.** 피해자 지지 그룹 '김지은과 함께하는 사람들' 1차 성명서 발표
- **2018.03.09.** 서울서부지검 피해자 1차 진술 공동대책위원회(공대위), 안희정 전 지사 일방적 자진 출석 규탄
- **2018.03.13.** 피해자 지지 그룹 '김지은과 함께하는 사람들' 2차 성명서 발표
- **2018.03.17.** 서울서부지검 피해자 2차 진술
- **2018.03.25.** '김지은과 함께하는 사람들' 안희정 관련 다른 피해(2명) 내용 발표
- **2018.03.28.** 구속영장실질심사, 안희정 영장 기각
- **2018.03.29.** 서울서부지검 피해자 3차 진술
- **2018.04.02.** 구속영장 재청구
- **2018.04.05.** 안희정 영장 2차 기각
- **2018.04.11.** 검찰에서 안희정 기소
- **2018.04.21.** '김지은과 함께하는 사람들' 미투시민행동집회 발언 및 피해자 지지 편지 쓰기
- **2018.06.15.** 안희정 성폭력 사건 1차 준비기일
- **2018.06.22.** 안희정 성폭력 사건 2차 준비기일

— **2018.07.02.** 1차 공판(공개)

— **2018.07.06.** 2차 공판(비공개)

— **2018.07.09.** 3차 공판(일부 비공개)

— **2018.07.11.** 4차 공판(공개)

  피고인 측 변호사, 검찰 측 증인 구○○

  모해위증으로 고소장 접수(서울서부지검)

— **2018.07.13.** 5차 공판(공개)

— **2018.07.16.** 6차 공판(비공개)

— **2018.07.27.** 7차 공판

— **2018.08.09.** 피해자 변호사 의견서 제출

◆ **2018.08.14.** 1심 판결: 무죄 선고

— **2018.08.20.** 판결문 열람 제한 신청

— **2018.09.04.** 서울고등법원 형사10부 배당

— **2018.09.21.** 검찰 항소이유서 제출

— **2018.09.27.** 피해자 변호인단 9명 확정

— **2018.09.28.** 공대위 확대(158개 단체 참여)

— **2018.10.23.** 서울고등법원 형사12부 재배당

— **2018.11.23.** 민변 여성위 의견서 제출

— **2018.11.28.** 피해자 변호사 의견서 제출

— **2018.12.07.** 2심 준비기일

— **2018.12.21.** 2심 1차 공판

— **2019.01.04.** 2심 2차 공판

— **2019.01.09.** 2심 3차 공판

— **2019.01.18.** 2심 피해자 변호인단 의견서 제출

2019.02.01.	2심 판결: 유죄 선고 3년 6개월
2019.02.13.	민주원 페이스북 2차 가해 글 게시
2019.02.14.	공대위 페이스북·트위터 공지: '전형적인, 가해자 가족에 의한 2차 가해, 무분별한 언론의 퍼 나르기 보도 자제 요청'
2019.02.20.	민주원 페이스북 2차 가해 글 게시
2019.02.21.	공대위 페이스북 가해자 측 주장에 대한 반박글 게시
2019.02.22.	공대위 페이스북 가해자 측 주장에 대한 반박글 게시
2019.03.22.	민주원 페이스북 3차 가해 글 게시[1]
2019.09.09.	3심 판결: 유죄 최종 확정

「'안희정 성폭력 사건' 2차 피해 사건」 경과

- **2018.03.06.** 2차 피해 제보 신고 메일 계정 및 트위터 계정 신설
- **2018.03.12.** 피해자 자필 심경 글 언론 배포(2차 피해 관련)
- **2018.03.16.** 2차 피해 고발장 서울지방경찰청 사이버수사대에
  접수(전국성폭력상담소협의회)
- **2018.03.21.** 2차 피해 고발인 조사(전국성폭력상담소협의회)
- **2018.04.18.** 2차 피해 현황 보고, 국회 및 언론사 배포
- **2018.04.19.** 남인순 국회의원실, 2차 피해 중단 촉구 성명서
  발표(의원 페이스북)
- **2018.05.18.** 2차 피해 추가 고발장 접수(전국성폭력상담소협의회)
- **2018.06.01.** 2차 피해 추가 고발장 관련 고발인 조사
- **2018.10.** 서울지방경찰청 사이버서수사대, 명예훼손 및 모욕
  혐의로 23명을 서울중앙지검에 기소의견으로 송치.
  이중 20여 명은 유죄로 인정되어 벌금형 등 구형
- **2018.12.26.** 2차 피해 고발 건. 피고발인 유○○ 대질신문
- **2019.02.** 2차 피해 담당 검사 인사 이동
- **2019.12.03.** 2차 피해 피고발인 3인 기소처분 촉구
  탄원서(전국성폭력상담소협의회)
- **2020.02.** 2차 피해 담당 검사 인사 이동

극심한 2차 피해의 기록적 사례로 꼽힐 만큼 수많은 2차 가해가
있었고, 그중 국회의원의 보좌진을 비롯한 극히 일부에 대해 전
국성폭력상담소협의회가 고발하였으나 수사 진행이 제대로 되지
않는 상황이다.

주

1장

1   2018년 7월 2일에 열린 1심 첫 재판에서 '전형적인 권력형 성범죄 피의자의 모습'이라며 검찰이 사용한 표현. 안 전 지사가 저질렀다는 성폭행 범죄의 구체적인 정황을 설명하면서, 수행비서 신분이었던 피해자를 자신의 숙소로 불러들인 행위가 "사실상 덫을 놓고 먹이를 기다린 것"이라고 비유적으로 지적한 맥락에서 나온 말이었다. 이후, 다소 오해의 소지가 있는 비법률적 용어를 사용한 점에 대해 사과를 했다.

2   2018.03.05. JTBC「뉴스룸」방송 당시의 인터뷰 전문. http://news.jtbc.joins.com/article/article.aspx?news_id=NB11598736

3   남궁영 충청남도 행정부지사는 2018년 3월 6일 오전 "피해자인 김지은 씨에 대해서는 본인 의사를 존중해 거취를 결정"한다고 언론 기자회견에서 발표하였지만, 같은 날 오후 충남도청 인사과로부터 '금일 3.6일자로 비서직 면직 절차가 진행된다'는 내용을 이메일과 문자로 통보받았다.

4   「노컷뉴스」 2018.07.09. "피해자 진료기록·범행 상세 묘사… 도 넘은 안희정 공판 보도" http://www.nocutnews.co.kr/news/4997368 「PD저널」 2018.07.04. "안희정 공판 보도 '피해자 부각' 여전 - 피해자 의료기록 등 선정적 보도… 가이드라인 '유명무실'" http://www.pdjournal.com/news/articleView.html?idxno=62155

5   A4 5장 분량의 입장문으로 발표된 원문을 요약. http://twitter.com/withyoujieun/status/1110276968820301824 http://twitter.com/withyoujieun/status/1110276981600313344

2장

1   2016.01.25. 충남도청 비서실에서 만들어진 『도지사 수행비서 업무 매뉴얼』 중 일부.

2   「디트뉴스24」 2018.01.18. "충남도, 성희롱 사건 해결 의지 있나" http://www.dtnews24.com/news/articleView.html?idxno= 502203

3   하지만 피해자는 끝까지 포기하지 않았고 진실 공방 끝에 2018년 4월 가해자는 감봉 3개월을 선고받았다. 가해자는 불복하여 법원에 취소 처분 소송을 하였으나 2019년 10월 감봉 처분이 마땅하다는 판결이 내려졌다. 참고 http://www.hankookilbo.com/News/ Read/201910041155333606

3장

1   죄를 선고했던 1심 재판부가 16시간 내내 신문하고 질문했던 요지였다. '미투운동과 함께하는 시민행동'이 안희정 전 충남지사의 무죄 선고에 규탄하며 2018년 8월 18일에 '여성에게 국가는 없다'라는 주제로 긴급집회를 개최했다.

2   '김지은과 함께하는 사람들' 2차 성명서(2018.03.25.) 중 피해자A, B씨의 사례.

3   「SBS뉴스」 2019.02.02. "성폭력 외면한 안희정 측근들… 法 '학습된 무기력' 인정" http://news.sbs.co.kr/news/endPage.do?news_id= N1005123718

4   「우리가 말하는 피해자란 없다」, 한국성폭력상담소부설연구소 울림, 2015.

5   김효영, 「미투 운동에서 '객관적 진실'의 딜레마」, 연세대학교, 2019.

6   권김현영, "그녀는 당신의 남편에게 반하지 않았다", 「IZE」, 2019.03.04. http://www.ize.co.kr/articleView.html? no=2019030408527272398

7   「한겨레」 2019.04.10. "판사 10명 중 9명 "성범죄 피해자에
    부적절한 증인 신문 경험"" http://www.hani.co.kr/arti/society/
    society_general/889435.html

8   '김지은과 함께하는 사람들' 1차 성명서 중(2018.03.08.).

9   보통의 김지은들이 만드는 보통의 기자회견 "우리의 또 다른 이름은
    '김지은'이다" 중(2018.11.29.).

5장
───

1   「오마이뉴스」, 2003.09.08. "침묵 말고 나서야 해요, 내가
    소중하다면" http://www.ohmynews.com/NWS_Web/View/
    at_pg.aspx?CNTN_CD=A0000142554

2   한국성폭력상담소 정기 소식지 2018하반기 83호, 4-7쪽 보라의 글 중.

3   『굿바이 회전목마』 12쪽, 전국성폭력상담소협의회, 2013.

4   같은 책, 12-15쪽. 이 문집에 실린 은유의 글 "삶이 다소 견딜
    만해진다는 것"의 일부를 인용하고 참고하여 글을 작성했다.

6장

1   「프레시안」, 2019.03.20. "안희정 역고소 사건 '무혐의'…"전형적인 입막음"", http://www.pressian.com/news/article/?no=233490

부록

1   수사 및 재판 과정에서 피해자가 끔찍한 고통의 순간을 재차 떠올려야 하는 '2차 피해'를 넘어 익명의 다수로부터 손가락질당하는 '3차 피해'는 피해자의 정신적 충격 면에서 더 광범위하고 위험하다고 전문가들은 말한다.

김지은입니다

안희정 성폭력 고발 554일간의 기록

1판 1쇄 발행   2020년 3월 5일
1판 7쇄 발행   2020년 7월 31일

지은이   김지은
디자인   우유니
편집   이두루

펴낸곳   봄알람
출판등록   2016년 7월 13일 2019−000079호
전자우편   we@baumealame.com
페이스북   facebook.com/baumealame
트위터   @baumealame
홈페이지   baumealame.com
ISBN   979-11-89623-03-6

이 도서의 국립중앙도서관 출판예정도서목록(CIP)은
서지정보유통지원시스템 홈페이지(http://seoji.nl.go.kr)와
국가자료종합목록 구축시스템(http://kolis-net.nl.go.kr)에서
이용하실 수 있습니다. (CIP제어번호 : CIP2020007823)